JN182756

刑法諸問題の解釈

齊藤信宰 著

成 文 堂

はしがき

本年二月二〇日をもって古稀を迎えることとなった。大学院から数えてみると、刑法に取り組んでから五〇年近い歳月が流れている。そこから得た結論は、「刑法は難しい」の一言に尽きる。

昭和四九年に初めて教壇に立ち、爾来、四一年にわたり、幸い一度も私的な事情で休講をすることなく今日に至った。瞬く間の四一年であったが、この間に多くの先生方にご指導を賜り、お世話になった。早稲田大学元総長で同大学名誉教授の西原春夫先生、学習院大学名誉教授の香川達夫先生、朝日大学名誉教授の三原憲三先生には格別お世話になった。

西原先生には、わたくしが昭和五四年に東北学院大学に転任するにあたって、一方ならぬご尽力をいただいた。その時のご恩は、生涯忘れることはない。

香川先生には、ご高著『刑法講義』〔総論・各論〕に接したとき、その鋭い学説に圧倒された記憶がある。先生は、昨年、上梓された『身分概念と身分犯』をもって「断筆」されることを公にした。これまでにもご高著を何冊かいただき、玉稿も数多くいただいた。『身分概念と身分犯』を頂いたお礼状を認めているとき、「断筆」のことが脳裏をかすめ、涙した。先生は、わたくしをいつも励ましていてくださったからである。

三原先生は、大学の先輩ということもあり、大所高所から励まして下さった。わたくしが、大東文化大学法科大学院に移るきっかけは、三原先生からのお話によるものであった。先生は、昨年六月一五日に他界されてしまった。もうその優しさに接することができないのは、実に寂しい。

お世話になったということで忘れてはならないのは、本書の上梓を快諾してくださった成文堂の阿部耕一社長である。成文堂には、お世話になったというより、育てていただいたと言った方が適切かもしれない。大学院時代から、そして文字通り駆け出しの時から、いつも書籍は「後払い」で購入することをお許しいただいた。先代の社長の時から今日に至るまで、成文堂なくして今のわたくしはないといっても過言ではない。阿部耕一社長を始め、渡辺昭蔵取締役、販売部の越前谷洋逸氏、編集部の篠崎雄彦氏と社を挙げていつもわたくしの我儘なお願いをご理解いただいた。改めて成文堂の皆様にお礼を申し上げる次第である。

本書を公刊するきっかけとなったのは、これまでわたくしの考えは、いわゆる「通説」とは違うものであったが、刑法解釈は、論理的一貫性があればそれはそれで理論として成り立つと考えたからである。いろいろな解釈があって、議論ができる。議論から理論が生まれる。そういうことが必要ではないかと思ったのである。わたくしにはわたくしの考えがあり、ゆえに、それを通すといわゆる通説という考えから外れてしまうこともある。しかし、それを許してくれるのが学問の世界ではなかろうか。その意味で、自分の思うことを制約なしに　表現することができた学問の世界に改めて感謝する次第である。

最後に、いかなる時でも励まし支えてくれた妻、千歳に心から感謝する。

平成二七年（二〇一五年）一月二三日

齊藤信宰

目 次

第一章　刑法における行為論の解釈

一　はじめに

犯罪とは、通説の立場からは、構成要件に該当する違法で有責な行為であると定義されている。このことから、「犯罪は行為である」という命題を導き出すことができる。ここでいう行為とは、人の行為を指すのであるから、行為の主体は、直接的であれ間接的であれ人の行為に限られる。また、行為とは、外部に現われたものをいうので、意思や思想といったものは行為とはいえない。もっとも、外部に現われたものであっても、反射運動のようなものや、物理的強制下あるいは睡眠中の行為は、刑法上の行為とはいえないとするのが通説の立場である(1)。この「行為」にとっては、何がそのメルクマールになるのかということについては、「因果的行為論」「社会的行為論」「人格的行為論」及び「目的的行為論」といった伝統的行為論の対立がある。これらの行為論の検討をしてみよう。

二　行為論の検討

(一)　因果的行為論

因果的行為論は、伝統的・通説的な行為論である。この理論の中核をなすものは、「行為とは、意思に基づく身体の動静である」とする点にある。つまり、この行為論の最大の特色は、行為とは「意思に基づいて」行われるという点にある。そのために、この理論は、有意行為説とか自然的行為論とも呼ばれている。

このように、因果的行為論によれば、行為とは、行為者の意思を原因として発展する因果的過程と解し、意思が加わって外部的動作を惹き起し、その外部的動作を原因として外界に変動を生じ、それによって結果が発生すれば、それを刑法上、意味のある行為と認めようとするものである。大谷博士は、「行為とは、人の意思によって支配可能な社会的意味のある身体の外部的態度（動静）をいう(2)」と定義されているが、この考えも因果的行為論と考えてよいであろう。

ところで、「意思（志）行為とは何か」ということを理論的に考察してみると、「『意志行為』と言うとき、内的な意志過程を伴う行動であることを本質的な条件と見なしてはいない。さしあたり、『行為』だけでなく『価値』『規範』『責任』『自由』等々の実践的な諸概念も適用できることが明らかな行為を指して『意志行為』と呼ぶ(3)」との考えがある。つまり、「自分がいま『何』をしているのか、また『なぜ』そうしているのかとひとに問われて、即座に、観察によらずに答えられる場合、それは彼の意志行為（intentional action）だ(4)」というのである。このような考えは、因果的行為論が、行為は意思に基づく身体の動静であるとする行為概念の理解にも役立ち得るものと思う。ともあれ、因果的行為論によれば、反射運動や無意識的な行動などには意思（志）が欠けるので行為ではないということになる。そうすると、因果的行為論からは、過失不作為犯（忘却犯）も行為の概念の中に入るのかどうか。入るとすれば、どのように説明するのかということが焦点となろう。

(二)　社会的行為論

社会的行為論とは、行為を社会的に意味のある人の態度として捉える考え方である。この理論によれば、作為も不作為も行為概念の中に包摂される。すなわち、行為を「社会的に意味のある人の態度」として理解することによって、過失犯や忘却犯の行為性を認めることができるとする。このように、行為を「社会的に意味のある人の態度」として捉えることによって、行為概念から意思的要素を排除することにより、反射運動や物理的強制下の動作もすべて人の行為に含まれるとする考え方である(5)。ここでいう「社会的に意味のある人の態度」とは、いやしくも、それが周囲・隣人・社会に対して積極的・消極的に影響を及ぼすかぎり、その人の行為は、社会的に意味のある行為ということになる。

このように、社会的行為論は、行為といえるかどうかは、社会的意味というものを加えることによって行為性を判断し、行為概念から意思要素を捨象する。もっとも、社会的行為論といわれる学説においても、行為概念から意思要素を捨象する説と行為概念に意思が必要であるとする説に分かれる。この両説における違いは、意思と責任の関係をどのように捉えるかということである。つまり、意思がないから責任がないとするのであれば、意思のない者の行為であっても、構成要件該当性、違法性までは充足することになる。これに対して、人の行為には意思が必要であるとする説からすれば、反射運動などは構成要件に該当する行為ではないということになるから、そもそも構成要件該当性そのものが問題とならないので、違法性、責任といったことを論ずることの前提を失うことになってしまうのである。ただ、行為の社会的重要性を説く社会的行為論に対しては、既に何らかの刑法的評価を経た規範的行為論の色彩を帯びているが、犯罪概念の基底としての行為は事実的行為であって、既に何らかの刑法的評価を経た規範的行為であってはならないとの批判がなされている(6)。

(三)　人格的行為論

人格的行為論によれば、刑法上の行為とは、行為者人格の主体的現実化と認められるものでなければならないから、単なる反射運動や絶対的強制による動作は、刑法上の行為としては問題にならないとされる(7)。また、大塚博士は、すでに述べたように、「犯罪概念の基底としての行為は、刑法的評価の対象となるものであるから、事実的行為であるべきであり、既に何らかの刑法的評価を経た規範的行為であってはならない」とされている。さらに、「刑法的評価の対象としての行為は、犯罪となりうる行為でなければならないが、犯罪の成否についての最終段階における評価は、行為者に責任を帰しうるかどうかの判断である(8)」との指摘は、正鵠を射ている。

人格的行為論を要約するならば、犯罪とは、行為者に刑罰的非難を帰することのできるものでなければならないから、それは行為に対してもいえることであり、そのためには、行為も「行為者の主体的現実化」の認められるものでなければならない。このことからすれば、人格的行為論においては、不作為も行為者人格の発現としてなされている以上、行為であることは明白である。したがって、それが認められない、単なる反射運動や絶対的強制下における動作は、刑法上の行為とはいえないとする。ただ、どこまでが「行為者人格の発現」といえるのかということについては、明確な規準というものが示されていない。

(四) 目的的行為論

目的的行為論は、「目的」ということを中核にして考える行為論であるが、目的的行為論の哲学的基礎は、存在論哲学である。[9] すなわち、「人は一定の目的を設定して、それへ向けて自己の身体を統制し（目的的行為統制）、通常それを通じて因果関係を支配すること（目的的因果統制）により、その目的を達成しようとする[10]」とか、「行為の存在論的本質は『目的性』（Finalität）にあると解し、目的性が行為の存在的構造を基礎づける範疇的意義をもつ概念である[11]」というのが、目的的行為論の骨子であるといってよいであろう。換言するならば、刑法上、行為といわれるものには、そこに「目的的な要素」を見出すことができるのであり、その目的遂行と発生した具体的な結果との関係を刑法上、どのように結びつけるかというものである。その意味で、目的的行為論は、行為と結果を結びつける上で最も重要な要素として「目的性」を中核に置くことにより、刑法上の行為を理解しようとする理論である。思うに、この理論は、目的性を中核とすることによって、他の行為論よりも行為が具体化されている。

目的的行為論（finale Handlungslehre）は、ヴェルツェル（H. Welzel）によって提唱された行為理論であるが、その試みは、すでに彼がケルン大学において教授資格論文として書かれた「刑法における自然主義と価値哲学（Naturalismus und Wertphilosophie im Strafrecht, 1935）の中で展開されている。「目的的行為論」の基本思想は、行為をいかに理解するかにあり、それは、行為の要件として「有意性」があれば足りると解したり、有意性と目的性を混同したりする因果的行為論（kausale Handlungslehre）に対する批判として唱えられた理論であるといえよう。

目的的行為論にとって本質的なことは、何を人間の行為とするかということから出発して、行為者にとっていかなる要素が不可欠であるかということを前提に、「法規制の対象の存在構造を明らかにすることであり、すなわち、それぞれの態様の可罰的行為の実体的・構造的差異を差異として示すこと」[12]である。

(五)　諸説の検討

1　因果的行為論の検討

因果的行為論は、有意行為説ともいわれるように、行為の要素として「意思」を重視する説である。したがって、有意行為説にしたがえば、行為とは、意思に基づく身体の動静ということになるが、そうだとすれば、過失不作為犯（いわゆる忘却犯）の場合、意思に基づくという意思的要素が存在しないから、それを刑法上の「行為」とすることはできないことになるので、過失不作為犯を処罰することができなくなってしまうであろう[13]。つまり、因果的行為論にいう行為とは、意思を伴った行為が、直接に発生した結果と結びつく場合においてのみ行為としての意味をもつことになる。そうだとすれば、意思のある行為に付随して起こる結果については、直接、意思とは関係のない行為ということになるから、間接的に結果が惹起される過失犯、あるいは、意思のある行為に付随して惹起される事態（結果）の説明に窮してしまうのではないかという問題が出てこよう。さらに、これに関連して、これまで指摘されていることでもあるが、過失不作為犯の場合には、意思に基づく行為は結果を発生させた行為とは、直接には関係のないことを行っていることになるから、結果の発生が「意思に基づく身体の動静」によってなされたということにはならないのである。

このように、行為とは、「意思に基づく身体の動静」であると解するならば、忘却犯の場合、例えば、踏切番がその意思に反して居眠りをしてしまい遮断機を降ろすことを忘れた結果、踏切上で事故があった場合、居眠りをすることによって踏切上での事故を惹起させるという意思はなかったのであるから、踏切上の事故について、踏切番の刑法上の行為を問うことができなくなってしまうであろう。換言するならば、過失行為の場合には、そこに行為を見出すことすら困難になってしまうであろう。一例を挙げるならば、「私が研究室から急いで出ようとして、運わるくドアの外に立っていた某氏をはねとばしてしまったとする。某氏をはねとばし、怪我をさせたのはむろん私の意志行為ではない[14]」といえるからである。このことからすれば、踏切番の刑事責任も不問とされよう。しかし、そのように解するのは、適当とはいえない。ここに、行為には意思が必要であるとする因果的行為論の過失犯に対する問題点が浮き彫りになるのである。有意行為説では、行為に付随して起こる事態に対処できないといわざるを得ないのである。

2　社会的行為論の検討

社会的行為論は、過失不作為犯の説明に窮する因果的行為論に対して唱えられた理論であるといってよいであろう。この説の特徴は、行為を「何らか社会的に意味のある人の態度」として捉えることによって、過失不作為犯についても行為を認めようとする。この説によれば、踏切番が居眠りをしたために遮断機を降ろすことを忘れ、そのために踏切上で事故があったという場合でも、刑事責任を問うことができるとする。すなわち、遮断機を降ろさなかった態度そのことが、「何らか社会的に意味のある人の態度」であるというのである[15]。その意味で、社会的行為論は、不作為と作為を同一の行為概念の下に統一し得るという点において意味をもつといえよう。

社会的行為論は、論者によって若干ニュアンスの相違はあるけれども、「何らか社会的に意味のある人の態度」というのは、事後的に判断して意味のある結果を生じさせた場合には、それを刑法上の行為と解する理論であろうから、結果的無価値に重点を置いた行為論といえよう。なぜなら、「社会的に意味のある態度」とは、過失犯を例にとると理解できるように、結果から判断して、それが、周囲・隣人・社会に対して積極的または消極的に、あるいは、有益・有害に影響を及ぼすかぎり、その人の行為として社会的意味を有するものであるとしているからである。[16]換言するならば、結果から行為を導く理論構成ではないかと思う。

社会的行為論に対する批判としては、「社会的有意味性」ということを強調しているが、「社会的有意味性」という要素は、刑法的評価の段階で考えるべきものであるから、これを行為概念に持ち込むことは過多の要求であって妥当ではないとの指摘がある。[17]社会的行為論においても、因果的行為論と同様、過失不作為犯の行為性をどの点に求めるかは難しい問題である。大谷博士によれば、「行為とは、人の意思によって支配可能な社会的意味のある身体の外部的態度（動静）をいう」[18]と定義づけられているが、「人の意思によって支配可能な」ということになると、社会的行為論においても、因果的行為論と同様、過失不作為犯の行為性をどこに見出すかということについては、困難ではなかろうか。また、「社会的に意味のある身体の外部的態度」とは、どのようなことを指すのであろうか。「社会的に意味のある」ということは、結果の発生を意味するとすれば、同じ行為であっても、結果の発生如何によって行為としての評価が異なるという意味であろうか。「行為とは何か」という行為の本質を考えるとき、社会的意味があるかどうかは、別の問題であるように思う。

社会的行為論のいうように、行為とは、「何らか社会的に意味のある人の態度」であると定義するとすれば、それは、極めて抽象的な行為を認めることになってしまうであろう。すなわち、例えば、踏切番が居眠りをしていて遮断機を降ろさなかったため踏切上で電車と乗用車が衝突してしまったという場合、「居眠り」は行為の態様である。しかし、行為の中枢を成すものではない。行為として重要なことは、むしろ居眠りに至るまでの過程である。その意味で、結果あるいは状態だけを捉えて、社会的行為論がいう「何らか社会的に意味のある人の態度」を行為というのであれば、それは、刑法上の行為概念として抽象的過ぎるといえるのではなかろうか。しかも、例えば、「居眠り」といっても、突然そうなるのではなく、実は、それに至る他の行為をするという目的的行為こそが、刑法上の過失犯を形成する行為として意味をもつのである。このことは、通常の交通事故を考えてみれば容易に理解することができる。すなわち、交通事故の場合、重要なのは、「事故」そのものではなく、「事故の原因となった行為」である。その意味で、結果あるいは状態だけを捉えて、社会的行為論がいう「何らか社会的に意味のある人の態度」を行為というのであれば、それは、刑法上の行為概念としては抽象的過ぎるといえるのである。しかも、前述したように、「居眠り」を原因とする事故といっても、突然、その状態になるのではなく、必ずそれに至る別の行為があるわけであり、それに至る行為こそが刑法上の過失犯を形成する行為として意味をもつものなのである。このように、いかなる過失犯においても、結果惹起に至る種々の行為というものがあるわけで、その中に、特に結果惹起に至る重要かつ不注意な行為が存在する（さもなければ、結果の惹起はない）。この段階で、行為者には、結果を惹起させてはならないという意思が働いているのである。つまり、社会的行為論においても、行為概念から意思を除外して考えることはできないのである。さらに、忘却犯も行為の中に包含しうるとする社会的行為論によれば、踏切番が居眠りをしてしまったことによって、踏切上で事故が発生した場合、居眠りそのものが「何らか社会的に意味のある人の態度」ということになり、したがって、刑法上の行為であるとすれば、結局、刑法上の行為には、「意思」は不要ということになる。このように、社会的行為論のいう行為は、極めて抽象的であり、行為の要素として何が重要かということが絞り切れないのである。その結果、行為に意思は不要であるという考えに至るのである。ともあれ、社会的行為論は、その内容の抽象性のゆえに刑法上の行為を論ずる理論としては、適当とはいい難いのである。

3　人格的行為論の検討

人格的行為論は、行為を「行為者人格の主体的現実化(19)」、あるいは、「行為者人格の主体的な発現としての有意性にもとづく身体的動作であり、一般人の認識的判断によって、その社会的意味が認められるもの[20]」と定義づけている。「行為者人格の主体的現実化」とは、行為は人格のあらわれであるということを基本的な出発点として、行為者に対する非難ということを考えなければならないとする。したがって、反射運動や絶対的強制下の動作は、刑法上の行為とはいえない。人格的行為論によれば、行為は人格のあらわれであり、人格が主体的に現実化されたものであるとされるが、「主体的」という文言を「有責な」という意味と同じに解すれば、責任無能力者の行為というのは、行為ではないということになってしまうという批判が加えられている[21]。さらに、行為を「行為者人格の主体的な発現としての有意性にもとづく身体的動静であり、一般人の認識的判断によって、その社会的意味が認められるもの」と解するにしても、「一般人の認識的判断によって、その社会的意味が認められるもの」ということの意味が、必ずしも明白ではない。「社会的意味が認められるもの」という文言を結果的、一般的に「重要な」という意味に解するとすれば、社会的行為論に対してなされたと同じ批判が可能となる。そこで、「食事をする」とか「眠る」といった格別に社会的意味のない行為と区別する意味で、「社会的意味」という文言を用いるというのであれば、今度は、過失行為の説明が困難になるのではなかろうか。なぜなら、過失犯といわれるものは、本来、社会的（刑法的）に意味のない行為を手段として、結果を発生させる場合が多いからである。そもそも行為に社会的意味が認められるかどうかは、結果の発生を待って判断されるものであるから、人格的行為論に対しても社会的行為論に対するのと同様の批判が可能となる。

4　目的的行為論の検討

目的的行為論は、目的的行為概念を中核とする行為論である。目的的行為論によれば、人間の行為における本質は「目的性」にほかならず、この目的性は、行為から切り離すことはできないとする。まさに、「原因なくして結果がないごとく目的なくして意欲もなければ行為もない[22]」のである。もちろん、目的的行為「それ自体」とか「絶対的」目的的行為というものが存在しないことはいうまでもない。目的性は、実現意思によって定められた結果との関連で存在する。つまり、人は行為をする際、必ず何らかの「目的」に基づいて動くのではないかということである。

目的的行為論は、因果的行為論が意思と意思内容を区別し、意思内容は責任の問題であるとして、意思の因果的機能のみを重視する点を批判し、故意と違法性の意識を区別し、それまで責任の要素と解されていた故意（事実的故意）を主観的構成要件要素であると解し、違法性の意識の問題は、故意とは別個・独立の責任の要素であるとした点に特徴がある。目的的行為論は、行為の中核に「目的」を置くことによって、行為における行為者の意思の存在が明確になる。同時に、それによって人間の行為における意思とは、単なる漠然とした意思ではないということもはっきりすることになる。

以上述べたように、目的的行為論は、「目的」という具体的な意思を基本とすることによって、行為における意思の存在を明確にすることができる。そのことは、同時に、過失犯における不注意の範囲に一定の枠を嵌めることも可能にし、それによって無限に拡がる「意思」に制限を加えることにもなる。目的的行為論にいう「目的」は、それが行為者に存在することによって単なる身体の動静が行為であるということを否定する役割も果す。また、目的的行為による結果の惹起といえるかどうかは、「目的的」行為の枠内に入るかどうかを検討することによって決せられるのである。このことは、同時に、行為が目的的行為の対象となるかどうかを判断する働きもするのである。目的的行為論は、故意犯の構成要件に該当する行為と過失犯の構成要件に該当する行為を目的の内容によって、予め「行為」の段階で区別しようとするものである。その意味で、故意と過失は構成要件の段階で区別されることになる。要するに、故意行為においては、構成要件に該当する結果に向けての直接的な目的性を認めることができ、この目的性そのものが重要なのである。過失犯の場合には、この目的性が、法的に重要でない結果に向けられたものになり、その目的遂行のためになされた行為によって、刑法的に重要な結果を惹起するということである。

こうした主張に対して、法的に重要でない目的性を行為概念にもち込むことは、問題であるという批判がなされており[23]、さらに、目的的行為論にいう目的意思、あるいは、故意による支配がない過失犯の行為性や外部的因果性の積極的操縦支配の存在しない不作為の行為性が説明できないという批判もなされている[24]。このように、目的的行為論が主張する行為の「目的性」は、故意犯には当てはまるけれども、過失犯や不作為犯にはその目的性を認めることが困難であるとするのが、目的的行為論に対する批判の主たる点である[25]。しかし、このように考えるのは、「犯罪概念の基底としての行為という意味を実用的視点からのみとらえるところから生じているきらいがある。すなわち、上位概念としての『人間の行態』の提唱を含めて目的的行為論であることの意味を適切に認識していないうらみがある[26]」といえよう。

たしかに、目的的行為論が、「目的性」を行為要素とするとき、不作為犯や過失犯は、目的性を欠くのではないかという指摘は、傾聴に値する。しかし、過失行為や不作為による結果の発生は、どのような行為によって導き出されたのであるかということを考えるとき、純然たる過失行為や不作為ということは考えられないのである。すなわち、過失行為や不作為においても、発生した結果に結びつく行為と深く関連する要因というものが、必ず存在するのであって、目的的行為論においては、その要因となるものが「目的」ということにほかならない。そもそも目的的行為論は、刑法における行為性を判断する要因を何に求めるかということに対する一つの考えである。「犯罪は行為である」が、その行為を行為として導くものは何か、ということで諸説が論じられているのである。つまり、刑法上の評価の対象となる行為とは、「どこから」あるいは「何を」規準にして、その行為の評価をするのかということである。目的的行為論は、その規準として「目的」を最重要視するのである。このように考えるならば、過失犯を問題にするとき、結果を惹起させた行為は、どのように定義づけられるのかということである。過失犯というのは、結果犯であるから、結果がどのようにして惹起せられたのかということが重要である。そうすると、結果は他の目的的行為から惹起せられた付随的結果であるということになるとすれば、他の目的的行為と結果とを別個に論ずることはできないであろう。このように、過失行為を考えるとき、何が原因で過失結果を惹起させたのかということが、意味をもつのである。これまで述べてきたことからも理解できるように、目的的行為論による過失犯の理解においては、構成要件に該当する結果を惹起させるものとして他のものに向けられた目的的行為、すなわち、法的には意味のない目的的行為が、過失行為の要因として重要なのである。もっとも、この法的には意味のない目的性を行為の本質とすることは、問題であるという批判があることはすでに述べた。たしかに、「法的に意味のない」という行為それだけを取りあげて考えるならば、法的に無意味な目的性を行為の本質とすることは、問題であるといえるかもしれない。しかし、過失犯の性質からすれば、故意犯と違って、行為すべてが刑法的に重要であるとはいえないものが含まれているのは、極めて当然である。過失犯は結果犯であるから、結果を惹起させた行為を全体として考察する必要がある。そうすると、過失犯の場合には、一見すると、「法的に意味のない」行為といえるような行為も見受けられることは確かである。しかし、過失犯は、故意犯と違って「法的に意味のない」といわれる行為についても、それだけを取り上げて論ずるのではなく、行為全体の流れの中で考えるべきなのである。したがって、「法的に意味のない」目的的行為は、「法的には意味のある結果」を惹起させる行為と如何に関連しているのかということを検討すべきであって、それとの関連で、法的に意味のない行為であったかどうかを判断すべきであろう。

ところで、認識なき過失（犯）の場合、一般に、事実の認識はないのであるが、事実の認識がないということは、目的的行為もないということではないことに注意しなければならない。過失行為は、初めから過失結果を目ざして行われるものではない。必ず何かを目的とした行為から付随的結果（過失結果）を惹起するのである。認識なき過失であっても、結果は発生する。その場合に重要なことは、結果の発生は、「誤って」あるいは「不注意」に目的的行為を「していた」ことによって惹起されたのであるということを看過してはならない。そうすると、結果を惹起させるに至った行為に目的性を見出すことは、故意行為と過失行為に共通する要素といえるのではないかと思う。換言するならば、故意行為と過失行為は、その構造は違っていても、「目的的行為」であるということが理解できるのである。わたくしは、目的的行為論を支持する立場から、以下において、故意犯と過失犯について詳しく論じてみることにする。

(六)　目的的行為論と故意犯

目的的行為論は、行為の中核に「目的」を置くことによって、行為における行為者の意思の存在が明確になる。同時に、そのことによって、人間の行為における意思とは、単なる漠然とした意思ではないということもはっきりする。このことから、目的的行為論にいう「目的」は、その目的の存在を確認することによって、単なる身体の動静を刑法上の行為とするかどうかを峻別すると同時に、行為といえるものには目的を見出すことができるとする。また、目的的行為論による結果の惹起といえるかどうかは、それが「目的的」行為の枠内に入るかどうか（目的的行為と関連づけることができるかどうか）を検討することによって決せられるのであり、そのことは、同時に、行為が目的的行為の対象となるかどうかを判断する働きもするのである。こうしたことから、目的的行為論は、故意行為においては、目的的行為を見出すことは一般に認められているといってよいであろう。このことは、通常の場合、故意と目的は、ほぼ重なり合うものと理解されているという理由によるものであろう。[27] ただし、ここで注意しなければならないのは、「故意」「目的」「犯意」といったものは、それぞれ別個の概念であるということである。鈴木博士が指摘されるように、「故意と目的は、厳格に区別されねばならない」のであり、「目的的行為でないからといって、故意行為でないとは必ずしもいえないのである。『法益侵害惹起を目的とする行為』の決意と、『法益侵害惹起の危険のある行為』の決意は区別すべきであり、後者の決意があれば故意行為としては十分[28]」であるとされる。「故意」と「犯意」とは、別個の概念であるとするわたくしの考えからは[29]、右に示された鈴木博士の見解は、大変意義深い指摘である。

因果的行為論によれば、行為とは、意思に基づく身体の動静であるとしている。[30] すなわち、行為の要素として、（ア）意思があること、（イ）客観的な身体の動静があること、（ウ）この両者の間に因果関係のあることが必要であり、それだけで十分であるとするのである。このように、行為が有意性と有責性によって成り立っているというところに「因果的行為論」の特徴がある。そして、因果的行為論にいう行為とは、「意思」の加わった身体的動作であって、「意思が加わった」というのは、意思が原因となったという意味であるから、「意思」が行為の重要な要素をなしているといえる。このことからも分るように、因果的行為論は、行為を意思によって外界に惹起された因果的事象として捉える点に特徴がある。[31] つまり、因果的行為論は、一定の原因に対する一定の結果として行為を捉えるので、原因と結果の関係は、主として、必然的に、確実に想定されうる。すなわち、「一定の原因に対する一定の結果」という必然的関係であるとすれば、当然のことながら、意思内容は行為の問題からは除外されることになろう。[32]

しかし、目的的行為論の立場からすれば、「刑法的評価の対象たる人間行為は、先行の諸要因により因果的・盲目的に惹起されるのではなく、主体たる人が一定の目的実現に向けて因果経過を統制的に決定し操縦し得るという存在的構造を有する」[33]のである。つまり、目的的行為論の特徴ともいうべきものは、人間の行為は、目的的活動を遂行することであり、行為を「目的的な」事象であるとして捉えている。このことからも理解できるように、因果的行為論と目的的行為論の重要な相違点は、行為の要素としての意思を「意思そのもの」として重視するのか、それとも「意思の内容」までも重視するのかという点にあるといってよい。つまり、行為の特徴をある程度、抽象的に捉えるのか、あるいは行為を具体的な「目的的な事象」として捉えることによって、行為の特徴を明確にするという点が挙げられる。その意味で、目的的行為論は、因果的行為論よりも刑法上の「行為」を限定的に解しているといえよう。もっとも、行為を「因果的な事象」として捉えるか「目的的な事象」として捉えるかについて、その理論的構成には大きな相違がある。

因果的行為論の特徴である「意思」を行為と結びつけてみると、行為とは、「意思の加わった行為すなわち有意行為を意味し、それは意思を原因として外部的動作をひき起こし、その外部的動作が原因となって結果が成立させられると解し、行為は意思を原因として発展するところの因果的系列の過程である」[34]とされている。つまり、「人は、一人の人間が惹起したすべての結果をではなく、ただその意思に依存した、あるいは、その意思によって支配された結果だけを行為と解し……行為は、したがって外部的要素と内部的要素の統一として理解され……この統一をリスト＝ベーリングの体系は解消して、行為を純然たる因果的事象とし、それと並んで内部的意思は、その因果的事象と内部的関係をもたない、行為者の内心における外部的な因果的事象の単なる『映像』にすぎないもの」[35]として、行為を単純な因果的事象として捉えたのである。しかし、ヴェルツェルは、行為にとって意思とは、単に、行為者の内心における外部的事象の受動的な「映象」にすぎないものといったようなものではなく、行為は、行為者の計画によって外部的事象を能動的に形成する要素であると批判している。[36]

たしかに、機械論的因果性あるいは自然科学的因果性は、一定の原因に対する一定の結果として、主として必然的に確実に規定される。もっとも、「価値ある目的原因の認識にもとづく結果が、常に必然的に価値ある結果をもたらさず、反価値的なる結果も生じうる。もちろん、有価値的な目的を定立し、周到にして厳密な熟慮によって目的実現の手段構想と目的設定をして、有価値的な結果と実現を望むけれども、結果が必然的に有価値であるとは限らないのである。そこにかかる因果性が、かの自然科学的認識における必然的因果性と異なる理由がある[37]」との指摘は、正鵠を射ている。

目的的行為論というのは、すでに述べてきたように、刑法的評価の対象となる人間の行為は、先行する諸要因によって、因果的・盲目的に惹起されるということではなく、人間が、一定の目的実現に向けて因果経過を統制的に決定し、操縦し得るという存在論的構造を有するのである。[38] また、木村博士は、因果的行為論によれば、行為とは、意思を原因としているという意味で有意行為であるとするから、意思を原因として外部的動作が惹起され、その外部的動作が原因となって結果が発生するという因果的系列の過程であるということにすぎないとして、因果的行為論を批判し、行為をあくまでも主体的に捉えようとされているのである。[39] さらに、因果的行為論にあっては、その有意行為の内容である故意・過失は、行為の主観的要素であるから、それは、構成要件の要素ではなく、責任の要素であると解されていた。しかし、目的的行為論の立場からは、故意・過失は、責任の要素ではなく違法要素として構成要件の要素であると解している。仮に、故意・過失は責任要素であると解するならば、責任能力に欠けている者の行為は、故意行為でも過失行為でもないことになってしまう。そうだとすれば、違法は客観的にという法則も不要となってしまうであろう。

目的的行為論と因果的行為論にいう「行為」についての捉え方は、私見によれば、微妙な違いがあるにすぎないのではないかと思う。すなわち、「目的的行為論」は、「行為とは何か」という行為の本質論について言及し、それを「目的的な」行為であると解している。これに対して、因果的行為論は、行為と結果との流れ、すなわち、因果の流れの関係について言及しているように思えるのである。人間は、何かを行うとき、必ず主体的な目的をもつもので、その意味で「有意的」であるといえるのであって、何も目的をもたなくても行為するということは考えられないのである。ただ、それを行為の本質的要素として考えるかどうかである。そこで、重要なことは、因果的行為論がいうように、「意思を原因として」ということの意味であるが、目的的行為は、この抽象的な内容を、より具体的かつ現実的なものとするために、意思の内容である「目的」に到達したものと考えるのである。故意犯においては、このことがもっとも明確に現われているといえよう。もっとも、わたくしは、故意・過失が違法要素として構成要件の要素であることには疑問を抱いている。(40) つまり、「故意とは何か」ということについて、それは、「事実の認識」であると解している。その意味で、故意の要素は、認識的要素にかぎられるのではないかと解している。すなわち、「故意」と「違法」は別個の概念であると解し、故意は構成要件の要素ではあるが、違法の要素ではないということである。例えば、医者の外科手術を考えてみよう。医者の外科手術そのものは、患者に対する「傷害」の構成要件には該当するということである。しかし、手術の内容（動機・理由）についていうと、それは、患者の苦痛を和らげる（あるいは除去する）ため（目的）に行われているものであるから、正当業務行為として、「違法性」が阻却されるのである。つまり、違法性を阻却する事由がある行為であっても、行為そのものは構成要件に該当する行為なのである。このことは、正当防衛においてもあてはまるのである。すなわち、正当防衛行為として行われている行為であっても、それは、故意行為であるということである。したがって、正当防衛によって「人を殺した」場合、それ自体は故意による構成要件に該当する行為である。しかし、それは、正当防衛行為によってなされた行為であるから、それによる行為は「違法性」を阻却するのである。このことから理解できるように、構成要件に該当する行為が違法であるかどうかの判断をするのは、両者は、異なった次元で考えなければならないのであるから、構成要件と違法は截然と区別されなければならないということが理解できるのである。このような理由によって、わたくしは、故意の要素としては、認識的要素に限られるのではないかと解している。それでは、「違法」の要素とは、どのようなものをいうのであろうか。

従来、「故意」とは「罪を犯す意思」（刑三八条一項）であり、それは、同時に「犯意」を意味するもので故意＝犯意であると解されてきた。しかし、わたくしは、このように故意＝犯意と解することは適当ではないと考えている。なぜなら、故意とは、事実の認識をいうのであるが、その認識の対象については、どの程度のことを認識することが必要なのか、ということが検討されなければならない。ここでいう「事実」というのは、刑事訴訟法上の「罪となるべき事実」（刑訴二五六条三項）と異なり、客観的構成要件に該当する事実を意味する。すなわち、犯罪の対象となるべき事実という意味であることを正しく理解しなければならない。つまり、構成要件的故意は、「構成要件」に該当する外部的事実の認識、例えば、殺人における「人」の認識ということである。この「人」の認識があれば、殺人を犯そうとする人間にとっては、犯罪事実の認識があるということになるから、認識した「人」を殺すことが故意であり、それが構成要件に該当する故意行為ということになる。ところが、「人」の認識は、犯罪を犯さない者も認識するわけであるから、その者が行う「人を認識する」ということも、故意による認識ということになる。このように、故意に人を認識するということは、故意に見たというだけのことであって、その段階では、犯罪事実の認識ということにはならないのである。したがって、故意とは、事実の認識であるとしても、事実の認識というのは、犯罪事実に関係する「事実の認識」と犯罪事実に関係のない「事実の認識」の両者を含むと解さなければならない。その意味で、故意とは、犯罪事実の認識と決めつけることはできないのである。このことは、「認識ある過失犯」が故意犯にならないことによっても明らかである。故意とは、事実の認識であり、「認識」を内容とするものであるとするならば、そこに「犯意」まで含むことはできないのである。わたくしが、「故意」と「犯意」は別個の概念であり、故意とは、事実の認識であるという「事実の認識」について、このように解することによって、事実の認識（故意）があるとしても、そのことから当然に犯意があるということにはならないと考えるのである。

例えば、医者による外科手術を考えてみよう。これが、刑法三五条の「正当業務行為」として違法性を阻却すると考えるのが大勢であるといってよい。それでは、違法性が阻却されるというのは、どういうことであろうか。違法性が阻却されるというのは、その前提となる構成要件に該当する行為はあることになる。つまり、外科手術の場合、「身体的完全性」、あるいは、「生理的機能」を損う行為は行われているのである。妙な表現になるが、故意による手術という傷害の構成要件的行為はあるが、正当な業務行為なので違法性は阻却されるのである。このことは、正当防衛行為も緊急避難行為も同様に考えることができる。正当防衛による殺人を考えてみよう。正当防衛行為であったとしても、「人を殺した」ことは事実である。したがって、殺人の構成要件に該当する。しかも、明らかに故意行為による殺人である。しかし、正当防衛の成立要件を満たすことによって、違法性が阻却される。仮に、故意＝犯意であるとするならば、正当防衛における故意と犯意の関係は、どのようになるのであろうか。私見によれば、すでに述べたように、両者は別個の概念であるから、故意はあるけれども犯意、すなわち、違法性がないので犯罪は不成立ということになる。しかし、正当防衛であっても、防衛行為によって発生した結果（例えば、人の死）は、殺人の構成要件に該当する行為であることに疑いないのである。このことからも理解できるように、構成要件に該当する行為は、既に何らかの刑法的評価を経た行為であってはならず、「犯意」という違法要素の存否が犯罪成立にとって重要な役割を果たすことになる。

そもそも故意＝犯意であるとするならば、「犯意」とは何に対する「犯意」なのであろうか。わたくしは、犯意とは、認識した事実に対する行為者の心理的作用であると考えるから、それは、認識作用を要素とする故意とは別個の概念であると解しているので、「事実の認識」から、当然に「犯意」は導き出されるものではないと考える。すなわち、事実の認識という故意があることによって、そのことだけで犯意があるとはいえないのであるから、故意＝犯意と考えるのは適当ではない。もちろん、犯罪には過失犯もあるから、過失犯の犯意は不注意という要素を通じて、結果発生に対しては、消極的な行為に出るという心理的作用を意味することになる。

これまで述べてきたことから、故意と犯意の違いを整理してみると、故意とは、行為者の視覚的な認識要素、すなわち、裸の事実の認識であり、犯意とは、認識した事実に対して積極的あるいは消極的に行為をするという行為者の内心に存在する主観的要素であると解するのである。それゆえに、認識なき過失犯の場合には、行為者に視覚的な（認識）要素が欠けているのであるから、結果発生を予見しつつ慎重に行為をすることによって、結果の発生を防止する義務が存在するのである。それにもかかわらず、結果が発生したことについて、過失犯としての責任を問われるのであれば、そこには消極的であるとはいえ「犯意」が存在したことになる。このように解することから、故意犯・過失犯には、それぞれ「犯意」があることになる。そもそも故意・過失というのは、行為に直接結びつく要素であり、かつ責任無能力者によっても故意行為も過失行為も行うことは可能と考えるから、「故意」「過失」を責任の要素と解することは妥当ではない。「違法は客観的に」と考えるのであれば、責任無能力者にも違法行為を行うことができることになる。さもなければ、責任無能力者の行為に対しては、「正当防衛」ができなくなってしまうであろう。このように解することによって、刑法三九条一項の「心神喪失者の行為は、罰しない」という規定の意味は、責任能力が欠如するがゆえに「罰しない」ということが理解できるのである。つまり、心神喪失者によっても故意行為・過失行為を行うことができるのであって、心神喪失者の行為は、それが故意あるいは過失によって行われたとしても、行為ではないから罰せられないのではなく、心神喪失者すなわち責任がない者の行為として罰せられないということである。このことは、刑法三六条一項の正当防衛の規定によって、さらに明らかになる。例えば、正当防衛は、「急迫不正の侵害」に対してなされるのであるが、「不正」とは「違法」であると解すれば、客観的違法性論の立場からは、心神喪失者にも違法行為を行うことが可能となる。そうすると、違法行為とは、当然に故意行為か過失行為ということになるから、責任無能力者においても、故意行為あるいは過失行為を行うことができるということを前提にしているといえよう。さもなければ、心神喪失者に対する正当防衛はできないことになってしまうであろう。

すでに述べてきたように、目的的行為論は、「主体たる人が一定の目的実現に向けて因果経過を統制的に決定し操縦し得る」ということを内容とする。因果的行為論との違いは、「行為の本質は、因果性ではなく、目的性のなかにあると解し、目的性は行為の本質的要素であり、行為と不可分であり、したがって、行為を内容とする構成要件もまた目的的行為の意義に解すべきであって、その意味において、故意・過失もまた構成要件の要素たる意義をもつもの[41]」とされているのである。

故意は、構成要件の主観的要素であるとする私見によっても、構成要件的評価は、客観的になされなければならないのであって、この両者は、明確に区別されなければならないし、矛盾するものでもない。つまり、構成要件に該当する行為の種類、すなわち、「故意行為」「過失行為」における「故意」「過失」を行為者と切り離して考えることはできない。その意味で、「故意」「過失」は、構成要件の主観的要素であるにすぎない。換言するならば、人間の行為は、刑法的には、故意行為か過失行為によってなされているのである（もちろん、夢遊病者や睡眠中の行為、反射運動などは、刑法上の行為ではない）。なぜなら、故意行為でも過失行為でもない不可抗力は、構成要件的行為には含まれないからである。そこで、例えば、違法性を阻却する事由がある場合の行為（正当防衛行為）であっても、それは、故意による行為がなされていることは疑いない（故意行為＝故意犯になるわけではない）。そうだとすれば、構成要件に該当する故意行為が行われているのは、事実である。つまり、故意は、「主観的構成要件要素」なのである。これに対して、主観的違法要素というのは、行為を違法づける主観的要素（主観的超過要素）の存在によって、違法性が決定づけられる要素であるということができる。(42)この「行為を違法づける主観的要素」とは、故意行為で行ったか過失行為で行ったかを決定づける行為者本人の「内心」に関わってくる問題である。このようなことから、構成要件に該当するかどうかの判断は客観的になされ、それが故意に行われたとしても（故意に行われたとしても、「犯意」がなければ、故意犯とはならない点に注意を要する）、次の段階で、故意犯としての「犯意」、すなわち違法性が備わっていたかどうかが検討されなければならない。こうして、構成要件的事実は、客観的に判断されなければならないということと、故意犯、過失犯という「犯罪」を決定づける「犯意」という主観的要素は、別個の概念であるということが理解できるのである。

因果的行為論は、「有意行為論」とも呼ばれているように、行為を人の意思決定に基づく因果的経過としていることからも理解できるように、意思内容については、これを行為概念から分離しているのであって、「人の意思決定」ということが重視されている。因果的行為論と目的的行為論の違いの重要な部分は、この点にあるといってよいであろう。因果的行為論は、人の行為を「(人の) 意思決定に基づく」としているだけであるから、そこには、抽象的な行為だけが想定できる。これに対して、目的的行為論は、行為の中核となるものとして、目的、すなわち、意思内容を重視する(目的的意思)。もっとも、目的的行為論が、意思内容を重視するといっても、それは一定の「目的性」の存在を行為と不可分の要素とするということであって、「目的性」の内容を個々に重視するという意味ではない。換言するならば、行為の端緒は「目的性」があって初めて成り立つというのである。その意味で、目的的行為論は、因果的行為論よりも刑法上の行為の範囲が狭くなるといえよう。確かに、行為を行うには、意思が不可欠であることはいうまでもないが、目的的行為論は、その意思が行為と直接、関連づけられるものではなく、意思と行為を結びつけるものが「目的性」であるとする。したがって、「目的性」は、意思内容を具体的に明らかにすることによって、人の行為を行為として明確にする点に特徴があるといってよい。

(七)　目的的行為論と過失犯

「犯罪は行為である」という刑法の命題からすれば、故意犯も過失犯もその中核をなすものは「行為」でなければならない。「行為とは何か」ということに関連して、学説は、「因果的行為論」「社会的行為論」など、いくつかの学説が唱えられているが、これまで述べてきたように、わたくしは、「目的的行為論」を支持している。

目的的行為論は、目的的行為概念を中核とする行為概念であるが、目的的行為論の哲学的基礎は、存在論哲学である。[43] すなわち、「人は一定の目的を設定して、それへ向けて自己の身体を統制し(目的的行為統制)、通常それを通じて因果関係を支配すること(目的的因果統制)により、その目的を達成しようとする」[44] とか、「行為の存在論的本質は『目的性』(Finalität) にあると解し、目的性が行為の存在的構造を基礎づける範疇的意義をもつ概念である[45]」というのが、目的的行為論の骨子であるといってよいであろう。

目的的行為論 (finale Handlungslehre) は、ヴェルツェル (H. Welzel) によって提唱された行為論であるが、その試みは、彼がケルン大学において教授資格請求論文として書かれた「刑法における自然主義と価値哲学」(Nationalismus und Wertphilosophie im Strafrecht, 1935) の中で展開されている。「目的的行為論」の基本思想は、行為の本質を何に見出すかということであり、それは、行為の要件として「有意性」があれば足りると解したり、有意性と目的性を混同したりする因果的行為論 (kausale Handlungslehre) に対する批判として唱えられた理論であるといえよう。

目的的行為論にとって本質的なことは、何をもって人間の行為における「中核」とするかということから出発して、行為者にとっていかなる要素が不可欠であるかということを前提にして、「法規制の対象の存在構造を明らかにすることであり、すなわち、それぞれの態様の可罰的行為の実体的・構造的差異として示すことなのである。たとえば、作為と不作為とは、『目的的行動力』の範囲内にある人の態度として共通であるが、目的的な因果過程の統制と因果過程の放置という点において異なり、作為のなかでも故意作為と過失作為は、構成要件的結果の発生が目的連関に含まれているか否かにおいて異なる[46]」のである。それでは、過失犯における目的性とは、如何なることを指すのであろうか。

過失犯における注意義務は、予見可能性 (結果予見義務) と結果回避措置 (結果回避義務) から成り立っている。過失犯とは、不注意により結果を惹起させることをいうのであるが、過失犯が成立するためには、結果の不認識 (結果発生の不認識) という心理的事実のほかに、その不認識が注意義務に違反するという規範的要素を本質的なものとして含むと解さなければならない。わたくしは、この「注意義務に違反する」という「不認識」を重視するのである。すなわち、この不認識ということを単なる不認識として捉えるのではなく、不認識に至った原因は何であったのかという不認識の裏面にあるものが、行為者の「目的性」と深い関連をもつのではないかということを重視するのである。

目的的行為論に対しては、故意行為を説明することはできても、過失行為における「目的性」と「結果」との関係、取り分け過失犯における「目的性」という点に批判が集中する。すなわち、目的的行為論によれば、故意行為は「目的性」ということによって説明することができるとしても、過失行為や不作為の行為ということをすべて「目的性」で説明することはできないのではないかという批判が加えられている。(47)このような批判に対して、福田博士は、「構成要件該当性、違法性、責任といった刑法的評価をうけて犯罪となる対象、いわば、犯罪概念の基底をなすものは、目的的行為であり、構成要件的結果に向けられた目的的行為は故意犯の構成要件に該当し(故意の行為)、構成要件的に重要でない結果に向けられた目的的行為が客観的注意に違反していると判断されたばあい、過失犯の構成要件に該当する(過失の行為)のであって、故意の行為と過失の行為の区別は、構成要件該当性の判断をへてはじめて可能となるものであって、構成要件該当性のまえに先置された評価の対象としては、いずれも目的的行為なのである(48)」とされている。

このように、目的的行為論は、行為概念の要素として「目的性」を中心とする行為概念であることが理解できる。すなわち、人間の行為は、目的的活動を通してなされるものであるから、行為とは「目的的な事象」であるということになる。さらに踏み込んで、過失行為においても目的性がその中核であるとする根拠について論じてみよう。わたくしの考えでは、不注意の原因となった「目的的行為」が原因となって結果を発生させた場合、重要なことは、それ自体としては、刑法的に意味をもたない「目的的行為」（例えば、ドライブ）と発生した「結果」との間に「相当性」が認められるかどうかということである。つまり、故意犯の場合には、その点は明確になっているのであるが、過失犯の場合には、刑法的に意味をもたない目的的行為によって惹き起こされた「不注意」による過失行為から発生した結果が、過失行為としての「相当性」の範囲内にあるとされたならば、過失犯が成立すると解してよいのである。その意味で、「目的的行為論」は、「目的性」と「相当性」という関係を抜きにして論ずることはできないのである。(49)

これまで述べてきたことからも理解できるように、過失犯は、刑法上、意味をもたない（目的的）行為を原因として、刑法上は意味のある結果を因果的に惹起するものであるが、その意味をもたない（目的的）行為と結果との関連を一連の目的的行為による結果として捉えるか、「不注意に惹起された結果」として狭い範囲で捉え、それを因果的（有意的）行為として捉えるかということで両説は異なる。(50)私見によれば、因果的行為論は、「意思」を中核において行為を考えるのであり、しかも、その意思は、結果との関係で直接的なものでなければならないとしている。しかし、行為に目的がなければならないとすれば、行為は意思に基づいてなされ、意思は目的をもっていると考えなければならず、漠然とした意思によって行為をするということは考えられない。そうだとすれば、目的的行為論は、因果的行為論よりも因果の範囲を絞って（狭く）解する行為論ということになろう。このように、人間の行為における本質は、「目的性」にほかならず、「行為」から「目的性」を切り離して論ずることは不可能である。目的的行為論は、行為の中核に「目的」を置くことによって、行為における行為者の意思の存在が明らかになる。因果的行為論によれば、行為を人の意思決定に基づく客観的な外部的活動およびそれに基づく因果的経過としているることからも理解できるように、意思の内容については、これを行為概念から分離しているのであって、「人の意は、この点にあるといってよいであろう。因果的行為論は、人の行為を「人の意思決定に基づく」としているだけであるから、行為との関係でいえば、抽象的な行為だけを想定することになってしまう。

一方、目的的行為論は、行為の中核として目的、すなわち、意思内容を重視する。もっとも、目的的行為論が意思内容を重視するといっても、それは一定の「目的性」の存在を行為と不可分の要素とすることであって、「目的性」の内容を個々に重視するという意味ではない。換言するならば、行為の端緒は「目的性」があってはじめて成り立つということである。私見によれば、因果的行為論にいう行為の要素としての「意思」というのは、目的的行為論の「目的」と比べてその範囲が抽象化されているように思えるのである。これに対して、目的的行為論は、意思を「目的」との関連ということに限定することによって、行為と結果との因果関係を明確にするといってよいであろう。確かに、行為をするには、意思が不可欠であることはいうまでもないが、目的的行為論は、過失犯に関していえば、その意思が行為と直接関連づけられるものではなく、意思と行為を結びつけるものが、刑法上、重要でない行為の「目的性」であるとするのである。その意味で、「目的性」は、意思内容を具体的に明らかにすることによって、人の行為を行為として明確にするという特徴があるといえよう。

以上のことから、目的的行為論は、行為の中核に「目的」を置くことによって、行為における行為者の存在が明確になると同時に、それによって人間の行為における意思とは、漠然とした意思ではないということも理解できるのである。目的的行為論による結果の惹起といえるかどうかは、発生した結果が「目的的」行為の相当性の範囲内(枠内)に入るかどうかを検討することによって決せられることになり、そのことは、同時に行為が目的的行為の対象となるかどうか――換言するならば、相当因果関係の範囲内にあるかどうか――を判断する働きをするのである。こうしたことから、目的的行為論は、故意行為においては、構成要件に該当する結果に向けての目的性を認めることができるとして、故意行為に対して目的的行為を見出すことは、一般に認められているといってよいであろう。そこで、目的的行為論に対する批判は、過失犯における「目的性」という点に集中する。目的的行為論は、故意犯の構成要件に該当する行為と過失犯の構成要件に該当する行為を、予め「行為」の段階で区別しようとするものである。それは、認識ある過失と未必の故意における客体の認識（故意）についての差も、これと共通する。すなわち、故意犯においては、構成要件に該当する結果に向けての目的性を認めることができ、この目的性が重要であるけれども、過失犯においては、その目的性は、法的に無意味な結果に向けられた目的性ということになる。したがって、故意犯においても過失犯においても、ともに目的性があるということになる。ただ、再三述べてきたように、故意行為における目的性は、認識した事実に対して結果を発生させようとする目的であるから、結果発生に対する「直接的な目的性」ということができる。これに対して、過失犯における目的性は、刑法的には重要でない目的的行為を行うことによって、刑法的に重要な結果を因果的に惹起させることである。その意味において、過失行為における目的性は、結果発生に対する「間接的な目的性」ということができるのである。こうした主張――とりわけ過失犯の場合――に対する批判についてはすでに述べた。さらに、目的的行為論にいう目的意思、あるいは、故意による支配がない過失犯の行為性や外部的因果性の積極的操縦支配の存在しない不作為の行為性が説明できないという批判もなされている。(51)つまり、目的的行為論が主張する行為の「目的性」は、故意犯については説明できるけれども、過失犯や不作為犯については、その目的性を認めることが困難であるとする。

しかし、「故意の不存在が過失犯の（消極的）要件となるという意味においてだけでなく、およそ行為者がいかなる事情を認識していたかを知らなければ、当該事情のもとにおける『客観的』注意義務の内容を明らかにすることは、最初から不可能[52]」なのであって、わたくしは、過失犯には故意犯とは違った構成要件的行為が考えられなければならないと解している。その意味で、過失行為というのは、故意行為と「対」をなす行為であり、故意行為が故意行為としての「目的性」をもつ「目的的行為」であるのに対し、過失行為においては過失行為としての「目的性」をもつ「目的的行為」であると解している。

(八)　認識ある過失・未必の故意と目的的行為論

「認識ある過失」と「未必の故意」を区別する有力説は、「認容説」である。認容説によれば、故意とは事実の認識を意味し、「事実の認識」という点においては、「認識ある過失」と「未必の故意」は共通することになる。したがって、両者は、「事実の認識」という点では区別することができず、結果発生について「認容」をしたか否かによって区別されることになる。この考えは、通説によっても支持されている。そうすると、認識ある過失と未必の故意を区別するのが結果発生に対する「認容如何」ということになると、認識なき過失と故意の区別、認識ある過失と未必の故意の区別は、犯罪体系上、異なった段階でなされることになろう[53]。「認識ある過失」と「未必の故意」の関係においては、「認識」という点では共通することになる[54]。そこで、通説は、結果発生を認容したか否かによって「故意犯」が成立するか「過失犯」が成立するかを区別しようとする。そうだとすれば、「認識なき過失」と「故意」とは、「認識」という段階で区別されることになるが、「認識ある過失」と「未必の故意」とは、「構成要件」の要素である事実の認識という段階では区別できないということになってしまう。そのようなことを考慮するならば、両者は結果発生についての「認容」の有無の段階での区別ということが考えられるのである。そうすると、この「認容」は、犯罪体系論上、どこに位置するのかということになるが、わたくしは、「認容」と「故意」

とは別個の概念と考えている。なぜなら、「故意（＝事実の認識）」は、構成要件の要素であるのに対し、「認容」は、違法性の要素であると解するからである。このように解しなければ、過失の犯罪論上の体系的地位を「認識なき過失」の場合には構成要件に置き、「認識ある過失」の場合には違法性に置くことになってしまう。しかし、「認識なき過失（犯）」、あるいは、「認識ある過失（犯）」とはいえ、両者は過失（犯）であることには変りはない。そうすると、「過失」の体系的な地位を別々に認めるというのは、適当ではないであろう。[55] それでは、このことについては、如何に解すべきであろうか。これまで、故意行為も過失行為も目的的行為論で説明してきたが、故意犯と過失犯とでは行為者が意図している「目的」の内容が違うことに注意しなければならない。過失犯においては、結果発生を積極的に意図した目的的行為ではないのに対し、故意犯においては、結果発生を積極的に意図した目的的行為である。したがって、目的に向けてなされている行為といっても、両者はその内容を異にするのである。すなわち、構成要件的行為をする段階において、故意行為に対する目的と過失行為に対する目的とでは、目的の内容に違いがあるということである。その意味で、故意犯における「犯意」と過失犯における「犯意」とでは、行為者にとって、異なった「犯意」をもった事実（客体）の認識ということになるから、客体の認識の段階でも事実の認識という構成要件の段階で区別されうるのである。また、確定的故意と未必の故意という二つの故意においても、「故意」という点では、両者は体系的に共通の地位に置かれるべきではないかと考えるのである。同時に、このことは、認識なき過失と認識ある過失における「過失」についても同じことがいえるのではないかと思う。過失犯においては、不注意による行為によって結果を惹起することであるから、客体を認識していたか否かということは重要ではなく、「不注意な行為による結果の惹起」ということが重要なのである。ただ、客体を認識していた場合の方が、認識していなかった場合よりも注意の度合いという点で違いがあるかもしれないが、そのことは、過失犯の成立にとっては影響を及ぼすものではない。また、「未必の故意（犯）」と「通常の故意（犯）」の場合においても、結果発生の「認容」という点において、未必的であったか確定的であったかという違いがあるとしても、故意行為によって結果を発生させるという点では、全く同一類型の「故意行為」を前提にして犯罪を行うものであるから、両者を別々に扱うということは必要ないのである。換言するならば、「未必の故意」と「通常の故意」は、故意行為を行う際における状況の違いであり、「認識ある過失」と「通常の（認識のない）過失」も過失行為を行う際における情況の違いである。なお、未必の故意における「認容」は、未必的故意によるものであるがゆえに、違法性について、内容が詳しく論じられているのである。なぜなら、未必の故意は、認識ある過失と隣接しているからである。

これまで述べてきたように、目的的行為論に対する批判は、過失犯や不作為犯に対して集中している。しかし、過失犯においても目的的行為は存在するのである。ただ、過失犯の場合には、故意犯と違って積極的な「犯意」は存在しないのである。つまり、積極的な犯意を欠いての事実の認識があるということが、過失犯における「認識」の前提になるのである。「認識ある過失」では、そのような事実の認識をして目的的行為を行うわけであるが、「目的的行為」を行っているという点では、これを否定することはできないであろう。井田教授は、「目的的行為論によれば、犯罪論的評価の対象は、一定の将来の事実の現実化を目的として因果的過程を制御・統制しその目的の実現に導くという、人による目的活動遂行の全過程であり、いいかえれば目的連関（Finalnexus; Finalzusammenhang）の全体である。（中略）このような『目的連関』に属する行為遂行の過程こそが評価の対象とされなければならない」(56)とされる。この見解は妥当である。ただ、わたくしは、評価の対象とされる過程を「相当性」の範囲内にあるかどうか、すなわち、目的的行為論における刑法上、意義のある行為に含むことができるかどうかということを発生した結果との関連で判断する。つまり、過失犯は結果犯であるが、行為者がある「目的的行為」を行う（例えば、自動車の運転を行う）場合、その目的的行為を行うことに関連して発生した結果が、「相当性」の範囲内から生じたといえる結果で刑法的な意味を有するものであるならば、その結果は、目的的行為による結果の発生として刑法上、意味を有するということになるのである。過失犯の場合、意思が結果を発生させる行為と直接関連づけられるものではなく、いわば付随的に結果を発生させるわけであるから、過失犯の場合には、その目的性は法的に重要でない結果に向けられることになる。その際、注意しなければならないのは、「行為とは何か」という行為の本質を考えるとき、その行為を行為として特徴づけるものは、行為者により法的に重要でない結果に向けられている「目的」であるということであって、「目的」があることによって行為という形態を整えていることになる。その目的が法的に重要でない結果に向けられているかどうかということは、問題ではないということである。このことと関連して、過失不作為犯の実行行為性とは、「何かをしなかった」という不作為ではなく、「何かをしなかった」裏面にある目的的行為を行うことによって、構成要件的に重要な結果を因果的に惹起するということである。この「裏面にある行為」は、これまで述べてきたように、目的的になされているのであるから、裏面にある行為を意識的・目的的に行ったことによって、刑法上、重要な結果が因果的に惹起されたという場合には、その行為と結果との間に「相当性」を認めることができるので、結局、目的的行為と結果との間には、刑法上、重要な意味を有することになる。つまり、不作為による過失犯をも含め、過失犯の場合、刑法的に重要でない（目的的）行為と結果とを分離して論ずるのではなく、両者を一体として捉えなければならないのである。なぜなら、そもそも過失犯は結果犯であるから、刑法的に重要でない行為をしているときには、結果の発生を志向しているわけではないが、因果的に結果を惹起させてしまった場合だからである。したがって、行為と結果を一体のものとして考えるならば、刑法的に重要でないといわれる行為と結果を一体として考え、両者に「相当性」の関係が認められるときには、「刑法的に重要でない」といわれる行為が、結果惹起にとって意味をもつのである。

一例をあげてみよう。例えば、自動車で人を迎えに行く途中で人を轢いてしまったという場合、自動車で人を迎えに行くという行為は、法的には重要ではないけれども、人を轢いてしまったという行為を行為たらしめるのは、人を迎えに行く（ために自動車を運転する）という目的的行為であり、この法的に重要でない「目的的行為」の中に、人を轢いてしまったという「目的関連性」（相当性）を認めることができるかということである。思うに、「刑法的評価の対象たる人間行為は、先行の諸要因により因果的・盲目的に惹起されるのではなく、主体たる人が一定の目的実現に向けて因果経過を統制的に決定し操縦し得るという存在論的構造を有する」[57]のであるから、過失犯の場合、刑法的には重要でない「目的的行為」を行ったとしても、惹起された結果に「目的関連性」を認めることができるのであれば、その結果は「目的的行為」因るものと解することができるのである。

そもそも過失行為による結果の惹起というのは、純粋に過失による結果そのものを目的とした行為から導き出されるものではなく、故意犯の場合とは違うけれども、あくまでも行為者が目ざしている刑法的には意味をもたない目的的行為から付随して惹起される結果について考えられるものなのである。その意味で、結果の惹起は、「目的」をもった行為によるものであるといってよいのである。いうまでもなく、過失犯は、過失行為により結果を惹起することによって成立する。しかも、過失行為というのは、結果を惹起する直近の行為が不注意になされるということでなければならない。この「直近の行為」というのは、例えば、主婦がストーブに火をつけたままで洗濯をしていたところ、ストーブの火がカーテンに燃え移り、火災が発生したというような場合、この「失火」にとって重要なことは、ストーブに火をつけたことなのか、洗濯していたことなのかということであるが、「洗濯していた」というのが直近の行為といえる。つまり、洗濯をするという「目的的行為」が意味をもち、洗濯をするという目的的行為によって、注意力が散漫になり、ストーブの火がカーテンに燃え移った結果として火災が発生したということになると、火災が発生したことと「洗濯をする」という目的的行為の間には、「相当性」を認めることができよう。このように、直近の行為が不注意になされたというのは、結果が発生したときに、行為者がその裏面でどのような不注意な（目的的）行為をしていたかということが重要であり、結果発生時の裏面での行為が、結果発生にとって経験則上、「相当」といえるかどうかということが重要である。

目的的行為論は、行為の中核に「目的」を置くことによって、行為者の意思の存在が具体的になる。この「目的」は、それが行為者に存在することによって、単なる身体の動静が刑法上の行為であることを否定し、因果的行為論がいう「意思」をさらに具体的に解した点に意義がある。また、惹起された結果が、結果惹起に直接向けられたものでない目的的行為の枠内に入るかどうか（相当性）を検討することによって、刑法上、意味をもつ目的的行為であったかどうかが判断されるのである。したがって、目的的行為論は、故意犯の構成要件に該当する行為と過失犯の構成要件に該当する行為の違いを直接的な「目的の存否」によって予め区別しようとするものである。それは、要するに、故意犯においては、構成要件に該当する結果に向けての目的性を認めることができ、この目的性が重要であるけれども、過失犯においては、その目的性は法的には重要でない結果に向けられた目的的行為ということになる。この点に関連して、「認識なき過失（犯）」と「認識ある過失（犯）」を「故意（犯）」との関係で詳しく検討してみよう。

「認識なき過失」の場合には、「事実の認識」そのものがないのであるから、「認識のある過失犯」の場合と違って客体に対する直接的な「目的的行為」は問題とはならない。しかし、「認識なき過失（犯）」においても、「目的的行為」が存在することは、すでに述べた。人間は、何か行為をするとき、それが不作為であっても、必ず主体的な目的をもつものである。したがって、「目的」がなければ、刑法上の行為の対象とはなり得ない。もっとも、これまで述べてきたように、目的的行為論に批判的な立場からは、法的に無意味な目的性を行為概念にもち込むことは問題であるとか、「客観的注意違反の行為が必ず目的的行為でなければならない理由はない(58)」といった批判もある。しかし、「人間は自らの不完全性ならびに有限性のために、目的設定の適正さは、決して絶対的ではなく相対的である。したがって目的設定にもとづいて価値ある生活を実現しようとする場合、誤謬と訂正とをしばしば繰り返して生活を遂行しなければならない(59)」のである。すなわち、「価値ある目的原因の認識にもとづく結果が、常に必然的に価値ある結果をもたらさず、反価値的なる結果も生じうる(60)」のである。つまり、行為者が、当初、思ったとおりの目的達成をしようとする行為が、そのまま思ったとおりの目的達成をするとはかぎらず、刑法的に違法という結果を招くこともありうる。その意味で、目的的行為「それ自体」とか、「絶対的」目的的行為というものが存在しないことはいうまでもない。「目的」とは、実現意思によって定められた結果との関連で存在する。そして、「目的の定立――手段構想――設定という認識能作（あるいは操作）の媒介を通して目的実現という現実的結果が現われるとすれば、この目的原因から結果が現われるためには、原因と結果との間に、極めて複雑なる媒介過程が介在しなければならない(61)」ということからも理解できるように、法的に無意味な目的性を行為概念に持ち込むことは問題であるという批判は、正鵠を射ているとはいえないのである。

目的的行為論は、行為の中核に「目的」を置くことによって、その本質を明らかにする理論であるといえよう。そして、発生した結果が、その「目的」遂行との関係で、どのようにして目的的行為の裏面にある、刑法上、重要な結果を惹起したかどうかを検証するのに寄与する理論である、ということが理解できるのである。もっとも、「人間の行為は、多くの場合、なんらかの意味で目的的行為であるとはいえよう。しかし、常にそうであるとまではいえない（たとえば、忘却犯）。非目的的態度を含む人間の態度から、なぜ目的的行為のみが犯罪行為として取り上げられねばならないのか」[62]といった批判もある。この点については、すでに述べたように、「目的原因から結果が現われるためには、原因と結果との間に、極めて複雑なる媒介過程が介在しなければならない」のであって、「忘却犯」の場合においては、まさに「複雑なる媒介過程が介在」しているといえるのである。結果が目的的行為の媒介過程の介在といえる（相当性があると判断される）かぎり、発生した結果は、目的的行為論の範疇内における行為の結果として認めることができるのである。このように、人間の行為は、単なる漠然とした意思ではなく、「目的」という具体的な意思を基礎にすることによって、すなわち、「目的」という一定の枠付けをすることによって、意思があれば行為といえる有意行為説（因果的行為論）のいう「意思」に制限を加えることにもなるのである。

目的的行為論にいう「目的」は、それが、行為者に存在することによって、単なる身体の動静が刑法上の行為であるとすることを否定し、また、目的的行為論による結果の惹起は、「目的的」行為の範疇に入るかどうかを検討することによって、目的的行為の対象となるかどうかを判断することになる。したがって、目的的行為論は、故意犯の構成要件に該当する行為と過失犯の構成要件に該当する行為の違いを直接的な「目的の存否」によって、構成要件の段階で区別することができると考えるのである。それは、要するに故意犯においては、構成要件に該当する結果に向けての目的性を認めることができ、この目的性が重要であるけれども、過失犯においては、その目的は法的に重要でない目的（例えば、人を迎えに行くための自動車の運転）に向けられることになる。しかし、故意犯においても過失犯においても、行為の本質を「目的性」に求めるという点では、両者に違いはない。この場合、目的を実現するための行為者の内心に存在するもの（犯意）が、違法性を形成する（主観的違法要素）。認識なき過失の場合には、行為者には、「（犯罪）事実の認識」がないのであるから、当然、犯罪となるべき結果に対しては、目的性はないことになる。そうすると、事実を認識している場合であっても、故意犯の成立する場合と認識ある過失犯の成立する場合とでは、結果を発生させる「目的」が異なるということが理解できるのである。ここで注意しなければならないのは、認識ある過失の場合、行為者には、故意犯罪に対する「事実の認識」はなくても、結果として過失犯罪を犯す「事実の認識」は存在するということである。このように、故意犯（未必の故意も含む）についても認識ある過失犯についても、「事実の認識」ということについていえば、両者にその認識はある。ただし、行為者が、いかなる「目的」をもって事実の認識をしているかという「認識内容」については、両者は異なっているのである。このように、故意犯における「目的的行為」は、最初から犯罪に向けられた目的的行為であるが、過失犯の前提となる「目的的行為」は、犯罪とは直接に関係のない――刑法的には重要ではない――目的的行為であるから、同じ目的的行為であっても、行為者の意図している内容は全く別のものであるということである。したがって、直接的には犯罪に向けられていない過失犯の目的性と、最初から犯罪という目的に向けられている故意犯の目的性を同一に解することはできないが、故意犯においても過失犯においても、ともに行為の本質として目的性をもっているということでは共通する。

これまで述べてきたことから、わたくしは、「認識ある過失」と「未必の故意」の区別は、すでに構成要件の要素である故意、すなわち、事実の認識の段階における行為者の抱いている内容によって区別されるべきであり、この区別は、「目的的行為論」の立場から、無理なく説明できると考えている。つまり、「認識ある過失」の場合、認識した事実に対する目的性が、「未必の故意」の場合とは異なるといえるからである。換言するならば、認識と目的性は不可分の関係にある。例えば、横断歩道を渡っている人を自動車で轢いてしまったという場合、未必の故意の成立にとって重要なことは、横断歩道を渡っている人を認識することではなく、刑法上の見地から意味をもつのは、未必の故意をもって横断歩道を渡っている人を認識することであり、認識ある過失においては、あくまでも結果発生に対しては、積極的に認容していないことを前提にした認識であるということであるから、行為者の行為もそれに見合った目的的行為ということになる。それゆえに、「故意犯」「過失犯」においては、なされた行為が「故意犯としての犯意」をもってなされたのか、「過失犯としての犯意」をもってなされたのかということが重要なのである。私見によれば、未必の故意による事実の認識と認識ある過失による事実の認識とは、すでに「認識」の段階で質的な相違がある。そうすると、認識なき過失と故意は「認識」の有無の段階（構成要件）で区別することができると同じように、認識ある過失と未必の故意の場合においても、両者は構成要件の要素である客体に対する認識の段階において質的な相違があるのではないかということである。このように、両者に認識の段階における質的な相違が認められることになると、当然のこととして、結果を惹起する「目的的行為」も異なることになろう。そうだとするならば、認識ある過失と未必の故意は、結果発生に対する「認容」で区別されるのではなく、構成要件的事実の認識の違いによる行為の段階で区別することができると解すべきではなかろうか。つまり、最初から犯罪に向けられた目的的行為と結果犯である過失犯の前提となる刑法的に重要でない目的に向けられた目的的行為とは、「目的的行為」であるということでは共通するが、異なった目的を達成しようとする点ですでに構成要件的行為の段階で異なっているということになる。したがって、直接的には犯罪に向けられていない目的性と、最初から犯罪という目的に向けられている目的性を、「目的」あるいは「客体」の認識ということだけを捉えて同一に扱うことはできないのである。認識ある過失は、あくまでも過失であり、したがって、結果発生の認容がないのであるから、事実を認識する場合においても、結果発生の認容がない状態での「事実の認識」である。これに対して、未必の故意の場合においては、結果発生の認容を前提にした「事実の認識」なのである。「犯罪は行為である」という命題からすれば、重要なことは、「行為」が如何になされたかということである。もちろん、行為は、通常の場合には認識された事実に対してなされる。この行為が「故意」によってなされたか「過失」によってなされたかが重要なのである。(63)

すでに述べたように、最初から犯罪に向けられた故意犯に対する目的的行為と、結果犯である過失犯の前提となる刑法的には重要でない目的的行為とを同一に考えることはできないが、どちらも「目的的行為」であるということでは、共通するのである。そこで、認識ある過失犯をも含む過失犯と未必の故意をも含む故意犯とは、いかにして区別しうるのであるかということを、これまで述べてきたことと重複することを恐れず、再度、検討してみよう。認識ある過失犯の場合には、事実の認識があったか否かによって、故意犯と過失犯を区別することはできない。この点が、目的的行為論は、故意犯に対しては妥当するけれども、過失犯に対しては説明できないのではないかと批判されているところでもある。確かに、事実の認識をしていたか否かということは、行為の目的性の有無を決定するうえで重要な役割を果している。もっとも、事実の認識は故意である――故意とは事実の認識である――とすれば、事実の認識の有無は「故意」の存否の問題であるが、事実の認識があったからといってそれがそのまま故意犯に結びつくわけではない。つまり、「故意」（事実の認識）、「犯意」（規範違反）、「故意行為」（認識した事実に対する行為）というのは、別個の概念であるということに注意しなければならない。それゆえに、事実の認識の有無は「故意」の存否の問題であり、それがそのまま「犯意」の存否になるわけではない。「故意」が「犯意」であるとするならば、「認識ある過失」犯は、故意犯ということになってしまうであろう。しかし、認識ある過失犯は、あくまでも過失犯である。そうすると、事実の認識という「故意」は、この段階では故意犯における事実の認識なのか認識ある過失犯における事実の認識なのかは区別がつかないことになってしまう。そこで考えられるのが、「事実の認識」がどのような目的によって認識されたのかということの重要性である。畢竟、目的は行為と不可分の関係となり、行為に至る前の段階で、発生した結果が「故意犯」になるのか「過失犯」になるのかが決定されるということになる。このように、「事実の認識」は、行為に至る前の「目的性」に意味を与える要素なのである。すなわち、故意犯の場合には、事実の認識があることによって、故意犯成立のための目的性が明らかになるのであり、ここに故意（犯）と認識なき過失（犯）の違いが明確になるのである。つまり、認識なき過失犯の場合には、事実の認識がなかった客体に結果を惹起させるのであるから、故意そのものがないということになり、故意犯の成立はないことになる。とはいえ、認識がなかった客体に対して結果を惹起させるのであるから、結果の惹起は目的ある他行為の付随的結果として生ずるものである。したがって、行為者にとっては、他行為をするという「目的的行為」は存在するのである。過失犯の場合には、不注意な行為（作為・不作為）が必要なのであって、この不注意な行為が直接になされる場合と間接になされる場合がある。しかし、いずれの場合にも、故意犯の場合とは異質の「目的的行為」がなされていることも否定できない。

　このように、故意犯における結果惹起を直接に目的とする目的性と、直接には結果惹起とは結びつかない過失犯における目的性には、質的な相違のあることが理解できるのである。ところが、認識ある過失の場合には、事実の認識という点では「故意」があることになるから、この点に関するかぎり、故意犯の場合と異なるところはない[64]。したがって、未必の故意犯と認識ある過失犯の区別は、結果発生に対する「認容」如何とするのが通説となっている。しかし、わたくしは、これまで述べてきたように、故意・過失は構成要件の要素であると解し、結果発生の認容は違法性の要素であると解しているので、認識なき過失犯と認識ある過失犯の場合も、犯罪成立要件の第一段階（構成要件の段階）で独自に考えるべきではないかと思うのである。つまり、「認識ある過失犯」に対しても、「認識なき過失犯」に対しても、犯罪論体系上は同一レベルで「過失」を論ずるべきではないかということである。その際、重要なことは、「犯罪は行為である」ということである。つまり、犯罪にとって意味を有するのは、「事実の認識」ではなく、「認識した事実」に対して行為者がどのような心理状態で行為をしたのかということである。

これまで述べてきたように、過失犯においても、目的的行為は存在する。理性的意思の本質たる目的性は、本来、「正しく定位されるべきであるにかかわらず、人格能力におけるさまざまな不完全性や微力のために、しばしば自然的衝動によって歪められたり、誤れる認識によって阻害されたり、また自然災害や偶然の事故によって崩壊したり、種々の困難のために停頓させられたりして、欲求する通りに実生活においては容易に達成されない場合も多い(65)」ことは事実である。もっとも、このように考えることは、純粋に哲学的な論理であるといえるかもしれない。しかし、この考えは、目的的行為論における過失犯の説明としても、十分に説得力をもっている。すくなくとも、自覚的意思は、盲目的な衝動ではなく、常に、価値あるものを自覚的（目的的）に志向しているといってよいであろう。

(九)　過失不作為犯と目的的行為論

これまで、過失不作為犯を目的的行為論の見地から部分的に述べることもあったが、以下においては、両者の関係をさらに発展・検討してみることにする。「目的的行為論」は、「目的性」と「相当性」という両者を抜きにして、行為と結果の関係を論ずることはできない。例えば、踏切番が居眠りをして遮断機を降ろすのを忘れてしまったので、踏切上で事故が起きてしまったという場合、その居眠りが、刑法上、重要であったか否かは、居眠りという目的的行為と発生した結果との間に「相当性」を認めることができるか否かということである(66)。このように考えることによって、「居眠り」そのものが意味をもたないかどうかは、その居眠りと発生した結果との関係で論ずべきであって、居眠りそのものだけを取り上げて一義的に捉えるのは妥当ではない。その意味において、目的性とそれによって惹起された結果の相当性の関係は、目的的行為論と過失不作為犯（忘却犯）においても、意義を有するのである。

刑法上、人間の行為といえるためには、「目的性」が認められなければならないということは、これまで述べてきたとおりである。さらに、それを刑法的評価の対象としての「目的性」として考える場合、目的実現を目指す行為は、常に、規範の掣肘が加えられることになる。ともあれ、刑法的に意味をもつ行為とされる前段階として、「目的性」が意味をもつということが理解できるのであって、このことが肝要なのである。したがって、「認識ある過失」の場合には、行為者がどのような目的によって、そして、どのような心理状態によって結果を惹起したかということが、故意犯が成立するのか過失犯が成立するのかに重要な意味をもつことになる。このように、行為には、「目的性」が認められる限りにおいて、刑法上の行為の対象になるということである。それゆえに、過失犯の場合、構成要件に該当する客観的注意義務違反の「行為」そのものというよりも、客観的注意義務違反の裏面にある「目的的行為」が、過失犯にとっての行為として意味のあるものということができるのである。こうして、行為者に「目的性」を認めることができるとすれば、その行為は、刑法上の行為の対象になるということであり、発生した結果に目的的行為との関係で「相当性」が認められるならば、過失犯の成立を肯定することができるのである。

もっとも、目的的行為論が、「目的性」によって行為概念を規定するとすれば、いわゆる忘却犯（過失不作為犯）には、この「目的性」を見出しえないのではないかという疑問が出てくることも予想される。この点を再度、検討してみよう。例えば、踏切転轍手が、テレビを観ていたために転轍を忘れてしまい、それが原因で事故が発生したという場合を考えてみよう。重要なことは、「転轍を忘れたこと」そのことではなく、「転轍を忘れた」ことによって発生した事故が「テレビを観る」という目的的行為との関連で相当性の範囲内にあるかということである。過失犯の場合は、特に「結果」と「行為」の範囲をどこまで認めることができるかということが重要である。仮に、結果が、テレビを観ていたという目的的行為の枠内における結果であると認めることができれば、「テレビを観ていた」という「目的的行為」は、発生した結果との間に相当性を認めることができるのである。このように、過失犯においては、刑法上は重要ではない「目的的行為」から「因果的に」重要な結果を惹起することによって成立する。それゆえに、過失行為の性質からして、何が重要であり、何が重要でないかを判断するにあたって、結果との関係で「相当性」を考慮することは、決して無意味ということにはならないのである。そして、両者の関係が「必然的」といえないまでも「相当性」をもって論ずることができるとすれば、「テレビを観ること」も、過失犯成立の流れの中では、重要な「目的的行為」といえるのである。つまり、「テレビを観ること」によって転轍しなかったという不作為が、「過失不作為犯」（忘却犯）の行為ということになるのである。

ところが、さらに、目的的行為論に対しては、暑い夏の日、居眠りすまいと努めたが、眠り込んで転轍しなかった場合には、どこに目的的行為を見出すのか。そこには、原因と目すべき先立つ意識的態度はなにもなかったのではないかといった批判がなされている(67)。確かに、眠るまいと努力したにもかかわらず眠ってしまったという場合、どこに「目的性」を見出すかということは難しい問題である。しかし、目的的行為論の立場においても、目的的行為「それ自体」とか、「絶対的」目的的行為というものが存在するといっているわけではない。すでに述べたように、「目的性」は、実現意思によって定められた結果との関連で意義をもつのである。つまり、過失犯であれば、刑法的に重要でない（意味をもたない）結果を実現しようとする意思により行われた目的的行為によって、刑法的に重要な結果を惹起することである。そこで、眠るまいと努力したが、眠りこんでしまって、刑法上、重要な結果を発生させてしまったという場合、「不注意な目的的行為」の存在そのものに疑問が生じる。しかし、このような場合にも、眠気を感じた時点から居眠りそのものに入るまでの短時間の行動（行為）に、「目的的行為」を見出すことは困難なことではない。つまり、この場合においても、短時間の行為に目的を見出すことができるからである。したがって、居眠り運転中に通行人を轢死させたような場合、「うとうとした初期の段階で人を轢こうと、完全に睡眠中の機械的・因果的段階で人を轢こうと、目的的行為による轢死という点では、相違はない(68)」のである。眠るまいと努力したにもかかわらず眠ってしまったという場合においても、眠りに至る行為（例えば、椅子に座る等）に目的性を見出すことは可能である。このように、刑法的に重要であるかどうかは別として、人間の行為にはどんな形であれ、「目的性」は存在するのであり、その「目的」を達成しようとする行為によって惹起された結果が、「目的的行為」と「相当性の範囲内にある」といえる限りにおいて、結果の惹起は「目的的行為」に起因しているものといえるのではなかろうか。

いうまでもなく、過失行為は、構成要件に規定された結果の実現を意図的に行ったものではない。それゆえに、過失行為は、一般に、刑法的には重要でないとか、あるいは無意味な「目的的行為」といわれているのである。このことは、例えば、猟をするために銃の手入れをするとか、友人を駅に迎えに行くために自動車を運転するといった行為を考えれば、容易に理解することができるであろう。過失犯というのは、「過失行為」によって結果が惹起される犯罪のことをいう。この結果惹起は、行為がそれに直接、向けられる場合（過って人を轢いてしまうという過失作為犯）とそうでない場合（飲酒をして眠ってしまったために、遮断機を降ろさなかったことにより、踏切上で事故が起きたという過失不作為犯）とに分けられるが、行為が不注意により結果に直接的に向けられたか否かという点で両者は異なる。しかし、不作為も行為であるから、結果惹起に直接向けられなかった場合であっても、不作為犯として処罰しうるのである。問題は、不作為犯の行為性である。この行為性は、「何かをしなかったこと」と理解されているが、実は、「何かをしなかったこと」というのは、その裏面にある別の「何かをしていた」(目的的行為)のであるから、別の何かをしていたことに留意すべきではないかと思う。つまり、行為の評価は、行為をするにあたって、行為の表裏に存在する作為と不作為の両面から検討されなければならないということである。その点に、目的的行為論の意味がある。そこで、夏の暑い日、居眠りすまいと努めたが、眠り込んで遮断機を降ろさなかったために踏切上で事故が発生したという場合、「眠るまい」としたことが目的的行為なのではなく、眠るまいとしている行為の裏面にある行為(例えば、眠ってはいけないと思いつつ椅子に座るという行為)に目的性を見出すことは困難なことではない(69)。目的的行為論によれば、人間の行為における本質は、「目的性」にほかならず、この目的性は行為から切り離すことはできないのである。

確かに、目的的行為論が、「目的性」を行為概念の要素とするとき、不作為犯や過失犯は目的性を欠くのではないかという指摘は傾聴に値する。ところが、過失犯といえども犯罪である以上、行為を行っているのである。つまり、不注意な行為である。この不注意な行為は、直接には結果を惹起するように意図されていないけれども、不注意な行為によって結果を惹起するのである。このことからも分かるように、過失犯の場合、その行為性については、一定の「幅」を考えなければならないのである(この点について、すでに、わたくしは「表裏」という文言も使っている)。作為であろうと不作為であろうと「行為」であることに違いはないから、行為に一定の幅が考えられるのである。このように、目的的行為論の特徴の一つは、行為に「幅」を認めるということでもある。そして、この「幅」が拡大しないように「相当性」という枠を併せ考えることによって、刑法上、重要な行為であるかどうかを決定するのである。行為に「幅」を認めることとそのことが、行為は意思に基づいて発生し、意思は目的をもつということにほかならない。つまり、行為と目的性は、不可分の関係にある。例えば、交通事故の原因となったわき見という目的的行為、眠気を感じた時点から、居眠りそのものに入るまでの短時間の目的的行為、失火の原因となったストーブに火をつけたままでの買物という目的的行為、過失致死の原因となった嬰児への添寝しながらの授乳という目的的行為など、過失犯が成立するためには、必ずその一方で目的的行為が行われているのである(70)。そして、目的的行為による結果の惹起といえるかどうかについては、「目的的行為」と惹起された結果との間に「相当性」があったといえるかをどうかで決せられる。したがって、「相当性」がなければ、過失犯は成立しないということになる。つまり、どこまでが結果行為との関連で「相当性」の枠内に入るかということである。それゆえに、忘却犯においても、例えば、踏切番が、居眠りすまいと努めたが、居眠りをしてしまったために遮断機を降ろさなかった結果、踏切事故が発生したという場合、居眠りに至るまでに何らかの目的的行為を認めることは、十分に可能である。この場合、すでに述べたように、「眠るまい」としたことが目的的行為なのではなく、居眠りに至るまでになされた行為に「目的性」を見出しうるのである。この目的性に、刑法上の意味が認められるかどうかということは、何の意味も持たない。目的性それ自身についていえば、行為にそれが認められるか否かということが重要なのである。不作為の場合においても、「何もしない」のではなく、「何かをしない」のであるから、「何かをしない」裏面にあるものが「目的的行為」といえるとすれば、不作為（とりわけ、過失不作為犯）を目的的行為論の俎上に乗せることは可能といわなければならない。

　そもそも不作為犯の場合は、それが、故意犯といえるためには、結果の発生を認容しつつ他の行為を行うことであるから、他の行為に目的性を認めることは容易である。それでは、過失犯の場合はどうであろうか。過失犯の場合には、結果発生の認容はないのであるが、結果を惹起させないようにする義務があるにもかかわらず、不注意で結果を惹起させる場合である。ところが、この結果惹起は、本来、結果惹起をしないように注意しなければならないという注意義務を怠って、他のことを行うことにより惹起された結果である。そうすると、「他のことを行う」ことについては、そのこと自体は刑法的に重要でないとしても、「他のことを行う」という「目的的行為」をしていることにほかならないであろう。そして、「他のことを行う」という目的的行為によって、刑法上、重要な結果を惹起したとすれば、それは、他のことを行うという目的的行為によって惹起されたと認めることができる。そうであるならば、その結果は、目的的行為の範疇に入れることができるのである。このように、過失作為犯および過失不作為犯においても「目的性」を見出すことができるとすれば、忘却犯もまた目的的行為論によって説明が可能である。したがって、目的的行為論は、刑法上の行為を理解するにあたって適切な概念であるといわなければならない。

目的的行為論によれば、行為の本質を目的的行為活動に求めることによって、その延長線上にあるもの、あるいは、目的的行為支配の範囲内にあるものは、刑法上の行為として評価されるのである。つまり、わたくしが理解する目的的行為論は、刑法上、行為といえるためには、その要素として「何を」考慮するのかということに尽きると思う。この点に関して、故意犯の場合と同様、過失犯においても「目的性」が行為の中核を成していると考えるのである。また、忘却犯（過失不作為犯）にとって重要なことは、不作為犯の行為性をどこに見出すかということである。

ラートブルフ（G. Radbruch）によれば、行為概念のメルクマールとして、意思と行為および両者の因果関係をあげ、不作為は意思、行動、両者の因果関係のメルクマールを行為と共通にしないばかりでなく、これらのメルクマールの否定に尽きているのであって、肯定と否定、Aと非Aとを一つの上位概念のもとに置きえないと同様、行為と不作為もまた一つの上位概念のもとに包摂しえないとしている。[71] また、ヴェルツェルにおいても、不作為とは行為をしないことであり、それ自体行為ではなく、行為と不作為の関係は、Aと非A（A und non-A）の関係であるとする。そして、不作為は一定の行為の不作為であり、行為者に可能な不作為であり、人間の可能的目的性（die potentielle Finalität der Person）であるとした。[72] しかし、目的的行為論というのは、行為には、目的がなければならないという考えを根底に置いているので、「可能的目的性」ということは考えられない。故意行為の場合には、結果発生に対して「目的的行為」は直接的であるのに対して、過失犯の場合には、その目的が直接的に犯罪行為と結びつけられるものではなく、その目的自体は、刑法的に重要でない（意味をもたない）目的的行為を行うための目的であることは疑いない。しかし、その目的を達成する過程において、刑法的に重要な結果を惹起させた場合、目的的行為と結果惹起の間に「相当性」が認められるかぎりにおいて、結果惹起は、刑法上、重要な目的的行為の範疇に入ることになる。つまり、過失犯は結果犯であるがゆえに、故意犯とは、結果を発生させる過程が異なるのは当然である。したがって、過失犯においては、「目的」においても故意犯とその内容を異にする。しかし、行為においてそれが「目的的行為」であることについては違いはない。したがって、結果惹起は、目的的行為によって導き出されたものと解することができるのである。このことは、不作為犯においても当て嵌まる。すなわち、不作為犯が成立する場合というのは、「何もしない」ということではなく、不作為の裏面にある「別のあること」を行うことによって、為さなければならないといういわば表面の「何か」をしないということである。この裏面の「別のあること」を行うときに、目的的行為は行われていると考えられるから、そのことによって表面の「何か」がなされずに、刑法上、重要な結果が発生したということが、「相当」といえる範囲内にあるといえるときには、裏面の作為と表面の不作為の両者を併せて目的的行為による刑法上の結果の惹起といえるとするのが、わたくしの考えである。ただ、過失犯においては、「法的に重要でない目的的行為」によってということを規準とすることが、目的的行為論における過失犯の説明に対する批判ともなっている。しかし、「法的に重要でない目的的行為」が原因となって、「法的に重要な結果を惹起する」ということと不可分であるということが意味をもつのである。

これに対して、不作為犯の場合には、その中心となる行為は、「何かをしない」ことであるがゆえに、過失犯の場合のように、「法的に重要でない目的的行為を行う」というような積極的な形としては現われてこない。しかし、過失犯においても、過失行為による結果の惹起というのは、純粋に過失行為そのものを目的的行為としているわけではなく、「法的に重要でない目的的行為を行う」という「目的的行為」があることになるので、そこから導き出される結果は、「目的的行為」による結果として意味をもつのである。それゆえに、「目的」があるという点については、過失行為の場合においても不作為の場合においても異なるところはないのである。そもそも不作為は行為ではないとすれば、その前提として、行為とは積極的動作、すなわち、作為を意味し、犯罪行為とは作為犯のみを対象とすることになる。これを徹底させれば、過失犯の存在すらも疑わしくなってしまうであろう。しかし、不作為も行為であるとする通説の立場からすれば、先に述べたラートブルフやヴェルツェルの主張は、とうてい容認することはできない。まして、ヴェルツェルは、目的的行為論の先駆者であり主唱者である。目的的行為論者の木村博士によれば、「目的的行為論にあっては、行為すなわち作為を意味するという論証は全然なされていないのみではなく、そのいうところの行為とは因果関係を支配・統制して予め認識せられた結果を実現しようとして目的意識的に外界に働きかけることを意味するだけで、その外界に働きかける場合に積極的動作としての作為によることを概念的要素とはしていないし、……不作為によって、外界に働きかけることも決して不可能ではない。そうすると、不作為を非・行為と解する見解は行為と作為とを同一と解し、両者を混同したものであり、さらに、作為をもって誤って目的的行為の本質的要素と解するものであって、妥当ではない[73]」とされている。適切な批判である。

目的的行為論の立場から過失犯の構造を論じようとする場合、後述するように、不作為犯との関連性を考慮することなく論ずることはできないであろう。なぜなら、過失犯における目的的行為も不作為犯における目的的行為も、表面的には、ともに刑法的に重要でない「目的的行為」をすることであり、それによって、裏面では刑法的に重要な結果を惹起するからである。もっとも、不作為犯においても、故意不作為犯と過失不作為犯が考えられるわけであるが、故意不作為犯の場合は、結果発生に対する積極的な意思があるので、結果発生に対して直接的な目的的行為がなくても、他行為に目的性を見出すことは、比較的容易なことである。これに対して、過失不作為犯の場合には、行為者に積極的な結果発生の意欲がないので、刑法的に意味をもたない行為に一定の目的的行為を見出すということは、故意不作為犯の場合よりも困難であることは明白である。しかし、たとえ刑法的には意味をもたない行為を行う場合であっても、「外部的動作および結果は意思内容の実現を意味するのであって、論理的にも現実的にも、まず意思があり、その意思内容の実現として行為が成立する[74]」と考えるべきである。そして、人間がいかなる行為をしようとも、それが行為といえる限りにおいて、そこには一定の意思が備わっており、意思は目的をもっていると解すべきであろう。したがって、「一定の内容のない意思は、思惟可能といいうるとしても、現実にはありえないし、また、意思から分離した意思内容というものも現実にはありえない[75]」であろう。同時に、人間が行為をする際に、一定の意思をもつということは、その意思から「目的性」を分離して考えるということは、不可能であるといわなければならない[76]。その意味で、目的的行為論は、行為を「意思に基づく身体の動静」と考える「因果的行為論」をさらに発展させた行為論ではないかと思うのである。

㈩　目的的行為論と不作為犯

これまで述べてきたように、目的的行為論は、「目的性」（Finalität）を中核として刑法上の行為を捉えようとする理論である。目的的行為論者であるヴェルツェルは、法的評価の素材または対象に対する前法的・存在論的構造の解明が、解釈論はもとより立法論にとっても極めて重要であるとした。そして、刑法における行為の存在構造に関する目的的行為論を全面的に展開し、その存在論的行為論の刑法解釈学における意義と機能を明らかにし、不作為犯論においても、存在論的不作為犯論を全面的に展開する。

不作為犯の行為性をどこに見出すかということは、不作為犯における目的性をどこに見出すかということである。ラートブルフによれば、行為概念のメルクマールとして、意思と行動および両者の因果関係をあげ、不作為は意思、行動、両者の因果関係のメルクマールを行為と共通にしないばかりでなく、これらのメルクマールの否定に尽きているのであって、肯定と否定、Aと非Aとを一つの上位概念のもとに置きえないと同様、行為と不作為もまた、一つの上位概念のもとには包括しえないとしている。また、すでに述べたように、ヴェルツェルも、不作為とは行為をしないことであり、それ自体行為ではなく、行為と不作為の関係は、Aと非Aの関係であるとする。そして、不作為は一定の行為の不作為であり、行為者に可能な不作為であり、人間の可能的目的性であるとした。しかし、「目的的行為論と過失犯」の箇所で説明したように、目的的行為論は、過失犯の場合、ある行為をするというその意思が、結果惹起をする行為と直接関係づけられるものではなく、意思と行為を結びつけるものが「目的性」なのである。このことは、不作為犯においても当て嵌まるであろう。すなわち、不作為犯とは、「何もしない」のではなく、他の行為をすることによって（つまり、これが目的的行為ということになる）、本来、しなければならない「何かをしない」のであるから、単純に「何かをしない」ということだけで不作為犯を捉えるべきではないのである。目的的行為論においては、「何かをしない」ことによって、他の行為がなされているのであるから、そのことに目的的行為を認めることができるということである。そして、他の行為をしている者に作為義務がある限り、発生した結果と行為支配等を考察して、全体として目的的行為論を基礎にした不作為犯の成否を考えればよいのである。ただ、過失犯においては、法的に重要でない目的的行為によって、法的に重要な結果を惹起するということが意味をもつわけであるから、この点の理解を誤ってはならない。つまり、過失犯においては、行為は表裏二面性をもっているということである。すなわち、一面では、法的に重要でない目的的行為（例えば、ドライブ）をすることであり、他面では、事故を惹起するという行為がなされているわけである。この両者を別個に考えることはできない。「法的に重要でない目的的行為」をするというのは、このような行為のことをいうのであって、過失犯における目的的行為とは、行為を二面的に捉えて理解しなければならないのであり、これを分離することはできないのである。このように考えることによって、過失犯においては、「法的に重要でない目的的行為をする」という、いわば表面の行為と、それによって「法的に重要な結果を惹起する」という二重構造から成り立っていることが理解できるのである。

ところが、不作為犯においては、その中心となるものは、「何かをしない」ことであるがゆえに、過失犯の場合のように、「法的に重要でない目的的行為を行う」というような具体的な形としては現われてこない。しかし、すでに述べたように、過失犯においても、過失行為による結果の惹起というのは、純粋に過失行為そのものを目的的行為としているわけではなく、「法的に重要でない目的的行為を行う」という「目的」があることによって、それから導き出される結果は、目的的「行為」からの結果として意味をもつものであるから、「目的」があるということについては、過失行為の場合においても不作為の場合においても異なるところはないのである。

そもそも不作為は行為ではなく、行為と不作為の関係はAと非Aの関係であるとすれば、行為とは、積極的動作である作為を意味し、犯罪は作為犯のみを意味することになる。これを徹底すれば、過失犯を犯罪とすること自体も問題となってしまうであろう。しかし、不作為犯の行為性は、すでに証明されており、不作為も行為であるとする現代の通説からすれば、ラートブルフやヴェルツェルの主張は、とうてい容認することはできない。すなわち、「目的的行為論にあっては、行為すなわち作為を意味するという論証は全然なされていないのみではなく、そのいうところの行為とは因果関係を支配・統制して予め認識せられた結果を実現しようとして目的意識的に外界に働きかけることを意味するだけで、その外界に働きかける場合に積極的動作としての作為によることを概念的要素とはしていない(77)」からである。

目的的行為論と不作為犯の問題は、目的的行為論と過失犯の問題に多くの共通点をもっているのではないかと思う。すなわち、過失犯における目的性は、刑法的に重要でない目的的行為を行うことによって、予期していなかった刑法的に重要な結果を惹起することである。不作為犯においても、故意犯であれ過失犯であれ直接的に犯罪行為に出ることはない。例えば、不作為による殺人を考えても分るように、不作為を行っている者に殺意はあっても、その殺意による結果を実現するために、本来なら被害者を救助しなければならない作為義務者が、作為義務に反して、結果実現に向けて不作為の裏面にある目的的行為をしているわけである。不作為犯の場合、直接に手を下さないということは、「何もしない」ということではなく、必要とされる行為をしないということであり、その行為の裏面にある目的的行為はなされているのである。その意味では、過失犯においても不作為犯においても、刑法的には重要でない目的的行為をしているということができるのである。両者の違いは、不作為による故意犯の場合には、結果惹起に対して積極的実現意思（犯意）をもっていたかどうかである。

これまで述べてきたように、不作為犯においても、故意による不作為犯と過失による不作為犯が考えられるわけであるが、故意による不作為犯の場合（殺人）は、結果発生に対する積極的な実現意思（犯意）があるので、行為者（不作為犯者）が殺人以外のどのような「他行為」に出ていようとも、その「他行為」に目的性を見出すことは容易である。つまり、嬰児を餓死させるために親が家を空けて旅行するなど、さまざまな目的的行為を見出すことは容易である。これに対して、過失による不作為の場合には、行為者に積極的な結果発生の意思がないので、刑法的に重要でない目的的行為というものが複数あることになる。その意味で、刑法的に意味をもたない行為をいかにして結果惹起と結びつけるのかという問題は生じよう。しかし、たとえ刑法的に意味をもたない行為の場合であっても、「外部的動作および結果は意思内容の実現を意味するのであって、論理的にも現実的にも、まず意思があり、その意思内容の実現として行為が成立する(78)」と考えるべきである。人間がいかなる行為をしようとも、それが行為といえる限りにおいて、そこには一定の意思内容が備わっていると解すべきであろう。したがって、「一定の内容のない意思は、思惟可能といいうるとしても、現実にはありえないし、また、意思から分離した意思内容というものも現実にはありえない(79)」であろう。

目的的行為論における行為というのは、それが刑法的意味をもつかどうかは別として、行為の中核をなすものは「目的」であって、その目的が結果を惹起させるのに、どのような意味をもっているかということ、つまり、因果関係が検討されるということになるのである。すなわち、目的的行為を行っている以上、それから派生する結果は、行為者と切り離して論ずることはできないのである。

このように、目的的行為論によれば、「行為とは将来実現しようとする一定の結果を目的として予め認識し、その予見せられた目的を実現する意図の下に、目的意識的に、その目的実現に必要な手段を選択し、その手段の適用から生ずるであろうところの副次的結果をも念頭において、外部的動作に出で、因果関係を支配・統制して外界にはたらきかけることである[80]」とする。それゆえに、目的的行為論にいう「目的性」は、不作為の行為性の中にも認めることができるのである。

三　おわりに

目的的行為論において、行為というのは、それが刑法的に重要であるかどうかは別として、行為には必ず目的があるということであって、目的が存在しない行為というのは考えられないのである。目的的行為論は、刑法上の行為にとって何が必要かという問いかけに対し、「目的」であるとする点に特徴がある。問題は、その「目的」を行為とどのように結びつけるかということである。目的があるということは、そこに意思が働いているということになるであろうから、その点では、因果的行為論と共通点をもつといえる。ただ、漠然と意思があるということだけで行為を特徴づけるとすれば、過失不作為犯（忘却犯）の場合には、明らかに過失があったとしても、刑法上の行為ということはできないことになる。目的的行為論は、行為の特徴として「目的性」を重視するのであるが、その目的性を考えるとき、目的的に行為したその裏面にある行為も、いわば消極的目的的行為論の範疇に入れるということである。つまり、目的的になされた表面に現われた刑法上は意味をもたない行為であったとしても、その行為がなされたことによって裏面において発生した結果も、目的的行為の「相当性」の範囲と評価される限りにおいて、裏面の結果も目的的行為によってなされた結果であるということである。わたくしは、行為には、一定の幅と厚さがあると解している。

因果的行為論は、有意行為説ともいわれているように、行為の要素として「意思」を重視する。そこで、行為とは意思に基づく身体の動静であるとすれば、過失不作為犯（忘却犯）によって生じた結果に対しては、刑法上の「行為」によるものとすることはできず、過失不作為犯を処罰することはできないという不都合を生じる。つまり、因果的行為論にいう行為とは、意思のある行為が、直接に発生した結果と結びつく場合においてのみ、刑法上、行為としての意味を有することになる。過失不作為犯の場合には、発生した結果に行為者の意思活動が存在しないのは明らかである。すなわち、意思に基づく行為は、結果を発生させた行為とは直接には関係のないことを行っているのである。このように、行為とは、「意思に基づく身体の動静」であると解するならば、過失不作為犯の場合、例えば、踏切番がその意思に反して居眠りをしてしまい、遮断機を降ろすのを忘れた結果、踏切上で事故が起きたという場合、居眠りによって事故を惹起させるという意思はなかったのであるから、踏切番に刑法上の行為を問うことはできないであろう。しかし、これが「（業務上）過失犯」を構成することについては言を俟たない。そうすると、「行為とは何か」を論ずるとき、意思に基づくということを重視するだけでは不十分であるということが理解できるであろう。むしろ、意思の及ぶ範囲を行為者の「目的」との関係で論ずる必要がある。人間的意思の根本構造は、畢竟、人間の全意識能力作用をよかれ悪しかれ綜合して、いずれかの価値関係ある現実的目的を実現せんとする欲求であり、それは単なる生物学的衝動でも盲目的な意思でもないのである。(81)

（1）　精神障害を有する被告人が、賊に襲われた夢を見て、極度の恐怖感から、先制攻撃を加えるつもりで、隣に寝ていた妻を絞殺したという事案につき、大阪地判（昭和三七年七月二四日下刑集四・七＝八・六九六頁）は、「任意の意思に基づく支配可能な行為のみが、刑罰法規に規定された構成要件該当性の有無についての判断の対象とされるべきであって、右の任意の意思を欠く行動は、行為者についてその責任能力の有無を論ずるまでもなく、刑罰法規の対象たる行為そのものに該当しない」と判示した。これに対しては、「殺害という事実は物理的・自然的に生じたものではなく被告人の意思によって生じたものであり、行為性を否定すべき事例ではない」（大谷實・刑法講義〔新版第四版〕（二〇一二年）九二頁）とか、「『行為性』を否定する必要があったかは疑問で、責任能力により十分処理可能な事案であった」（前田雅英・刑法総論講義〔第五版〕二〇一一年）一〇八頁）といった見解がある。なお、本件第二審の大阪高判昭和三九年九月二九日（判例集未登載）は、行為性は認めて責任能力は否定した。そのほか昭和四〇年七月三一日下刑集七・七・一三五九頁参照。

(2) 大谷・前掲注（1）九二頁。
(3) 黒田亘・行為と規範（一九九二年）一二頁。
(4) 黒田・前掲注（3）一三頁。
(5) 佐伯千仭・刑法講義総論（一九六八年）一四四〜一四五頁。
(6) 大塚仁・刑法概説総論（第四版・二〇〇八年）一〇四頁。
(7) 団藤重光・刑法綱要総論（第三版・一九九〇年）一〇五頁。
(8) 大塚・前掲注（6）一〇四頁。
(9) 井田良・「目的的行為論と犯罪理論」福田博士＝大塚博士古稀祝賀(上)（一九九三年）一六頁。
(10) 鈴木茂嗣・「刑法と目的的行為論」福田博士＝大塚博士古稀祝賀(上)（一九九三年）四頁。
(11) 木村亀二・犯罪論の新構造(上)（一九六六年）一〇七頁。
(12) 井田・犯罪論の現在と目的的行為論（一九九五年）一二頁。
(13) 過失不作為犯（忘却犯）の例として、踏切番が居眠りをしてしまって、遮断機を降ろさなかったので、踏切上での事故が発生した場合があげられる。
(14) 黒田・前掲注（3）一四頁。
(15) 佐伯・前掲注（5）一四六頁。
(16) 佐伯・前掲注（5）一四九頁。
(17) 団藤・前掲注（7）一一五頁。福田平・全訂刑法総論（第五版・二〇一一年）五九頁。福田博士は、自然的行為論と社会的行

為論の両者をあわせて、因果的行為論とされている（福田・前掲五六頁）また、井田教授は、「社会的行為論の立場からすれば、注意義務の懈怠という法律的評価の前提にある、適切な措置をとるべき前法的・社会的『期待』にこたえないという『意味づけ』をともなった行為こそが、過失作為の実体と捉えられるべきだということになろう。しかし、（中略）『期待』というのは一つの評価そのものであって、それにより評価の対象が明らかにされたことにならず、そのような『期待』が向けられる対象の実体が何かがわからなければ、いかなる『期待』がそれに向けられ得るのかもはっきりしないはずではなかろうか。さらに、社会的な『期待』の観念はきわめて曖昧であって、その要件と限界が明らかでない。（中略）社会的『期待』そのものの要件は、社会的行為論者によって明らかにされてはいない」（前掲注（12）五五〜五六頁）という批判もある。

(18)　大谷・前掲注（1）九二頁。
(19)　団藤・前掲注（7）一〇四頁。
(20)　大塚・（注6）一〇六頁。
(21)　平野・刑法総論Ⅰ（一九七二年）一〇九頁、内藤謙・刑法講義総論(上)（一九八三年）一五五頁、内田文昭・改訂刑法Ⅰ総論（補正版・二〇〇七年）八二頁。
(22)　権利のための闘争（小林孝輔＝広沢民生訳）（一九七八年）一一三頁。
(23)　団藤・前掲注（7）一一一頁、内藤・前掲注（21）一五二頁。しかし、例えば、相当因果関係説においても、相当性の判断が下されるのは、全て重要なものばかりではない。そもそも結果の発生というのは、いくつかの要件（行為）が重なって生じるものであって、過失犯の場合、行為からストレートに結果が発生するというものではない。
(24)　佐伯・前掲注（5）一四八頁。
(25)　このような批判に対する反論として、井田・前掲注（12）三八頁以下に詳しい。橋本正博・「目的的行為論と行為支配論」福田博士＝大塚博士古稀祝賀(下)（一九九三年）二二七頁以下参照。
(26)　橋本・前掲注（25）二二九頁。
(27)　鈴木・前掲注（10）三頁。
(28)　鈴木・前掲注（10）三頁。
(29)　詳しくは、拙稿「故意と犯意」中央学院大学論叢第二五号（二〇〇一年）四五頁以下。なお、本書第二章でも、同タイトルで取り上げている。

（30）小野清一郎・新訂刑法講義総論（一九五六年）九三頁。vgl. Welzel, Abhandlungen zum Strafrecht und zur Rechtsphilosophie. 1975. S. 31ff.

（31）木村・前掲注（11）五六頁。

（32）vgl. Welzel, a.a.O. S. 94f

（33）井田・前掲注（12）二～三頁。

（34）木村・前掲注（11）五六頁。

（35）大野平吉（訳）・「目的的行為論について」福田平編訳・目的的行為論の基礎（一九六七年）一八頁。

（36）大野・前掲注（35）一九頁。

（37）大江精志郎・哲学的目的論の研究（一九六八年）二五五頁。

（38）井田・前掲注（12）二～三頁。

（39）木村・前掲注（11）五六頁。

（40）木村博士は、「『主観的違法要素（subjektive Unrechselemente）とは、違法評価の客体たる構成要件の主観的要素というだけの意味で、『構成要件の主観的要素』（subjektives Tatbestandselement）又は『構成要件の主観的部分』（subjektiver Tatbestandsteil）と同意義である」（刑法総論［増補版・一九七八年］二〇三～二〇四頁）、とされる。しかし、この見解では、構成要件と違法性が区別されているとはいいえないであろう。これに対して、団藤博士によれば、主観的違法要素とは、「たとえば、たわむれに他人名義の文書を作ってみたとしても、それは別に違法な行為ではない。行使の目的をもって他人名義の文書を偽造してはじめて違法性が生じることになる。かように行為に違法性の色づけを与える主観的要素――すなわち行為に違法性を与えまたは行為の違法性を強める主観的要素――を主観的違法要素という」（前掲注（7）一三二頁）とされる。構成要件と違法性の関係および違法性とは何かということを理解するうえにおいては、主観的違法要素を団藤博士のように解する方が適当であると思う。

（41）木村・前掲注（11）五七頁。

（42）主観的違法要素として、目的犯における目的、表現犯における行為者の心理的経過または状態、傾向犯における行為者の内心的傾向といったものが考えられる。例えば、目的犯である通貨偽造罪において、「偽造」とは、通貨発行権を有しない者が、通貨の外観を有するものを作ることである（最判昭二二・一二・一七刑集一・九四頁）。つまり、この行為が、通貨偽造罪の構成要件に該当する行為である。これに対して、「行使の目的」というのは、私見によれば、その「目的」があることによって、「犯意」が明確になるので、それ自体、行為の法益侵害・危険に影響を与えるものとして、法益侵害の面からみても違法性を決定づける要素である。このことは、医者の外科手術を例にとれば、更に明らかになるであろう。すなわち、医者の外科手術が刑法三五条の正当業務行為によって「違法性が阻却される」のは、正当な業務として行われるからである。この場合、注意しなければならないのは、正当な業務行為によってなされても、行為は構成要件に該当している（例えば、医者の外科手術は、傷害の構成要件に該当する）ということである。それでは、何故、違法性が阻却されるのかというと、手術の目的が意味をもつのである。つまり、患者の健康を回復するという手術の正当な目的が違法性を阻却する要素となる。換言するならば、手術の本旨と違った専断的な目的でなされた場合は、傷害の「犯意」があり、違法なのである。このことからも理解できるように、違法性の内容は、「犯意」によって決定づけられるのである。その意味において、目的犯等における目的、傾向犯における主観的傾向といった要素は、主観的違法要素ということになり、行為の違法性を成す要素なのである。

(43)　井田・前掲注（9）一六頁。

(44)　鈴木・前掲注（10）四頁。

(45)　木村・前掲注（11）一〇七頁。

(46)　井田・前掲注（12）一二頁。

(47)　団藤・前掲注（7）一一〇頁以下、平野・前掲注（21）一一〇頁以下、内藤・前掲注（21）一五二頁。

(48)　福田平・目的的行為論と犯罪理論（一九六四年）五一頁。

(49)　「人間は自らの不完全性ならびに有限性のために、目的設定の適正さは、決して絶対的ではなく相対的である。したがって目的設定にもとづいて価値ある生活を実現しようとする場合、誤謬と訂正とをしばしばくり返して生活を遂行しなければならない」（大江・前掲注（37）二五一頁）のである。その意味で、過失犯における「目的性」と「相当性」の関係は重要である。

(50)　つまり、「価値ある目的原因の認識にもとづく結果が、常に必然的に価値ある結果をもたらさず、反価値的なる結果も生じうる」（大江・前掲注（37）二五五頁）ということである。

(51) 佐伯・前掲注（5）一四八頁。

(52) 井田・前掲注（12）四〇頁。

(53) 「認識ある過失」と「認識なき過失」の問題について、本格的に論究したのは、アルトゥール・カウフマンである（Arthur Kaufmann, Das Schuldprinzip; Eine strafrechtlich- rechtsphilosophische Untersuchung, 2. Aufl., 1976）。

(54) 因に、カウフマンによれば、「認識ある過失は、結果によって構成された故意の危険犯である。結果の発生は、ここでは構成要件要素ではなく、ひとつの処罰条件である」（Kaufmann, a. a. O., 2. Aufl., S. 154）としている。

(55) カウフマンによれば、「目的的行為論は、目的性という主観的概念に固執する限り、認識なき過失の問題を解決することはできない」（Kaufmann., a. a. O., S. 173）とする。

(56) 井田・前掲注（12）四〇頁。

(57) 井田・前掲注（12）二～三頁。

(58) 鈴木・前掲注（10）八頁。

(59) 大江・前掲注（37）二五一頁。

(60) 大江・前掲注（37）二五五頁。

(61) 大江・前掲注（37）二五三頁。

(62) 鈴木・前掲注（10）八頁。

(63) 認識ある過失の場合、「過失行為は『危険な故意行為』という側面をも有していながら、故意犯の場合とは異なり、『法益侵害結果の現実的危険性の認識』は存在せず、したがって構成要件的結果との関係では、故意が及んでいないという構造をもつことになる」（増田豊・「規範論による行為無価値の目的論的・比例的縮小」三原憲三先生古稀祝賀論文集［二〇〇二年］三〇五頁）であろう。

(64) この点に関し、カウフマンは、「当然のことながら、認識なき過失行為の場合においても、それはもちろん行為であるから、『自然的意味における故意』は存在する。不注意からある人を轢く自動車運転者は、『故意に』自動車を運転している。何も知らないで、致命的効果のあるモルヒネ注射をする看護婦は、『故意に』注射をしている。しかし、この故意は、刑法においては、当然に関心をもたせるものではない」（Kaufmann, a. a. O., S. 156）としているが、このことが、故意と故意犯を区別するという趣旨であるとするならば、この指摘は妥当であると思う。わたくしは、この場合、自動車を運転し、あるいは注射をするという行為は、その原因となる「目的」と不可分であることから、これを「目的的行為」と解するのであるが、この「目的的行為」と故意犯を成立させる「故意行為」とは別個のものであると解している。なぜなら、「故意に」自動車を運転して人を轢いてしまったという場合、「人を轢いてしまった」という結果を発生させた行為に故意犯としての「犯意」はないからである。故意犯を成立させる故意行為は、故意行為の中に故意犯を成立させるための犯意が含まれていなければならないからである。

(65)　大江・前掲注(37)二六七〜二六八頁。

(66)　この点に関し、「居眠り運転中に通行人を轢死させたような場合は、たしかに『不注意な目的的行為』の存在そのものに疑問が生じる。睡眠中の動作（機械的・自動的な運転継続）には『目的的行為』は存在しえないからである。だがしかし、このような場合にあっても、眠気を感じた時点から、睡眠そのものに入る迄の短時間の運転は、やはり『目的的行為』以外の何物でもないというべきである。快適な運転中に突然意識を失って、気がついてみたら人を轢いていたというような場合には、いかなる意味においても『不注意な目的的行為』は存在しないといってよい。しかし、このような場合と、『居眠り運転』とは違うのである。また、うとうとした初期の段階で人を轢こうと、完全に睡眠中の機械的・因果的段階で人を轢こうと、目的的行為による轢死という点では、相違はないというべきである。後者では、『目的的行為』に接続した『因果的動作』の部分が圧倒的に長時間継続したといえるにすぎないからである。過失行為は、眠気を感じた段階の運転行為そのものに始まり、因果的動作を付随させたにすぎないと考えるべきである」（内田文昭・刑法概要㈤［一九九五年］一三七頁）との指摘は、正鵠を射ている。

(67)　佐伯・前掲注(5)一四六頁。

(68)　内田・前掲注(66)一三七頁。

(69)　内田・前掲注(66)一三七頁参照。

(70)　内田博士は、「過失行為は、眠気を感じた段階の運転行為そのものに始まり、因果的動作を付随させたにすぎないと考えるべきである。実は、故意行為の場合にも、同様の現象が生じているのである。ピストルの引き金を引いて弾丸を発射させる迄が、殺人の目的的行為であり、発射された弾丸が被害者に命中する過程は、『因果的現象』にほかならないのである。因果的な部分だけを強調することは、故意行為の場合は勿論、過失行為の場合にも、決して正当な態度とはいえない」（内田・前掲注(66)一三七頁）とされている。

(71) G. Radbruch, Der Handlungsbegriff in seiner Bedeutung für das Strafrechtssystem, 1967, S. 140.

(72) Welzel, Das Deutsche Strafrecht, 11. Aufl., 1969, S. 200. vgl., Armin Kaufmann, Die Dogmatik der Unterlassungsdelikte, 1988, S. 35ff., 59ff., 66f.

(73) 木村・前掲注（11）一一九～一二〇頁。

(74) 木村・前掲注（11）一〇五頁。

(75) 木村・前掲注（11）一〇五頁。

(76) イェーリングはいう。「目的こそすべての法の創造者である」と。「原因なくして結果がないごとく目的なくして意欲もなければ行為もない」（前掲注（22）一一三頁）。まさに至言である。

(77) 木村・前掲注（11）一一九頁。

(78) 木村・前掲注（11）一〇五頁。

(79) 木村・前掲注（11）一〇五頁。

(80) 木村・前掲注（11）一〇七頁。

(81) 大江・前掲注（37）二六五～二六六頁。

第二章　故意と犯意

一　はじめに

刑法三八条一項前段は、「罪を犯す意思がない行為は、罰しない」と規定している。これは故意の規定であり、同時に「犯意」の内容を表すものとして理解されている。その結果、「故意とは犯意である」と解されているのである。しかし、わたくしは、これまで「故意とは犯意である」と解することに対して疑問を抱いてきた。そこで、本章では、この問題について検討し、「故意」と「犯意」は異なった概念ではないかということについて論じてみることにした。

二　故意とは何か

「故意とは何か」ということについて、これを「構成要件該当事実の認識」、あるいは、「犯罪事実の認識」であると解し、犯罪事実とは、「構成要件に該当する事実、およびそれ以外の事実で行為の違法性を基礎づける事実をいう[1]」と解されている。故意の成立に構成要件該当事実の認識が必要であるとするのは、「構成要件に該当する行為のみが『罪』なのだから、これは刑法三八条一項の要求するところでもある[2]」との理由による。そして、「認識」ということの内容については、「犯罪事実の表象（狭義の認識）」と「犯罪事実実現の意欲[3]」とされている。つまり、故意には犯罪事実の「表象」と犯罪事実実現の「意欲」が要件とされるという考えが、わが国において通説になっているといってよい。そこで、故意の成立要件として、はたしてこの両者が必要なのかどうかということ、さらに進んで「事実の表象」として、どのような対象までが行為者に認識されることが必要とされるのかということである。また、犯罪事実実現の「意欲」とは何か。それは故意にとって必要なのかということが検討されなければならない。なぜ、このように考えるかというと、わたくしは、「故意」と「犯意」は別個の概念であると解し、このことは「殺人」と「殺人犯」は区別して考えなければならないのではないかと思うからである。この点に関連する見解であると思うのだが、前田教授は、「正当防衛だと誤信して相手に殺意をもって反撃したところ、急迫不正の侵害が実在しなかった場合（誤想防衛）、故意犯である殺人罪の成立は否定されるが、誤信に過失があれば過失致死罪が成立する場合がある。『構成要件的故意が認められた場合には、過失犯は成立し得ない』というわけではない[4]」とされている。厳格責任説を支持するわたくしの考えからは、「誤信に過失があれば過失致死罪が成立する」とされることについては、見解を異にする。なぜなら、「犯罪は行為である」という命題からすれば、「誤信」というのは、行為者における「認識の過失」であって、認識の過失は行為の過失にはならないからである[5]。したがって、誤想防衛においても、故意犯の成立を前提に考えるべきである。もちろん、誤想過剰防衛においても故意犯は成立する。もっとも、「『構成要件的故意が認められた場合には、過失犯は成立し得ない』というわけではない」という見解については、左袒する。

犯罪事実の認識、すなわち、「事実の認識とは何か」ということを理解するうえで、「認識ある過失」における「認識」とは何かということを明らかにすることが意味のあることだと思う。認識ある過失と未必の故意を区別する有力説は「認容説」である。認容説によれば、行為者が結果の発生を意欲することまでは必要ではないが、犯罪事実の実現を認容（消極的であれ、犯罪事実の実現を肯定）していれば、未必の故意の成立要件として十分であるとしている。このように、認容説によれば、故意が成立するためには、犯罪事実を認識（表象）しただけでは不十分であり、認識した犯罪事実の実現という結果発生を認容することが必要であるとする。(6) 通説によれば、「犯罪事実の認識の有無だけで故意・過失を区別しようとすると、この認識ある過失が故意の中へ入ってきてしまう(7)」とされているように、「犯罪事実の認識」といわれている「事実」の認識とは、行為者の認識したありのままの事実の認識ではないかと思う。(8) なぜなら、通説によれば、「認識ある過失（犯）」と「未必の故意（犯）」を区別する要素は、「事実の認識」の有無ではなく、結果発生の認容の有無と解されているからである。

認識ある過失と未必の故意を区別するポイントが、「犯罪事実の認識の有無」ではないということになると、「犯罪事実の認識の有無」といわれているものは、実は、行為者の認識したありのままの（行為者の主観を抜きにした裸の）事実の認識ではないかということが考えられるのである。例えば、自動車の運転者が、前方に横断歩道を渡っている通行人を発見したとする。この場合、通行人を撥ねる意思で自動車を走らせたとすれば、結果発生に対して確定的故意を認めることができるであろう。しかし、通行人の渡っているのに気がついたので、通行人に衝突させないように注意して運転したつもりが、誤って通行人を撥ねて負傷させてしまったというのであれば、自動車運転過失致死傷罪（自動車の運転により人を死傷させる行為の処罰に関する法律五条）が成立する。そうすると、この場合における認識の対象となっているのは通行人である。このことから、「事実の認識」ということを考えてみると、犯罪事実の認識というのは、結果として「犯罪の客体となった」人という事実の認識、あるいは、結果として「犯罪を構成する客体」の認識ということになるのであって、認識の段階で両者に共通するのは、行為者の主観を抜きにした「ありのまま」の事実の認識、すなわち、横断歩道を渡っている「人」ということになるのではないかと思う。つまり、故意に関していえば、それは、行為者の主観を抜きにした「ありのまま」の事実ということが問題となり、その事実に対して、どのように行為者が感じていたかという主観の内容は「犯意」の問題であって、それは「認識」という事実とは別の要素であるから、結果の意欲は故意の本質の問題とはなりえないのではないかということである。(9)このように考えることによって、故意（事実の認識）と故意犯（認識した事実に対する行為者の「犯意」のある場合）とを同一概念として扱うことはできないということである。そうすると、通説がいうように、「故意とは犯意である」ということにはならないのである。すなわち、「認識ある過失は、犯罪事実の認識があるにもかかわらず、故意ではなく、やはり過失として扱うのが相当だということになってくる。とすると、故意と過失の区別の標準は、犯罪事実の表象の有無だけでは不十分だということになる」(10)のである。このことからすれば、「犯罪事実の認識」とは、犯罪となる、あるいは、犯罪となった事実の認識と、それ以外の「何か」を要件としなければならないことになる。この点に関して、前田教授は、「犯罪類型を個別化・特定するものとして既遂犯における『故意』にも構成要件要素の側面を有することを認めざるを得ない。行為者の主観を問題にしなければ、いかなる構成要件に該当するのか判別し得ない場合も多い。たとえば人を殺した場合でも、殺すつもりであった殺人罪（一九九条）と、傷害のつもりであった傷害致死罪（二〇五条）、傷害の故意はなく不注意で死亡させた過失致死罪（二一〇条）では『構成要件』が異なるといわざるを得ない」(11)とされる。それぞれの犯罪が構成要件を異にしているのは、「人の死」に関しての行為者の主観の相違により区別したものといえるが、注意しなければならないのは、「認識ある」過失の場合であっても、あくまでも「過失」であるから、「過失犯」として成立するためには、過失を前提にした「行為」でなければならないということである。そうだとすれば、犯罪事実の認識という場合の「犯罪」というのは、結果として犯罪となる「事実」の認識と考えられるから、結局は、行為者の認識した事実ということになるであろう。したがって、それは、先の事例における横断歩道を渡っていた通行人の認識ということになる。なぜなら、最初から犯罪事実の認識をしていたとすれば、その場合には、故意犯が成立することになるからである。

これまで述べてきたように、事実の認識が、行為者の認識した「ありのまま」の事実であるとしても、あるいは犯罪事実の認識であるとしても、これらが「故意」であるとするならば、そのような事実を認識することが、直ちに故意犯の成立ということにならないということが理解できるであろう。すなわち、故意犯が成立するためには、事実の認識という認識要素のほかに、それとは異質の「犯意」という言わば内心的要素までが組み込まれる必要があるということである。再三にわたって述べてきたように、わたくしは、「故意」という事実的な外部的認識要素と「犯意」という行為者の主観的内心的要素は別個の概念であるということを前提にして、「故意とは何か」「犯意とは何か」ということについて、特に、「故意」とは何かということを中心にして論じてきた。以下においては、「故意」と「犯意」について、さらに詳しく論ずることにする。

三　故意と犯意は同一概念か

「故意とは何か」ということについて、これまで述べてきたように、わたくしは、行為者の認識した「ありのまま」の（行為者の主観を抜きにした裸の）事実の認識であると解している。その意味で、故意の要素は、認識的要素に限られるのではないかと理解している。その中には、当然、行為者の主観的要素である「犯意」は含まれない。それでは、「犯意」とは、どのようなものをいうのであろうか。

従来、「故意」とは、「罪を犯す意思」（刑法三八条一項）であり、それは同時に「犯意」を意味するもの、すなわち、故意＝犯意であると解されてきた。[12]しかし、わたくしは、このように解することに疑問を抱いている。その前提として、犯罪の成立要件である「構成要件に該当する違法で有責な行為」という三要素は、截然たる違いがあると考えるからである。すなわち、故意とは「事実の認識」をいうのであり、事実の認識ということの意味をこれまで述べたように解するならば、事実の認識があることによって、そのことだけで、同時に犯意もあると考えるのは、故意と故意犯の混同である。再三、説明してきたように、故意とは、ありのままの事実の認識であり、このことは、認識ある過失における「認識」を考えれば十分に理解できるであろうし、医者の外科手術においても、「手術」自体は故意に行われているのである。そうであるならば、外科手術は故意の構成要件に該当する（傷害）行為なのである。ただ、正当業務行為であるがゆえに「犯意」はなく、違法性が阻却されるのである。犯意とは、行為者の内心的（心理的）要素であると解するから、故意と犯意を同一に解することはできないであろう。それゆえに、「認識なき過失」の場合には、対象となる客体は、行為者にとって視覚の範囲外にあるものであるから、慎重に行為をすることによって、結果の発生を防止する義務が必要とされるのである。それにもかかわらず、結果が発生したことによって過失犯としての責任を問われるのは、消極的であるとはいえ、そこには「犯意」があったのであるから、「過失」（犯）が成立するのである。つまり、過失犯も犯罪である以上、「犯意」はあることになる。このことからもいえるように、故意犯・過失犯と呼ばれるものには「犯意」があるのであって、故意＝犯意ということにはならないのである。故意犯を成立させる故意行為は、故意行為の中に犯意を見出すことができるのであり、過失犯を成立させる過失行為は、過失行為の中に犯意を見出すことができるのである。因に、過失犯の場合には、「漫然と」とか「十分な注意をしないで」という中に、過失犯の犯意を見出しうるのである。このように考えるとすれば、刑法三八条一項の「罪を犯す意思」というのは、積極的であれ消極的であれ、故意犯・過失犯に共通する「犯意」ということになる。そうだとするならば、刑法三八条一項の「罪を犯す意思がない行為は、罰しない。ただし、法律に特別の規定がある場合は、この限りでない」という規定の解釈として、特に「ただし書き」の解釈については、「犯意」がなくても特別の規定がある場合には、罰することができるということを意味する規定であると解することができるのである。

このように、「罪を犯す意思」とは、「犯意」を意味し、「犯意」は故意犯（積極的犯意）のみならず過失犯の場合にも存在する（消極的犯意）と解するから、「罪を犯す意思がない行為」とは、「犯意」がない場合をいうのであり、その意味で、「特別法には一種の無過失またはこれに類する場合に刑事責任を認めた規定が現実に存在している。それは、ある事業の従業者の違反行為につき、行為者でない使用者・事業主が刑罰を科せられる場合[13]」であり、「罪を犯す意思がない行為」、すなわち、「犯意のない行為」とは、このような場合を指しているのではないかと理解するのである。なお、「犯意」ということに関して、牧野博士は、「そこに成立している認識にもかかわらず、敢てその決意を為すところに、はじめてこれを認めるべきである[14]」とされている。「犯意とは何か」ということの定義としては、わたくしもこのように考えている。そもそも故意と犯意が同義だとすれば、これまで述べてきたように、過失犯にも「犯意」はあるのであるから、過失犯にも故意があるということになるが、これをどのように説明するのであろうか[15]。

故意に、認識的な要素と心理的な要素が必要であるとする考えは、当然、「故意」と「犯意」は同一のものと解するわけであり、このことは、木村博士によれば、「構成要件の外部的・客観的要素を認識（予見）してこれを実現しようとする意思をいう[16]」とされている。このことは、シュペンデル（G. Spendel）がいう、故意については二つの要素、すなわち、知的なもの（intellektuelles）と主意的なもの（voluntatives）とが、本質的なものであるということ、つまり、故意が知的側面（Wissenssеit）と意欲的側面（Wollenssеit）とを持っているとする考えと一致する[17]。また、ヤンツァリク（W. Janzarik）は、故意概念にとっては、認知的側面と意思的側面から論じられることが必要であるとする[18]。これに対して、シュミットホイザー（E. Schmidhäuser）は、故意の概念の中に意思的要素まで含んでいるとすることは誤りであるとし、意思を故意概念から分離すべきであると主張する。つまり、意思とそれに必然的に伴う意思内容は、違法を共同に設定するというのである[19]。わたくしは、故意とは事実の認識をいい（事実を認識すること、そのこと自体が故意である）、認識した事実に対する行為者の意思が違法と関連すると解するから、基本的には、シュミットホイザーがいうように、故意と意思とは分離して考えるべきであると思う。

四　故意説・責任説・錯誤から故意の検討

これまで述べてきたように、故意があるといえるために必要な第一の要件として、通説は、犯罪事実の認識、すなわち、構成要件に該当する客観的事実の認識を必要とするとしている。この犯罪事実の認識とは、一体、何を指すのであろうか。すでに述べてきたように、過失犯も犯罪である以上、「犯意」は不可欠な要素である。そうすると、故意とは「犯罪事実の認識」であるとした場合、それは、故意犯に対しては適合するとしても、過失犯には適合しえないであろう。なぜなら、過失犯は結果犯であるから、過失行為者において、「犯罪事実の認識」ということはありえないからである。そうすると、「事実の認識」というのは、「犯罪事実の認識」というよりは、単なる「事実の認識」であると解することが適当ではないかと思う。この「事実の認識」こそが、構成要件的故意といえるのではなかろうか。このように、わたくしは、故意とは、外形的・表面的事実の認識を意味すると解するのである。構成要件は、違法・責任から独立した「価値中立的な（没価値的な）形」である。このことは、例えば、医者による外科手術が「正当業務行為」として、違法性を阻却するということからも明らかである。つまり、外科手術そのものは、故意に傷害行為をしているのである。しかし、それが「正当業務行為」であるがゆえに違法性を阻却するのである。このことは、「正当防衛」や「緊急避難」により人を殺した場合においても異なるところはない。

このように、構成要件的故意とは、一般的な意味において「殺す対象となるもの」「盗む対象となるもの」「傷つける対象となるもの」といった「対象となる事実の認識」、すなわち、「事実の認識」を指すということができるのではなかろうか。そして、違法とは、認識した事実に対する行為者の「犯意」に見出すことができるのである。

従来、故意とは、「罪を犯す意思」であると解され、そのことから故意とは、犯意であると考えられていた。しかし、すでに述べてきたように、故意とは「事実の認識」であるという事実的な現象そのものであるとして捉えるならば、故意と犯意を同一視することはできないであろう。そこで、例えば、「殺人」を例にとるならば、「殺人」そのものは一九九条の構成要件に該当することはいうまでもない。この場合、故意と犯意をどこに見出すのかというと、殺す相手を認識すること、換言するならば、客体を認識することが故意であり、犯意の対象となるものを認識することである。このことは、認識ある過失の場合においても変るところはない。この認識した対象（客体）に対して抱く行為者の内心にあるもの（動機といってもよい）が、故意犯の「犯意」であるか過失犯の「犯意」であるかを決定するのである。したがって、「犯意」は、過失犯においても存在するのである。つまり、「故意犯」か「過失犯」かを決定づけるのは、「犯意」の内容であるといってもよい。このような視点からすれば、正当防衛による殺人であっても、通常の殺人であっても「殺人」ということに関しては、何ら違いはないのである。正当防衛の場合であっても、防衛行為によって「殺人」は行われているのである。その意味で、「構成要件は、『実質的』に『悪いか悪くないか』の判断を含むものではない[20]」のである。つまり、「殺人」と「殺人犯」の違いである。このように、「構成要件は、現実の個別的・具体的な犯罪現象を抽象化して共通的要素を抽出した観念的形象であるという点において、『抽象的』な性質を有する。また、個々的な犯罪を一般化して、たとえば、何のために、どのような方法で、誰が誰を殺したかを問わず、『人殺し』を観念しうることを前提としているという点で、『一般的』な性質を有する。さらにまた、『違法』かどうか、『責任』があるかどうかという『実質的』な判断の論理的前提を提供するにすぎないという点で、『形式的』な性質を有するもの[21]」なのである。

故意があるといえるために必要な第二の要件として、違法性の認識、あるいは、違法性の認識の可能性を必要とするかどうかの問題がある。この点に関しては、(ア) 判例の主流が採用しているように、すべての犯罪について、故意が成立するためには、違法性の認識や違法性の認識の可能性は不要であるとする立場[22]、(イ) 故意が成立するためには、違法性の認識を必要とする立場[23]、(ウ) 故意の成立には、違法性の認識の可能性があれば足りるとする立場[24]、(エ) 故意の内容を犯罪事実の認識に限定し、違法性の認識や違法性の認識の可能性を故意の要件とは別個・独立の責任要素と解する立場が対立している[25]。違法性の認識、あるいは、違法性の認識の可能性を故意の要件とする立場を「故意説」(Vorsatztheorie) と呼び、違法性の認識や違法性の認識の可能性のある場合を、故意の要件ではなく責任の要素であるとする立場を「責任説」(Schuldtheorie) と呼んでいる。

このように、「故意とは何か」をめぐって、学説には多様な考え方があるということが理解できる。わたくしは、これまで述べてきたように、故意についていえば、違法性に関する要素は不要であり、「事実の認識」のみがあれば、故意そのものは充足すると解している。そうすると、「事実の認識」とは、どのようなことをいうのかということが検討されなければならない。ここでいう「事実の認識」とは、刑事訴訟法上の「罪となるべき事実」（刑訴法二五六条三項）と異なり、構成要件に該当する客観的事実の認識を意味する。つまり、構成要件的故意という意味における「事実の認識」というのは、「構成要件」に該当する外部的事実の認識、すなわち、殺人における「人」の認識ということである。この「人」の認識があれば、故意は充足されることになる。この認識した事実、つまり、「人」を殺すことが構成要件に該当する行為ということになる。したがって、構成要件に該当する「人を殺す」という行為は、それだけのことであって、それが違法になされたか否かということは、全然、考慮されないのである。このことからいえることは、構成要件に該当する故意行為の中には、違法な行為も違法でない行為も含まれるし、責任のある行為も責任のない行為も含まれているのである。それゆえに、正当な業務として行われる医者の外科手術も、故意になされる傷害行為であり、正当防衛行為によって発生した結果も故意行為によってなされたものということである。また、責任能力のない者の行為であっても、構成要件に該当する行為を故意にすることができるということである。故意は責任の要素ではなく、構成要件の要素であるとする私見によれば、刑法三九条一項の「罰しない」という文言の意味するものは、故意による構成要件的行為はなされ、客観的に違法な行為も充足されている。したがって、責任無能力者の行為に対しても、正当防衛は可能である。ただ、責任無能力者は、是非・善悪の弁別能力を欠くことから、その行為に責任を問うことができない（責任能力が欠如している）ので「罰しない」と理解するのである。

問題となるのは、規範的構成要件要素に該当する事実の認識について、どのように考えたらよいのであろうか。

すなわち、この場合、どの程度の事実の認識があれば、故意があったといえるのであろうか。例えば、わいせつ文書頒布罪（刑一七五条）の故意があるといえるためには、「わいせつ文書」であることの認識が必要であるが、その際、通説によれば、単に客体となる文書などの存在を認識しているだけでは十分とはいえず、意味の認識であるその文書の社会的意味または性質を認識して頒布することが必要であるとされている。わたくしは、この場合にも「わいせつ性を備えている文書の認識（物体＝文書の認識）で足りる」と解している。頒布する文書の社会的意味または性質を認識するということは、頒布に至った理由・動機といったことまでが考慮されることにもなりかねない。しかし、構成要件に該当する行為については、理由・動機といった行為者の内心の要素は必要とされておらず（したがって、故意に違法の認識は不要である）、それは、違法性の問題である。

　前述したように、心神喪失者（責任能力のない者）であっても、故意または過失による行為を行うことができると解するのであるから、例えば、「わいせつ文書」の場合、意味の認識であるその文書の社会的意味または性質を認識していることが必要であるとすれば、同じ事実を認識していても、人によって「故意」があるといえる場合とそうでない場合が生じてしまうであろう。そうすると、責任無能力者には、故意行為または過失行為をするということが殆ど不可能になってしまうであろう。しかし、このように解するのは適当ではない。なぜなら、客観的違法性論の立場からは、違法とは、客観的に捉えればよく、そのことは、同時に、構成要件に該当する行為を前提にしているからである。なぜ、このように考えるかというと、刑法三九条一項は、「心神喪失者の行為は、罰しない」と規定している。この文言の意味するところは、心神喪失者の行為能力そのものを否定することなのか、行為能力はあるが、是非弁別能力が欠如しているがゆえに心神喪失者としてその者の行為は罰しないということなのかということである。すなわち、行為をすることはできるが、行為者の能力が欠如しているので責任がなく、罰することはできないということを意味しているのかということである。わたくしは、後者の考えを採るので、心神喪失者であっても行為をすることは可能であると解している。それでは、その行為内容は、故意行為なのであろうか、それとも過失行為なのであろうか。行為者が行為の対象となる事実を認識しているのであれば、故意行為である。ただ、その故意行為には行為者の責任能力が欠如しているので「罰しない」のである。ここで軽視してはならないのが、「心神喪失者の行為」と規定されていることの意味である。つまり、心神喪失者でも刑法上の行為をすることができるということである。このことは、客観的違法性論からも理解は容易である。また、刑法上の行為には、不作為犯をも含んだ故意行為と過失行為しかないということである。さらに、心神喪失者でも故意行為をすることができると考えることによって、わたくしは、故意とは事実（客体）を認識することであり、認識した事実（客体）に対する行為は、故意行為にほかならないと理解しているのである。それゆえに、「わいせつ文書頒布罪・陳列罪」に関していえば、その文書の意味内容が理解できるかどうかに関係なく（これは責任の問題である）、頒布された文書・陳列された文書が、客観的に「わいせつ文書」と判断される文書であれば、わいせつ文書の頒布・陳列（刑一七五条一項）に対する故意はあるということになる。なお、これまで述べてきたように、「わいせつ文書」であるかどうかの判断は、客観的な判断でなければならない。このように、客観的（法的）評価によって、それが「わいせつ文書」であるとされたならば、それを頒布・陳列する際に、行為者が「わいせつ文書」に該らないと思ったかどうかという行為者の主観は、「わいせつ文書」陳列の故意の構成要件に該当することに何の影響もないと解すべきである。故意の存否は、表面的な事実認識の問題であり、事実認識に至る行為者の内心的な要素を形成する主観が、責任能力と関連するものであるから、両者は截然と区別されるべきである。したがって、事実の認識の段階では、責任能力は問題とされない（これは、故意説・責任説に関連する問題であり、錯誤論にも通じていく問題である）。責任能力が問われるのは、責任そのものの問題なのである。つまり、責任の有無を検討する段階で「わいせつ文書」を頒布・陳列した行為者の経緯・事情という行為者の心的要素が検討され、最終的に責任の有無が論じられるのである。行為者が「思ったこと」は、この段階で考慮されることになり、ここで責任能力が問われるのである。

これまで説明してきたことから、「わいせつ文書」頒布等罪において、故意があるといえるためには、その文書の社会的意味または性質を意識していることまで必要であるとするのは、まさに故意と責任の混同である。構成要件の中に評価規範を取り込むことは妥当ではなかろう。そこで、さらに一歩を進めて、事実の認識とは如何なるものを指すのかということを理解するために、「事実の錯誤」と「法律の錯誤」を参考にしてこの問題を論じてみよう。

事実の錯誤とは、「行為者が主観的に認識した事実と現に発生した客観的な事実との不一致をいう[26]」とされている。さらに詳しくいうと、「事実の錯誤は、違法といえるか否かという評価の『対象』となる事実に関する錯誤であり、犯罪事実の認識を欠くことになるので故意が否定されると解されてきた。一方、法律の錯誤は、その『評価』の誤りであり、犯罪事実を認識した以上一応故意は認められるものの、法的に許されたものと誤信したわけで、自分の行為が法的に正しいと思っており、自己の行為の違法性についての意識を欠くことになる。……事実の錯誤と法律の錯誤の区別は、原則として、故意犯として処罰するか否かの区別なのである[27]」とされている。このように、「事実の錯誤は、違法といえるか否かという評価の『対象』となる事実に関する錯誤であり、犯罪事実の認識を欠くことになるので故意が否定される」とすれば、故意の中心となるのは、「違法といえるか否かという評価の『対象』となる事実」ということになるから、結局、故意には「事実の認識」のほかに「違法であることの認識」までも必要とするということになる（厳格故意説）。したがって、事実の認識があったとしても、違法の認識がなければ、故意はないということになり、「事実の認識」と「違法の認識」を合わせて「故意」の要件と考えるのであるから、どちらか一方が欠けても「事実の錯誤は故意を阻却する」ということになる。

これに対して、厳格責任説の立場からは、故意とは事実の認識であり、違法の認識ないしその可能性は、故意とは別の責任要素であると解している。厳格故意説、厳格責任説という二つの考えからも理解できるように、両者は、故意の要件とは何かということについて異なった考えを示している。わたくしは、厳格責任説の立場から、事実の認識と法的評価の意識とは截然と区別されるべきであるとの立場を採っている。つまり、故意とは、対象に対する認識的判断という、言わば存在する事実である対象に対する「認識の存否」の問題である。これに対して、違法の認識というのは、故意により存在が確認された事実に対してなされる行為者の価値判断に対する認識の存否の問題ということになるものであるから、両者を同一の概念に組み入れることは適当ではない。それゆえに、故意とは、事実の認識のみをその判断対象とするものであり、「違法の認識」にしても「罪を犯す意思」、すなわち、「犯意」にしても故意の要素にはなりえないのである。このように、故意とは、対象に対する認識的判断をいうとすれば、心神喪失者の行為にも「故意」は存在するのであって、当然のこととして、故意行為を行うことができるのである。仮に、故意には事実の認識のほかに、違法の認識まで必要であるということになると、心神喪失者には、故意行為はなしえないということになる。そうすると、「客観的違法論」というものが、根本から問い直されなければならないであろう。そもそも刑法三九条一項の「心神喪失者の行為は、これを罰しない」という規定の意味するものは何であろうか。刑法上の「行為」には、故意行為と過失行為がある。心神喪失者には、故意行為をすることができないとすれば、「罰しないという行為」とは、どのような行為をいうのであろうか。

この点に関して、故意は、構成要件的故意と責任故意に分かれるとする説が有力である(28)。しかし、この見解に対しては、刑法三八条一項の「罪を犯す意思」という文言の意味は一義的なものであり、二つの故意概念を認める趣旨とは考えにくいとか、構成要件的故意は成立しても、責任の段階で責任故意がないという場合に、改めて構成要件段階に立ち戻り、構成要件的過失の存否を問題として、故意行為でありながら過失責任を認めざるをえないという錯綜（いわゆるブーメラン現象）を避けることはできないという批判がなされているが[29]、正鵠を射ている。わたくしは、「犯罪とは行為である」という命題からすれば、行為が「故意」でなされたか「過失」でなされたかが重要であり、いずれかによってなされれば、故意犯あるいは過失犯が成立する前提になると解している。また、すでに述べたように、心神喪失者にも故意行為を行うことができるので、心神喪失者に「故意責任」を問うというようなことは考えられないのである。つまり、心神喪失者の行った故意行為に対して、責任を問うことができるかということでよいのではなかろうか。そもそも故意の内容に違法性の認識という「意味の認識」は不要であって、「構成要件該当の外形的事実の認識の有無といった形式的基準[30]」で足りると思う。わたくしは、故意・過失は構成要件の要素であるにすぎず、責任の要素ではないと考えるので、責任故意というのは、あくまでも責任の概念の中で理解するべきであると思う。仮に、構成要件的故意と責任故意という二つの故意概念を認めるとすれば、それは心神喪失者の（故意）行為を考える際に有効であるといえるかもしれないが、反面、構成要件と責任の混同ではないかと思うのである。すなわち、通常の判断能力を持った行為者の行為に対しては、構成要件的故意と責任故意を分けて考える必要はない。わたくしは、犯罪を構成する三要素である「構成要件該当性」「違法性」「責任」は、それぞれ密接な関係にはあるけれども、別個・独立の概念と考えるべきではないかと思っている[31]。それゆえに、心神喪失者の行為の場合は、構成要件的な結果を発生させたという事実に対する故意についての存否のみを論ずれば足りるのである。しかし、心神喪失者の行為の場合には、故意を責任要素であると考えるならば、責任のない心神喪失者の行為は、故意行為ではないことになってしまうのではなかろうか。そうすると客観的違法論の立場からは、心神喪失者の行為に該当する行為は如何なる行為について客観的違法論の対象になるのであろうか。この場合、事実の認識という構成要件的故意は充足するけれども、責任の段階における故意（責任）は充足されていないので、責任故意の概念が意味をもってくるのであろう。とはいえ、結局、責任が阻却されることになるのではなかろうか。そうだとすれば、「責任故意」の果す役割とは、一体、何であろうか。最終的には、「責任」の有無を判断する要素にすぎないのではなかろうか。責任故意を認めるという根本には、「故意」という概念が行為者の主観に属し、「責任は主観的に」という命題にこだわった結果ではなかろうか。しかし、心神喪失者でも故意行為をすることができるというわたくしの考えからは、故意とは、前述したように、「構成要件該当の外形的事実の認識の有無といった形式的基準」にすぎないのであって、そこに責任要素は組み込まれていないといってよいのである。以上のような考えのもとに、構成要件的故意と責任故意という二つの故意を認めるのは問題があるということである。

それでは、なぜ、わたくしが本章のテーマである「故意」と「犯意」を区別するのかというと、故意が「罪を犯す意思」であるとするならば、それには「罪を犯す意欲」というものが含まれることになる。そうすると、「故意は『構成要件実現の認識と意欲』であるとする故意の理解を維持したまま、こうした形態の故意を認めるとすれば、特定の結果が惹起することについて確定的な認識をしている者はそうした認識内容について意欲もしているはずであるといった推論をせざるをえないことになろう。しかし、意欲とは、本来、行為結果への動機付けられた精神の方向性であって、認識内容の惹起に向けての動機付けがなされる精神状態であると解すべきであり、だからこそ意図をその理念型とするものであって、逆に直接的故意には認められないもの(32)」との指摘があるが、そのとおりである。わたくしは、これまで、再三にわたって「故意」と「犯意」を同一視することについては、「構成要件の要素」と「違法性の要素」の混同ではないかと指摘してきた。さらに、未必の故意と認識ある過失の区別について、通説的見解によれば、犯罪事実、特に結果発生を確定的なものとして認識するのではなく、結果発生についての認容如何に求められている。例えば、自動車の運転者が、道路上に子どもが遊んでいるのを目撃しながら運転を継続し、子どもに衝突し負傷させてしまったという場合、「うまく子どもの横を通ることができればよいが、もし衝突したとしても仕方がない」と思いつつ衝突し負傷させてしまったとすれば、結果発生の認容があるから「未必の故意」があるとする。

しかし、「故意とは事実の認識のみを意味する」というわたくしの考えからすれば、道路上に遊んでいる子どもを認識することが事実の認識であり、まさに認識に故意があり、この認識した子どもに対して「衝突しても仕方がない」と考え結果発生を認容したとすれば、そこに故意「犯」を成立させる犯意を見出すことができると考えるのである。このように、「故意」と「犯意」は、明確に区別されるべきであって、「故意」があれば必ずしも「違法性」(わたくしは、「犯意」を違法性と考える)を推定するということにはならないのである。つまり、故意は、客観的に存在する事実を認識するという認識の問題であり、その段階では、客観的に存在する事実というのは、故意犯あるいは過失犯の対象となるものにすぎないのであって、行為者の主観(犯意)とは関係なく存在する事実にすぎないのである。もっとも、故意の成立には外部的な裸の事実の認識では足りず、その事実の備えている「意味の認識」まで必要であるとする見解もあるが、「意味の認識」には能力を必要とすることから、これは「責任」の問題として検討されるべきものであると考える。それゆえに、「意味の認識」を故意の成立要素と解するのは、構成要件と責任の要素の混同であるといわざるをえない。ともあれ、「未必の故意」と「認識ある過失」を区別する規準は、構成要件の段階でなされるべきである。その場合、両者をどのような要素によって区別するかということである。わたくしは、故意と過失は構成要件の要素であると解しているのであるから、「未必の故意」においても「認識ある過失」においても、両者は構成要件の段階で区別されなければならないのであるが、「未必の故意」においても「認識ある過失」においても、「事実の認識」はあるのだから、この「事実の認識」をどのように解するのかということが重要である。仮に、事実の認識ということを同一のレベルで解するとすれば、未必の故意と認識ある過失における事実の認識は、構成要件の段階では区別できないことになってしまうであろう。それでも両者を構成要件の段階で区別するとすれば、如何なる規準によって区別が可能となるのであろうか。故意とは、裸の事実の認識で足りるとした。しかし、裸の事実の認識とはいっても、これに対する行為者の認識において、結果発生を認容している者の認識と結果発生を認容していない者の認識とでは、行為者の主観（故意）が認識の段階で異なっているとすれば、故意犯を犯す行為者の事実の認識と過失犯を犯す事実の認識とでは、その段階で両者に相違があるのは当然である。そうだとすれば、事実の認識の段階で両者には違いがあるのであるから、未必の故意犯における事実の認識と認識ある過失犯における事実の認識は、すでに事実の認識の段階において異なっているのである。このように、故意とは「事実の認識」であり、「事実の認識」という点では、未必の故意も認識ある過失も、一見、同じようでも、その内容において異なっているのであるから、両者は構成要件の段階で区別できるのである。

これまで述べてきたように、わたくしは、故意とは事実の認識であり、違法とは「犯意」を意味すると解してきた。これを「未必の故意」を例に考えてみると、客体の認識は事実の認識ということになり、この段階では「故意とは事実の認識である」という故意の要件を充足している。この認識した事実に積極的な「犯意」をもって行為をすれば、故意犯が成立することになる。故意犯においては、往々にして、故意と犯意が時間的に接近してなされる場合が多いのである。故意とは事実の認識であり、その事実の認識の段階においては、厳格にいえば「犯意」は存在しないということである。刑法三五条を例に説明してみよう。医者の外科手術は、「正当業務行為」によって違法性が阻却されると解されている。違法性が阻却されるということは、その前提である故意による傷害の構成要件には該当している行為ということになる。ただ、その行為が「正当業務行為」としてなされているがゆえに、「犯意」がないのである。したがって違法性が阻却されることになる。このように考えるならば、「正当業務行為」であっても、構成要件に該当する行為はなされているということが理解できるのである。

そうすると、構成要件に該当する行為というのは、没価値的な行為ということになるのであって、構成要件に該当する行為は違法性を推定するということにはならないのである。前田教授は、「正当防衛だと誤信して相手に殺意をもって反撃したところ、急迫不正の侵害が実在しなかった場合（誤想防衛）、故意犯である殺人罪の成立は否定されるが、誤信に過失があれば過失致死罪が成立する場合がある。『構成要件的故意が認められた場合には、過失犯は成立し得ない』というわけではない(33)」とされている。「『構成要件的故意が認められた場合には、過失犯は成立し得ない』というわけではない」との指摘は、故意と犯意を区別するという意味で適切である。事実の認識という故意があったからといって、そのまま故意犯を構成する「犯意」まで存在するわけではないからである。ただ、教授がいわれる「誤想防衛」の場合において、「故意犯である殺人罪の成立は否定される」ということに関しては、私見とは異なる。すなわち、誤想防衛の場合、「故意犯である殺人罪の成立は否定されるが、誤信に過失があれば過失致死罪が成立する場合がある」とされているが、私見によれば、「誤想」という過失はあったけれど、「殺す」という行為には過失はなかったのであるから、殺人罪の成立を前提に「誤想」を検討すればよいと考えている。つまり、「誤想」という認識の過失は、行為の過失にはなりえないからである。「過失犯」というのは、過失行為による犯罪なのであるから、正当防衛だと誤信して相手に反撃し、殺してしまったところ急迫不正の侵害はなかったとすれば、(故意)殺人は成立するのである。このことは、例えば、過剰防衛による殺人との比較においても首肯されるであろう。刑法三六条二項の「過剰防衛」に関する判例によれば、「被告人が被害者に対して加えた暴行は、急迫不正の侵害に対する一連一体のものであり、同一の防衛の意思に基づく一個の行為と認めることができるから、全体的に考察して一個の過剰防衛としての傷害罪の成立を認めるのが相当[34]」であるとしている。ここで注意しなければならないのは、「誤想防衛」というのは、防衛行為をされた相手側には、何の落度もないのに対して、「過剰防衛」の場合においては、相手側に「不正の侵害」はあるということである。それにもかかわらず、前者に過失犯が成立し、後者に故意犯が成立するというのは、権衡を欠くことにならないであろうか。この場合には、両者に対して、発生した結果に故意犯の成立を認め、「誤想」「過剰」については、加害者に有利な情状として考慮するというのが適当であると思う。私見によれば、誤想防衛の場合であっても、相手に対する攻撃は故意行為によるものである。このことは、正当防衛における「故意行為」においても同様である。したがって、正当防衛による結果の発生であっても、それは故意行為によるものである。しかし、「防衛行為」によるものであるから、そこに「犯意」(違法性)はない。もちろん過失もない。「犯意」がないという点では、正当業務行為においても緊急避難においても同様である。

以上のように考えることによって、誤想防衛の場合においても、発生した結果は故意行為によるものであることが理解できるであろう。重要なことは、「誤想に基づく行為」であるから、これを過失行為と考えるか誤認に基づく「故意行為」と考えるかである。わたくしは、過失行為というのは、認識の過失に基づく行為を指すのではなく、行為そのものが過失でなされたものであると解し、行為に重点を置いて考える。「犯罪は行為である」との命題があるからである。そうすると、誤想防衛の場合、誤想に基づいているとはいえ、行為そのものは故意行為なのである。したがって、これまで述べてきたように、誤想防衛については、故意行為の成立を前提に、なぜ誤想（誤認）したのかということが論じられなければならないが、それは責任の問題であると解している。このように、わたくしは、誤想防衛における結果の発生については、故意犯の成立を認める。このことは、誤想過剰防衛についても変るところはない。

五　故意に意味の認識は必要か

通説によれば、「構成要件該当事実は意味にみちたものであり、事実の認識といっても、それは、単に文字の外形の存在のような、外部的な裸の事実の認識だけでは足りず、その事実の『意味の認識』が必要である。たとえば、各頁に印刷された文字の存在についての感覚的な認識があっても、ギリシァ語で書かれていたので、そこに表現された文章の好色的な『意味』を認識していないときは、わいせつ文書頒布罪の故意があるとはいえない(35)」とされるのである。しかし、認識した事実に対する文書の「意味内容」まで故意の要件であると解するならば、「意味内容」が理解できない場合には、故意はないことになるが、理解の問題は責任に関わる問題であると理解するわたくしの考えからすれば、故意の要件として文書の意味内容までを要求することは、故意という構成要件の要素と責任との混同ではなかろうか。「そもそも通説はなにゆえに『意味の認識』を問題にしなければならなかったのであろうか。……故意に『違法性の意識の提訴機能』ないし『一般人の違法性の意識の喚起可能性』を求めることの意味は、どこにあったのであろうか(36)」との指摘は、問題の核心をついている。換言するならば、責任能力のない者であっても、故意行為を行うことができるのである。

ところで、構成要件該当事実は意味にみちたものであるから、単なる外形的な裸の事実の認識では事実の認識とはなりえないとするが、「故意」といえるための「事実の認識」は、行為者の認識した事実すべてをその対象とすべきであるとしても、その内容は外部的事実の認識に留めるべきであって、例えば、違法の認識といったような、行為者の内心にまでその範囲を拡げるのは適当ではなかろう。あくまでも「事実の認識」という点を重視すべきであり、その内容を成すものは「裸の事実の認識」で足りるのである。(37)一例をあげるならば、「道路を横断している人を自動車で撥ねて負傷させてしまった」という場合であれば、「道路を横断している人を認識すること」が、事実の認識、すなわち、故意の内容を成すものである。そして、認識した人を撥ねてしまったときの行為者（運転者）の心理状態の内容をなすものが、（未必の）故意か認識ある過失かを決定する要素となるのである。もっとも、このように、「故意とは裸の事実の認識である」とすれば、認識ある過失の場合には、事実の認識はあるのだから、この段階では、発生した結果に対して、故意犯が成立するのか過失犯が成立するのかという区別をすることができないのではないかということも指摘されよう。

また、誤想防衛によって人を殺してしまったという場合、「誤想とはいえ、法が正当としている事実しか認識していない者に『罪ヲ犯ス意』があるとは思われない。あるのは『人を殺す意』であるが、法が防衛に必要・相当なら人を殺してもよいとしている以上、この場合の『人を殺す意』は『殺人罪を犯す意』ではないのである。したがって、『構成要件的故意』を刑法三八条一項の意味での故意と解することはできない(38)」というのである。しかし、このように考えるのは、まさに「故意」と「犯意」の混同ではないかと思う。もちろん、「人を殺す意思」は、「殺人罪を犯す意思」ではないけれども、「人を殺す意思」は故意である（この場合には、正当防衛による殺人も、そうでない通常の殺人も含まれる）。ただ、それだけで違法性の要素である「犯意」までも充足しているというわけではない。たしかに、正当防衛など違法性を阻却する事由のもとでの「人を殺す意思」は「殺人罪を犯す意思」ではないが、だからといって「人を殺す意思」は故意ではないというのは妥当ではない。わたくしが、「故意」と「犯意」を截然と区別すべきであると主張するのは、「殺人罪にならない（故意）殺人もある」という理由による。例えば、正当防衛の場合、防衛行為の相手方が不正の行為をしてきたので、それに対して防衛行為をしたとしても、その相手方に対しては、事実の認識はあるわけで、したがって、「故意」そのものは存在する。すなわち、正当防衛によって相手方に結果が発生した場合（例えば、傷害）、そこには、故意行為による構成要件の充足はある。しかし、「防衛行為」、すなわち「防衛の意思」があるがゆえに「犯意」が欠如し、違法性が阻却されるのである。わたくしは、この「犯意」は犯罪論の体系上は、「違法性」の要素であると考えているから、違法性のない行為であっても、構成要件には該当すると考えている。このように、構成要件の要素である「故意」と違法性の要素である「犯意」とは区別することができるし、また区別されなければならないのである。

これまで述べてきたことからも分かるように、通説によれば、故意とは、「罪を犯す意思」であり、犯罪事実を生じさせると決意することであるとしている。そして、「犯罪事実の認識（表象）として、その主観的反映であるが、犯罪事実に対する認識的対応にとどまるものではなく、犯罪事実を生じさせるとする意思（決意）でもある。犯罪事実を認識（表象）しなければ、その犯罪事実を生じさせると決意することはありえないが、しかしまた、単に犯罪事実を認識しただけでは、犯罪行為に出るということもありえないからである。そこで、故意があるというためには、表象という『認識的要素』と、決意という『意思的要素』とが必要である」[39]とされている。

たしかに、「犯罪事実を認識（表象）しなければ、その犯罪事実を生じさせると決意することはありえない」が、認識することと決意することとは別個の概念であり、故意犯の場合には、認識した事実に対して結果を生じさせよ

う と決意していることも事実である。しかし、認識したけれども実行行為に出ないということもあるということからも理解できるように、故意と犯意は別個の概念であり、区別されなければならないのである。それにもかかわらず、「故意」があれば「犯意」があるとする考えは、構成要件の要素である「故意」と違法性の要素である「犯意」を混同しているといわなければならず、そのことが、おそらく「構成要件に該当する行為は違法性を推定する」といわれる論拠になっているものと思われる。ここで重要なことは、故意は犯罪事実の認識をした場合であり、認識なき過失は不注意により事実を認識しないで行為をした場合であるから、「事実の認識の有無」が故意と過失の分水嶺ということになる。この場合、事実の認識を「犯罪事実の認識」として理解するかどうかである。そのように解するとして、さらに、「犯罪事実の認識」の中に「罪を犯す意思」までも包含して理解しなければならないのかということである。わたくしは、事実の認識とは文字どおり「事実（対象）の認識」を意味することと解し、「認識」に重点を置く認識的要素であると考えるのである。これに対し、「犯意」とは、意思的要素に重点を置き、その中心を成すものは「意思的主観的要素」であり、「事実の認識」の中に、この両者を包含するとは考えないのである。つまり、意思的要素の内容を成すものは、認識した事実に対する行為者の意思内容であるということである。その意思内容は、結果発生についてもつ行為者の規範意識に対して、どのような行為をするのかという意思であり、この「意思」こそが「故意犯」「過失犯」の犯意、すなわち、違法性の要素であると解している。

しかし、「故意は、犯罪事実を認識した以上、その行為に出るべきではないにもかかわらず、その行為に出たことが直接的な非難の対象となる。これに対して、過失は、犯罪事実の認識がない場合であるが、犯罪事実を認識するように注意すべきであったにもかかわらず、不注意で犯罪事実を認識しなかったので、その行為に出たことが間接的な非難の対象となる。過失を無過失から区別するとともに、過失の非難可能性を基礎づけるのは、この不注意

（犯罪事実とくに結果の発生を予見するように意思を緊張させていなかったこと）という要素である」[40]との見解に代表されているのが通説といってよいであろう。

右に述べられた、過失の定義については、全く異論はない。しかし、これまで再三述べてきたように、私見によれば、過失と過失犯は区別されるべきであり、過失の要件を備えた行為者が、あえて行為に出ることによって、「過失犯」を成立させる犯意の要素となる「規範に反する消極的意思」があったということになる。「未必の故意」と「認識ある過失」の区別は、「結果発生の認容」の有無にあるとされているので、両者は事実の認識という点では共通していることになる。そうすると、認識ある過失と未必の故意に共通する「事実の認識」とは、裸の事実の認識であるといってよいのではないかと思う。例えば、横断歩道を渡っている子どもを認識したにもかかわらず、「このまま運転を続ければ子どもに衝突するかもしれない」という場合の「子ども」の認識が、故意の内容を成すものであり、「衝突するかもしれないが、そうなっても仕方がない」と考えたか、「衝突することはないだろう」と考えたかということが、違法性（犯意）にとって意味を成すものである。そして、結果に関連する一連の行為者の心的作用、つまり「衝突するかもしれないが、……衝突することはないだろう」という関連において、はじめて結果発生に対する積極的な認容（犯意）がなかったといえるのではなかろうか。このように、「犯意」の問題は、行為者の心理作用を抜きにして、発生した結果に対する故意責任を負わせるのか過失責任を負わせるのかを決定することは不可能である。結果発生の認容の存否は、「衝突することはないだろう」という一部だけを捉えて考えるのは適当ではない。「衝突するかもしれないが……衝突することはないだろう」あるいは「衝突するかもしれないが……衝突しても仕方がない」という関連づけをして、はじめて「認容」の存否が明確になるのである。未必の故意においては、この「認容」が、違法性の本質的部分を構成する「犯意」といえるから、「事実の認識」という構成要件の要素である「故意」だけで「犯意」という違法性の要素まで充足していると考えることはできないのである。

以上、述べたように、私見によれば、違法とは、認識した事実に対して、積極的であれ、消極的であれ、これを実現しようとする意思である。故意犯においては、その意思は、少なくとも違法性を阻却する事実のない場合の意思でなければならない。つまり、違法性を阻却する事由のある場合の意思と違法性を阻却する事由のない場合の意思は、認識した事実に対する行為者の意思的要素を形成する内容に相違を生じるから、両者は別個のものであるということが理解できるのである。ところが、故意、すなわち、犯意であるとする通説によれば、例えば、正当防衛行為による場合であっても、故意はあることになるから、正当防衛による行為であっても、犯意があるということになってしまう。そうすると、正当防衛そのものが否定されることになってしまうのではないだろうか。

六　規範的構成要件要素と故意

規範的構成要件要素とは、ある事実が、構成要件に該当するかどうかについては、裁判官の価値判断を必要とする構成要件要素をいう。今日、規範的構成要件要素の解釈については、ほぼ一定しているといってよいであろう。(41)ただ、解釈が一定になりえたとしても、ある事実が、ある概念にあてはまるかどうかは、決して単なる事実認定によるだけで確定しうるものではない。つまり、刑法により保護すべき利益（法益）が侵害されたかどうかを判断するにあたって、事実認定を超える文化的判断が必要なのであって、規範的構成要件の場合には、常に、このことが必要とされるのである。(42)そこで、規範的構成要件要素と違法性との関係であるが、私見によれば、当然、この場合にも構成要件に該当する行為と違法性とは、区別されなければならないのである。つまり、規範的構成要件要素を含む事実に対しても、構成要件に該当する行為は認識した（裸の）事実に対して行為をすることであり、事実を認識している限りにおいては、そこに、故意を認めることができるということになる。判例によれば、「刑法一七五条の罪における犯意の成立については問題となる記載の存在の認識とこれを頒布販売することの認識があれば足り、かかる記載のある文書が同条所定の猥褻性を具備するかどうかの認識まで必要としているものではない。かりに主観的には刑法一七五条の猥褻文書にあたらないものと信じてある文書を販売しても、それが客観的に猥褻性を有するならば、法律の錯誤として犯意を阻却しないものといわなければならない(43)」としている。この判例の態度は、概ね私見と一致する。ただ、わたくしは、「客観的に猥褻性を有する」文書の認識が故意を充足する要件であり、その内容を知って販売することが犯意であり、それは違法性の要素であると解するのである。したがって、これまでに再三述べてきたことであるが、故意と犯意は別々の範疇に属するものなのである。

規範的構成要件要素に関しては、裁判官の価値判断が必要とされるわけであるが、それは、認識した事実、すなわち、故意に対してなされる判断であるから、故意にとって重要なことは、事実の「認識」をするということなのである。仮に、認識した事実に対して理解あるいは知識ということまで「故意」に求めるということになると、規範的構成要件を含む構成要件的事実が存在する場合には、法律を理解している者のみにしか故意行為を行うことができないという場合もでてくるであろう。そうなると、構成要件に該当する行為をする者が限定され、構成要件というものが、極めて主観的なものとならざるを得ないということになってしまう。しかし、それが妥当でないことは言を俟たない。それゆえに、価値判断について、裁判官と行為者（被告）の間に判断の相違があったとしても（例えば、行為者としては許されると思ったことが、実は許されない場合であった）、認識した客体に対する法益侵害（結果発生）

がある限りにおいては、それに対する故意による構成要件該当行為はあることになる。

また、認識した事実に対して行為をすること自体、それが客観的に違法であるとすれば、「犯意」、すなわち、違法性を認めることができるであろう。もっとも、違法性の実質を規範違反として捉えた場合、行為者としては許されると思っていた行為が、実は許されない行為であったという場合、「犯意」はなかったということもできよう。しかし、結果的に違法な事実をもたらした場合には、認識した事実に対して積極的あるいは消極的に行為するというところに「犯意」を認めることができるのである。このことは、例えば、過失犯の場合においても、消極的とはいえ犯意があるということからも理解できるであろう。この点に関して、木村博士は、「過失犯の違法性は法益の侵害又は脅威という結果無価値だけではなく、さらに、その行為の無価値性の中に求められねばならない。その行為の無価値性が正しく不注意すなわち注意義務違反であり、不注意は責任の要素ではなく、過失犯に固有な違法性の要素である[44]」とされているが、わたくしは、「注意義務に違反して」あえて行為するところに違法性の本質を見出すのである。さらに、木村博士は、「故意の殺人の場合は、法が前提している人を殺してはならないという規範に違反するから、違法阻却事由のないかぎり、違法であるのに対して、過失致死の場合は、不注意に換言すると注意義務に違反して致死の結果を成立させることを避けねばならないという規範に違反するから違法であり、注意義務違反は過失犯の違法性の不可分的要素である[45]」とされている。そして、「過失致死罪にあっては、その規範の結論として、注意義務に従って致死の結果を回避する決意に出なければならないという意思決定規範（義務）に違反して結果回避の決意に出なかったが故に行為者が非難せられるのである。従って、過失犯にあっては注意義務違反は責任非難の要素ではなく、責任非難の根拠であって違法性の要素である[46]」とされるのである。故意と犯意を区別するわたくしの考えからすれば、過失と犯意も区別されるべきであって、注意義務違反は過失であり、注意義務に反しているにもかかわらず、あえて「行為に出る」という結果回避義務違反が、過失犯における「犯意」ということになる。

もちろん、行為者としては許される行為と思っていたが、実は許されない行為であったというような場合について、積極的に犯意のある場合と同様に扱うことはできないであろう。この点をどのように解するのかが問題であるが、それは故意犯・過失犯における「犯意」の強弱の問題であるから、違法性の強弱の問題に帰すると解するのである。そこで、規範的要素を含む構成要件の場合、規範的要素といわれているものに対する理解が不十分であったとしても、それによって構成要件に該当する行為そのものが影響を受けるわけではない。さもなければ、規範的要素を含む構成要件に関しては、規範的な要素の意味が理解できない者については、故意行為を行うことができないということになってしまうであろう。意味の認識（理解）をするということと故意行為を行うということとは別の問題である。つまり、意味の認識（理解）能力に欠ける者であっても故意行為をすることはできるのであり、そのことは、責任無能力者であっても、故意行為をすることができるということにほかならない。ただ、理解が不十分であったり、誤解に基づいての行為であったときには、それらがなかった場合よりも「犯意」の程度が弱いことは十分に考えられる。

しかし、「犯意」の程度が弱いとはいえ、「犯意」はあったという事実は否定できないであろう。その際、注意しなければならないのは、程度の弱い「犯意」であっても故意犯としての「犯意」と解するのか、それとも過失犯としての「犯意」と解するのかということである。結論から先にいうと、故意犯としての「犯意」と解すべきである。なぜなら、規範的要素を含んだ構成要件の場合には、「規範的要素」に関しては、一定の理解が必要であるとされるわけであるが、仮に規範の部分について理解が不十分であったとしても、その前提としての「事実の認識」

はあったということになるからである。つまり、故意とは事実の認識であるけれども、「事実」の認識には、事実に対する評価判断は不要であるから、認識した事実に対してなされる行為が、法に違反する性質のものであるかどうかということの判断も不要なのである。したがって、「違法の認識」は、構成要件的行為を行う段階では考慮する必要はないのである。構成要件に該当する行為というのは、例えば「人を殺す」ことであり、「人を傷害する」ことなのである。この事実を受けて、違法性の段階に入るのである。そして、違法性阻却事由がない限り、責任の段階に進んでいくのである。ここで重要なことは、「人を殺す」ことであり、「人を傷害する」ことなのである。この場合、「人」という事実の認識はあり、傷害するという行為は故意になされているということである。つまり、故意行為による傷害という事実であり、殺人行為という事実なのである。

このように、人を認識し、認識した人に対して行為をするということは、故意行為なのであるが、その段階では違法、適法の両可能性を含んでいるのであるが、その評価は、構成要件該当事実の段階では、何ら考慮されないのである。このことは、医者の外科手術を考えれば、容易に理解できるであろう。つまり、これまでも述べてきたとおり、医者による外科手術であっても、それは故意による傷害の構成要件に該当する行為なのである。その行為が、違法とされるかどうかの評価は、違法性の内容をなす「犯意」（この場合でいうと治療目的以外になされる行為）の存否が検討されなければならないのであって、「犯意」のない場合が、三五条から三七条に規定されているのである。このことからも理解できるように、違法性阻却事由が存在する場合であっても、構成要件に該当する行為は、事実的行為として存在するのであり、それで十分なのである。それゆえに、故意に違法の認識は不要であるということになるのである。わたくしが、故意を含む構成要件と違法性とは截然と区別されるべきであるというのは、このような理由による。

また、過失犯との関連でいうと、そもそも過失とは、「不注意」がその内容ということになるが、この「不注意」が作用する「過失」には、二つのことが考えられる。一つは、事実そのものに関する過失（認識の過失）であり、他の一つは、事実そのものに過失がなくても、結果を発生させる行為に過失（行為の過失）がある場合である。ここで注意しなければならないことは、「犯罪は行為である」という命題である。すなわち、過失犯というのは、「過失行為犯」なのであって、事実そのものに対する「誤認」（過失認識＝認識の過失）を意味するものではないということである。過失犯を論ずるとき、この両者を区別して考えなければならないのであるが、わたくしの知る限り、両者の区別が混同されて「過失犯」としているものが散見される。加えて、注意しなければならないのは、事実に対する過失認識といっても、それは、事実そのものが備えている性質・内容（例えば、他人の物か自分の物か）に対する過失であって、事実認識そのものに対する過失ではないのである。したがって、この場合には、認識した事実そのものに対しては、故意はあるのであって、その事実が備えている内容についての不注意（誤認）があったとしても、それは犯罪成立にとって重要なことではない。このことは、「客体の錯誤は故意を阻却しない」ことからも明らかである。もっとも、この場合に注意しなければならないのは、「事実が備えている内容に対する不注意」が、犯罪の成否にとってどのような影響を与えるのかという問題はある。例えば、自分の傘と思って他人の傘を持ち帰った場合と、Aという物を窃取したつもりが実はBという物であったという場合、両者は「客体の錯誤」としての共通点を見出すことができる。ところが、前者の場合は、学説の多数によれば、過失窃盗として無罪であるが、後者には、窃盗罪が成立することになろう。両者の結論が異なる理由は何であろうか。私見によれば、前者の場合には、自分の傘と思った時点で「他人の傘を窃取する」という犯意はなかったのである。これに対して、後者の場合には、最初から他人の物を窃取するという「犯意」があったのである。その「犯意」を前提に全体を論じなければならないのである。「故意」ということについて論ずるならば、前者の場合においても、傘という事実に対する認識に誤りはなかったのである。換言するならば、傘を認識し、認識した傘を持っていったのであるから、故意に他人の傘を持ち帰ったのである。この時点では、他人の傘を持ち帰るという故意は充足していることになる。しかし、その傘が有している性質に対しては、齟齬が生じているので、他人の傘を持っていくという「犯意」が否定される。そうすると、両者を区別するのに重要な要素は、「犯意」であるということが理解できるのである。それは同時に、構成要件的故意と犯意を内容とする違法性の違いとしても理解できるのである。そこで、百尺竿頭一歩を進めて、故意の内容については、どのように解するのが妥当かということであるが、そのために、表象説（認容説）と意思説の再検討が必要ではないかと思う。

七　表象説・意思説と蓋然性説・認容説

表象説（認識説）によれば、故意とは、犯罪事実を表象（認識）すること、すなわち、事実を認識していれば足りるとする説であり、「事実の表象の有無」によって故意の有無を考えようとするのである。この説からは、故意と犯意は区別されることになろう。つまり、認識それ自体だけでは、規範的意識が欠けているので、そこに犯意があるとすることはできないというのである[47]。このように、「事実の表象（認識）の有無」によって故意の有無を考えようとする見解に対する批判もある。それによれば、認識ある過失の場合には、結果発生の予見（可能性の認識）があるのだから、（犯罪）事実の認識は存在する。そこで、「犯罪事実の認識の有無だけで故意・過失を区別しようとすると、この認識ある過失が故意の中に入ってきてしまう。……結果発生を意欲・希望する典型的な故意の場合と、この認識ある過失の場合とでは、法規範あるいは法秩序に対する攻撃の態度の点において著しく異なる。これに反し、不注意な点がけしからんという点では、むしろ認識なき過失と共通するものがある。このようにみてくると、認識ある過失は、犯罪事実の認識があるにもかかわらず、故意ではなく、やはり過失として扱うのが相当だということになってくる。とすると、故意と過失との区別の標準は、犯罪事実の表象の有無だけでは不十分」とされる。(48)わたくしは、すでに述べてきたように、未必の故意も認識ある過失も、事実の認識という点では、表面上は異なるところはない。しかし、未必の故意による事実の認識は、結果発生を認容した事実の認識であり、認識ある過失による事実の認識は、結果発生を認容しない事実の認識であるから、「事実の認識の内容自体」の違いで両者に質的な相違があると考える。ここに、わたくしは、故意犯と過失犯の構成要件的な事実の認識の違いを見出すのである。このように、事実の表象（認識）の段階で両者に質的な相違があるとすれば、そこから「犯意」も異なったものになると思うのである。これに対して意思説は、故意とは、結果の発生を積極的に希望することであるとする。しかし、意思説のように考えるとすれば、故意と希望を区別することができなくなってしまう。希望は、実現意思ではなく、結果発生の可能性に対する期待であるから、結果を実現する意思である故意とは区別されなければならないとか、(49)故意は、結果の発生を積極的に希望することであるとすれば、未必の故意が故意から除外されることになってしまい妥当ではない、といった批判がなされている。(50)また、表象説によれば、故意の成立には、事実の認識があればそれだけで故意があるとするが、事実の認識だけでは未だ故意があるとはいえず、そこに行為者の積極的人格態度を見出すことができないとか、実現意思がないのに故意を認めようとするのは妥当ではない。あるいは、表象説を厳格に貫くと、いわゆる「認識ある過失」が故意の中に取り込まれるといった批判がなされている。(51)事実の認識ということに故意の特徴があるとしても、「認識ある過失は、犯罪事実の認識があるにもかかわらず、故意ではなく、やはり過失として扱うのが相当」であり、そうだとすれば、「故意と過失との区別の標準は、犯罪事実の表象の有無だけでは不十分(52)」だということになる。

たしかに、故意には事実の認識だけでその要件を満たすということになると、認識ある過失の場合にも故意があることになってしまうという批判は傾聴に値する。しかし、この場合においても、「犯意」ということに注意すべきではないかと思う。つまり、未必の故意と認識ある過失は、ともに「事実の認識」という点では共通する「故意」がある。そもそも過失には、「認識ある過失」と「認識なき過失」の二種類があるが、発生した結果に対して「過失犯」が成立することに変りはない(53)。なぜなら、両者は共に結果発生に対する認容がないからである。わたくしは、未必の故意と認識ある過失の区別は、結果発生に対する認容如何であると解しているが、同時に、故意犯と過失犯を区別する重要なメルクマールは、「犯意」の相違であると考えている。つまり、（未必の）故意犯にあっては、事実の認識をして、認識した事実に対して、故意犯成立のための「犯意」をもって行為をするのである。これに対して「認識ある過失」にあっては、事実の認識、すなわち、故意はあるが、故意犯成立のための「犯意」をもって行為はしていないのである。その意味で、両者には「事実の認識」における質的な相違があることになる。このように、故意犯・過失犯にとって重要なことは、特に、未必の故意と認識ある過失の場合、認識した事実に対しての行為者の意思内容である「犯意」ということであって、事実の認識をしただけでは、そこに「犯意」があるとはいえないのである(54)。ということは、事実の認識をした段階では、故意はあるけれども、当然に故意犯成立のための「犯意」があるということにはならず、そこから、故意＝（故意犯成立の）犯意と理解することはできないのである。

表象説と意思説に対する批判の結果、蓋然性説と認容説が唱えられた。蓋然性説というのは、表象説を基調としつつ、行為者が結果発生の蓋然性の程度を相当高度なものとして認識しえたときに、故意を認めようとする見解である。このように解することの問題点は、蓋然性の判断規準にあるといってよい。つまり、どの程度の場合に蓋然性があったといいうるのかという問題は、「行為者が結果発生の蓋然性の程度を認識しえたとき」であるから、結局、行為者の恣意的な判断に任されてしまうという欠陥が指摘されよう。すなわち、蓋然性説による限り、未必の故意と認識ある過失との厳格な区別は困難であるということになる。これに対して、認容説は、意思説による限り、未必の故意と認識ある過失との厳格な区別は認められないことになるから、その欠陥を補おうとする。換言するならば、認容説からは、意思説を基調としつつ行為者が結果の発生を意欲することまでは必要ではないが、犯罪事実の実現を認容していれば足りるとする考えである。つまり、この見解によれば、故意が成立するためには、犯罪事実の認識（表象）しただけでは足りず、認識した事実に対する結果発生を認容することまでを必要とするのである。

蓋然性説も認容説も、未必の故意と認識ある過失の区別の規準をどこに求めるかということについて提唱された理論である。その意味で、両者はどこにそれを見出すかということに重点を置いているのであって、相反する性質をもった理論というものではない。ただ、蓋然性説が、結果発生の可能性の大なることを認識した場合に未必の故意を認めるのに対して、認容説は、結果発生に対して認容があるときに未必の故意を認めるとする点に違いがあるといえる。その際、実現しようとする意思とは、必ずしも結果発生を意欲することまで必要ではなく、行為者において犯罪事実の実現に対する認容があれば足りるとするのである。認容説が通説である。しかし、わたくしの考えでは、「表象説」と「意思説・蓋然性説・認容説」の関係においては、質的な相違があるように思う(55)。すなわち、表象説は、事実的認識に関する理論であり、意思説・蓋然性説・認容説は、行為者の心理的な面、つまり、「犯意」に関する理論ではないかと思うからである。これまで述べてきたように、故意と犯意は区別して考えるべきである

（両者は別個の概念）とする私見によれば、意思説・蓋然性説・認容説についていえば、どの程度、行為者の心理的な状況があれば「犯意」を認めることができるのかということに関する理論ではないかと思う。したがって、これらの理論は、わたくしが考えている「故意とは何か」ということに対する考えとは隔たりがあるけれども、「故意」をもって犯罪事実を認識しているだけで足りる」という点では一致している（もっとも、表象説においても、故意と犯意は同一の概念であると考えられている）。

このように、事実を認識した行為者の「犯意」については、どの程度の心理面をもって行為すれば故意「犯」といえるのかという問題であると思う。その意味で、これまで述べてきた諸説の見解は、基本的には故意と犯意を同視することからくる問題点を浮き彫りにしているのである。しかし、わたくしのように、故意と犯意は別個の概念であるから、両者は截然と区別されるべきものであるとする考えを前提にすれば、これまで述べられた諸説が、意味をもつのではないかと考えるのである。そこで、故意と犯意は別個の概念であるとの私見からすれば、表象説は、「故意」に関する理論としては重要であり、その限りにおいては妥当な理論であるといえる。これに対して、「犯意」に関する理論としての意思説は、結果の発生を積極的に希望することであるとすれば、未必の故意における「犯意」が説明できないことになってしまうであろう。また、蓋然性説に対しても、「犯意」そのものに「差」を認めることになり妥当ではない。そうすると、「犯意」に関していえば、結果発生に対する「認容」がその要素となるので「認容説」が妥当であるということになる。私見によれば、故意とは事実の認識であり、認識した事実に対して結果発生を認容して行為することが、「犯意」をもって行為するということになるから、「認識」と「結果発生の認容」という両者が備わって「故意犯」ということになる。そして、故意と犯意の区別は、計画犯のような場合は別として、通常の故意犯においては、困難を伴うことは事実である。なぜなら、通常見られる短時間になされる故意犯にあっては、故意と犯意は、瞬時に備わっているといってよいからである。しかし、これまでも述べてきたように、故意と犯意の区別は、認識ある過失と未必の故意の違いを考えるときに明らかになるのであり、これは、犯罪が瞬時になされる場合であっても、変るところはないのである。

八　過失犯における犯意

過失犯も「犯罪」とされる以上、当然、行為者に「犯意」がなければならない。以下においては、過失犯における「犯意」とは何かということを検討することが主たる内容であるが、そのためには、前提となる過失犯の全体像を概観する必要がある。

過失犯の種類には、通常の過失犯と業務上の過失犯があるが、「過失」の本質的部分について相違があるわけではない。私見によれば、故意は主観的構成要件要素であると解し、故意と犯意は別個の概念であると解するので、主観的構成要件要素と主観的違法要素とは区別されなければならない。また、過失犯には、事実に対して認識ある場合の過失犯と認識なき場合の過失犯とがある。両者の違いは、「事実の認識」の存否にある。故意犯と過失犯についての一般原則は、刑法三八条一項に見出すことができる。すなわち、三八条一項は、「罪を犯す意思がない行為は、罰しない。ただし、法律に特別の規定がある場合は、この限りでない」と規定している。これは、原則として故意犯を処罰し、例外的に過失犯を処罰するための規定であると解されている。しかし、「罪を犯す意思」、すなわち、「犯意」と「故意」とは別個の概念であると解する私見によれば、この規定は、「犯意」に重点を置いた規定ではないかと思う。つまり、従来は、故意と過失の区別は「犯罪事実の認識」如何にあると解されてきたが、認識ある過失の場合には、「事実の認識」はあるので、事実の認識如何によって両者を区別することはできない。この点に関連して、前田教授は、「いかなる主観的事情があったと認定できれば故意を認めて処罰しうるのか[56]」とされ、故意を認定するにあたっては（もちろん、過失の認定においても同じであろうが）、全体としての行為者の主観的事情を考慮することが必要であるとされる。そして、「正当防衛だと誤信して相手に殺意をもって反撃したところ、急迫不正の侵害が実在しなかった場合（誤想防衛）、故意犯である殺人罪の成立は否定されるが、誤信に過失があれば過失致死罪が成立する場合がある。『構成要件的故意が認められた場合には、過失犯は成立し得ない』というわけではない[57]」とされている。この見解は、故意犯・過失犯の認定について、全体としての行為者の主観的事情を考慮するということであろう。わたくしは、故意とは事実の認識であると考えているので、誤想防衛の場合にも故意犯は成立し、たとえ誤想したことに過失があっても、過失犯は成立しないと述べてきた。したがって、前田教授の右の見解に与することはできないが、「『構成要件的故意が認められた場合には、過失犯は成立し得ない』というわけではない」との考えには、左袒するものである。

再三述べてきたことであるが、私見によれば、故意とは事実の認識そのものを意味するのであるが、故意があるからというだけで故意犯が成立するというわけではないので、故意＝故意犯ということにはならず、故意ある過失犯というものを認めることになる。その典型的なものが、認識ある過失犯である。「犯罪は行為である」から、結果を発生させた行為が故意でなされたか過失でなされたかということが、故意犯、過失犯を決定するうえで最も重要なのである。

目的的行為論を支持するわたくしの立場からは、故意行為とは、認識した事実に対して目的的に行為することであり、過失行為の場合には、その目的性は、法的に意味をもたない結果に向けられることになる。そして、目的実現に向ってなされる行為者の主観的要素が「故意犯」「過失犯」の成立を決定する「犯意」ということになる。認識なき過失犯の場合には、行為者には事実の認識がないのであるから、通常の場合、故意犯となるべき目的行為を行うことはできないのである。そうすると、逆に、事実を認識している場合であっても（この場合には、故意はある）、故意犯の成立する場合と過失犯の成立する場合とでは、結果発生に至る「目的」が両者において異なるのである。このことは、認識ある過失と未必の故意の場合においても異なるところはない。認識ある過失の場合、故意（＝事実の認識）はあっても、認識した事実に対する目的的行為をする行為者の主観的事情が、未必の故意の場合と異なるからである。つまり、目的的行為をする行為者の内心にある「犯意」が、未必の故意による場合と認識ある過失による場合とでは異なるということである。

そこで、通説は、「（犯罪）事実の認識」という中に「認容」、すなわち、違法の要素まで組み入れることになる。しかし、これは、構成要件と違法性の混同ではないかと思う。私見によれば、「認識なき過失」と「認識ある過失」を全く同じ過失として扱うことはできないと思う。「認識ある過失」と「故意」とは、事実の認識という点では共通する。このことから、故意の要件である事実の認識は、構成要件の要素であるとするわたくしの考えからは、「認識ある過失」における「事実の認識」と「故意犯」における「故意」、すなわち、「事実の認識」とは、構成要件の段階では区別することができないということになってしまう。それでは、両者において「故意犯」と「過失犯」の区別をするのは、どの段階ということになるのかということが問題となる。両者の区別は、一見すると、右に述べたことと矛盾するようであるが、後述するように、やはり、構成要件の段階で区別されるべきであると考える。もっとも、論者によっては、このような場合を「構成要件的故意」「責任故意」という概念を用い、認識ある過失の場合には、「責任故意」が阻却されるとの考えもある。[58] この説の主唱者である大塚博士によれば、犯罪事実が表象・認容された場合には、構成要件的故意が認められるとされ、犯罪事実の表象すら欠く場合が認識のない過失であり、犯罪事実の表象はあるが、認容を欠く場合が認識ある過失であるとされている[59]。そうすると、故意犯と認識ある過失犯を区別するのは、結果発生の認容如何ということになる。ところが、過失犯というのは、不注意な行為により結果を発生させることであるから、不注意な行為の対象となるのは、必ずしも、刑法上、重要なものだというわけではない。むしろ、過失犯においては、目的的行為論の立場からいえば、その目的的な行為は法的に無意味な結果に向けられているのである。このように、刑法上、重要なものとそうでないものを認識しつつ、（刑法上）意味ある結果を発生させた場合が過失犯であるとするならば、故意の対象は、行為者の認識した全てのものを含むと解すべきであるから、認識ある過失犯における「認識した対象」に対しても、「故意」そのものは認められるのである。

そもそも故意とは、事実の認識であるが、この事実の認識とは何かについて、多くの学説では、「犯罪事実の認識」であると解されている。「犯罪事実の認識」とは、より詳しくいうと「構成要件該当事実の認識のほかに、違法阻却事由にあたる事実の不存在の認識を含むことになる。すなわち、『犯罪事実』の認識とは、構成要件該当事実その他違法性を基礎づける事実の認識であり、構成要件に該当し行為を違法ならしめる事実の認識である[60]」というのである。しかし、「事実の認識」をこのように解するのは、故意、すなわち、構成要件の要素と違法の要素の混同ではないかと思う。仮に、事実の認識の中に違法性阻却事由にあたる事実の不存在の認識をも含むということになると、例えば、正当防衛の場合には、行為を違法ならしめる事実の認識はないから、故意はないということになる。故意の成立に、このようなことまで望むことが妥当なのであるかどうか疑問を感じざるを得ない。もっとも、そのために、「構成要件的故意」と「責任故意」という二つの故意概念が考えられるのであろう。とはいえ、わたくしは、これまで、この両者の関係が明確でないということと、故意に構成要件的故意と責任故意という二種類を認めるのは適当でないと述べてきた。右のような主張に対しては、構成要件の要素である故意と違法性の要素である犯意の混同であるといわざるを得ない。「犯意」とは、文字どおり「罪を犯す意思」であり、それと「事実の認識」とは別個の概念であり、同一視することはできない。つまり、故意とは、視覚的な作用を意味し、犯意とは、視覚的作用によって認識された客体に対して、その後に考えられる行為者の心的な作用を内容とするものなのである。このように考えると、未必の故意と認識ある過失を区別する要素は、それぞれ行為者が、認識した事実に対して、結果発生を認容したか否かという「犯意」の違いであるということが理解できるのである。この場合、注意しなければならないのは、結果発生を認容しつつ事実の認識をしたのか、結果発生を否認しつつ事実の認識をしたのかということである。このように解することによって、事実の認識に対する行為者の「認識そのもの」に相違が出てくるので、認識の段階で両者は質的な違いが出てくるのである。そうすると、認識ある過失における事実の認識と未必の故意における事実の認識は、「事実の認識」という故意そのものは同じであっても、その「認識」を形成している行為者の内面には違いがあるのであって、事実の認識の段階、すなわち、故意の段階で両者は区別が可能ということになる。

これに対して、一般例として多くみられる認識のない過失の場合においては、「事実の認識」がないのであるから、「事実の認識」そのものについての「過失」が問われることになるのである。それは、事実の認識を前提にした故意犯における「故意」と「対」をなすものである。したがって、この場合には、両者は、事実の認識という構成要件の段階で区別されなければならないのである。目的的行為論の立場からすれば、故意犯の前提となる故意行為とは、認識した犯罪事実に対して「目的的に」行為することであり、過失犯の前提となる過失行為の場合には、その目的的行為は、結果の発生には、直接関係のない、法的に無意味な結果を達成するために向けられた行為ということになる。すなわち、認識なき過失の場合には、行為者には犯罪事実の認識がないのであるから、当然のことながら、犯罪となる結果に対しても目的的行為を見出すことはできない。そうすると、事実を認識している場合であっても、故意犯の成立する場合と過失犯の成立する場合とでは、結果発生に至る「目的的行為」は異なるのである。このことは、認識ある過失と未必の故意の場合においても異なるところはない。認識ある過失の場合、事実の認識はあっても、認識した事実に対する目的的行為が未必の故意とは異なるからである。

従来の学説は、故意の要件としての「認識」について、「①犯罪事実の表象（狭義の認識）、および②犯罪事実実現の意欲」であるとし、「故意には認識（狭義）的要素と意思的要素とが含まれている」(61)とされている。しかし、故意に認識的要素と意思的要素の両者が含まれるとするのは疑問であるということは、これまで述べてきた。そこで、事実の認識ということについて、未必の故意と認識ある過失で共通するとすれば、――しかも、故意は構成要件の要素であるとすれば――両者における事実の認識について、どのように違いを見出すかということが検討されなければならない。この違いについては、すでに述べたところを参照して欲しい。

ところで、刑法三八条一項前段には、「罪を犯す意思がない行為は、罰しない」と規定されている。この「罪を犯す意思」が故意だとすれば、（原則として）過失は罰せられないことになる。しかし、三八条一項「ただし書き」は、「法律に特別の規定がある場合は、この限りでない」とも規定しているから、法律に特別の規定があれば、故意（＝犯意）がなくても処罰しうるというのである。問題となるのは、第一に、故意を犯意と解することの妥当性であり、第二に、三八条一項「ただし書き」にいう「法律に特別の規定がある場合」の意味である。これまで述べてきたように、故意とは犯意であると解するのが通説である。そして、三八条一項前段には、「罪を犯す意思」と規定されていることから、これを故意犯の成立要件と解し、後段が過失犯の規定であると解することも通説である。しかし、わたくしのように「罪を犯す意思」とは、「故意」ではなく、「犯意」を意味すると解すれば、「犯意」がなければ罰しないというのが三八条一項前段の意味になる。そうすると、過失犯の場合にも「犯意」はあることになるから、三八条一項前段は、故意犯に関する規定ではなく、故意犯・過失犯の両者に共通する「犯意」そのものに関する規定ということになる。このことから、わたくしの考えによれば、三八条一項の「ただし書き」にいう「特別の規定」というのは、例えば、刑法二〇九条の「過失傷害罪」の規定そのものをいうのではなく、「犯意」がなくても処罰するという「特別の規定」を指すのではないかと思う。(62) 換言するならば、過失犯の場合にも「犯意」は存在するから、過失犯は「特別の規定」の対象にはならないということである。したがって、三八条一項「ただし書き」の意味するところは、故意犯の場合はもちろん過失犯の場合も含まない規定であるということができるのである。

九　おわりに

これまで述べてきたように、私見によれば、「罪を犯す意思」とは、「犯意」を意味すると解するものである。三八条一項前段は、原則として、「犯意」のある場合を処罰するものであるから、「故意犯」「過失犯」を問わず処罰するという規定であると解している。それゆえに、三八条一項前段が「故意犯」に関する規定であり、後段が「過失犯」に関する規定であると解することはできないのである。特に、「過失犯」が問題となるのは、「過失犯」と規定されているのであるから、そのこと自体は「法律に特別の規定がある場合」ということには該当しないのではないかと思う。したがって、「法律に特別の規定がある場合」というのは、「犯意」、すなわち、「故意犯」「過失犯」の規定のない場合でも処罰することができることを規定した法律の存在を前提としたものであると解する。換言するならば、「特別の規定があれば、過失による行為を罰することもできる。あるいは過失さえ存在しない場合についても、処罰することができる」ということである。(63)

従来、故意犯と過失犯とでは、「事実の認識」の存否ということにおいて異なると解されてきた。ところが、「認識ある過失」の場合には、「事実の認識」はあるといわなければならない。そうすると、「事実の認識」において差がないとすれば、故意と認識のない過失は、構成要件の段階で区別できるとしても、未必の故意と認識ある過失は、構成要件の段階では区別できないのではないかという問題が生じよう。そこで、事実の認識ということについて、詳細に検討することが重要ではないかと考えるのである。事実の認識とはいっても、「未必の故意」における事実の認識と「認識ある過失」における場合の事実の認識は、認識する行為者の心理状態に違いがある。事実の認識をするというときの行為者に内在する心理状態の違いが、「故意犯」あるいは「過失犯」を成立させる場合に意味をもつのである。つまり、故意犯を成立させる「事実の認識」、過失犯を成立させる「事実の認識」という点で両者は異なり、この違いが未必の故意にいう故意、すなわち、事実の認識と認識ある過失にいう事実の認識の質的な違いということになる。したがって、故意犯における事実の認識、過失犯における事実の認識というのは、構成要件の段階で区別することができるのである。このように考えることによって、未必の故意（犯）における事実の認識と認識ある過失（犯）における事実の認識は、質的に異なるのであって、両者は、構成要件の段階で区別することができると考えるのである。

（1）曽根威彦・刑法総論（第四版・二〇〇八年）一六四頁。

（2）林幹人・刑法総論（第二版・二〇〇八年）二三三頁。

（3）曽根・前掲注（1）一六五頁。

（4）前田雅英・刑法総論講義（第五版・二〇一一年）二一九頁。

（5）さもなければ、認識ある過失は、故意犯になってしまうであろう。

（6）認容とは、「単に『危険行為と知りつつその行為に出ること』をいうに過ぎない」（鈴木茂嗣・「刑法と目的的行為論」福田博士＝大塚博士古稀祝賀(上)〔一九九三年〕四頁）と解することができよう。

（7）西原春夫・刑法総論(上)（改訂版・一九九一年）一八二頁。

（8）アルトゥール・カウフマンは、「当然のことながら、認識なき過失行為の場合においても、それはもちろん行為であるから、『自然的意味における故意』は存在する。不注意からある人を轢く自動車運転者は、『故意に』自動車を運転している。何も知らないで、致命的効果のあるモルヒネ注射をする看護婦は、『故意に』注射をしている。しかし、この故意は、刑法においては、当然に関心をもたせるものではない」（Kaufmann, Das Schuldprinzip; Eine strafrechtlich- rechtsphilosophische Untersuchung, 2. Aufl. S. 156）としているが、このことが故意と故意犯を区別するという趣旨であるとするならば、この指摘は妥当であると思う。わたくしは、この場合、自動車を運転し、あるいは、注射をするという行為は、その原因となる「目的」と不可分であることから、これを「目的的行為」と解するのであるが、この「目的的行為」と故意犯を成立させる「故意行為」とは別個のものであると解している。なぜなら、「故意に」自動車を運転して人を轢いてしまったという場合、「人を轢いてしまった」という結果を発生させた行為に故意犯としての「犯意」はないからである。故意犯を成立させる故意行為は、故意行為の中に同時に犯意が含まれていなければならないからである。

（9）つまり、故意に関しては、事実が問題であり、結果の意欲は、「故意犯」の本質の問題とはなりえても、「故意」の本質の問題とはなり得ないということである。Vgl., K. Engisch, Unter suchungen über Vorsatz und Fahrlässigkeit im Strafrecht, (1930), S. 130f.; J. Hruschka, Über Schwierigkeiten mit dem Beweis des Vorsatzes, Festschrift für Theodor Kleinknecht (1985), S.200.

（10）西原・前掲注（7）一八三頁。

（11）前田・前掲注（4）四七～四八頁。

(12) このように解することが、構成要件の違法性推定機能と深く結びついている。
(13) 植松正・再訂刑法概説Ⅰ総論（一九七四年）二四〇頁。
(14) 牧野英一・刑法総論下巻（全訂版・一九五九年）五五七頁。
(15) 因に、わたくしは、故意とは、事実の認識であるということから、故意ある過失犯を認めている。認識ある過失（犯）がその例である。しかし、故意ある過失犯を認めることと、過失犯に故意と同義の「犯意」を認めるということとは、意味が違うということを断っておく。前田教授は、「『構成要件的故意が認められた場合には、過失犯は成立し得ない』というわけではない」とされているが、これは、わたくしのいう「故意ある過失犯」を認めるということであろうか。もっとも、前田教授は、「正当防衛だと誤信して相手に殺意をもって反撃したところ、急迫不正の侵害が実在しなかった場合（誤想防衛）、故意犯である殺人罪の成立は否定されるが、誤信に過失があれば過失致死罪が成立する場合がある」（前田・前掲注（4）二一九頁）とされるが、私見によれば、正当防衛によって成立する結果も故意行為による結果の発生であり、誤想防衛においても、故意犯の成立が前提である。「誤想」という「認識の過失」は、「行為の過失」にはならないからである。
(16) 木村亀二・阿部純二（増補）・刑法総論（一九七八年）二〇四頁。
(17) G. Spendel, Zum Begriff des Vorsatzes, Festschrift für Karl Lackner (1987), S. 167. H. H Jeschek=T. Weigend, Lehrbuch des Strafrechts, Allg. Teil. 5. Aufl (1996), S. 293.
(18) W. Janzarik, Vorrechtliche Aspekte des Vorsatzes, ZStW 104 (1992), S. 65.
(19) E. berhard Schmidhäuser, Strafrecht, Allg. Teil. 2. Aufl (1975) S. 178ff.
(20) 内田文昭・刑法概要上巻一四九頁。
(21) 内田・前掲注（20）一四九頁。
(22) 最大判昭二三・七・一四刑集二・六・八八九頁、最判昭二五・一一・二八刑集四・一二・二四六三頁。
(23) 小野清一郎・新訂刑法講義総論（一九四八年）一五四頁、大塚仁・刑法概説総論（第四版・二〇〇八年）四六一頁。
(24) 団藤重光・刑法綱要総論（第三版・一九九〇年）三一七頁。
(25) 木村亀二・犯罪論の新構造(上)（一九六六年）一六七頁。
(26) 西原・前掲注（7）二一五頁。

(27) 前田・前掲注（4）二二七頁。
(28) 大塚・前掲注（23）四五七頁。
(29) 大谷實・刑法講義総論（新版第四版・二〇一二年）一五一頁。
(30) 長井長信・故意概念と錯誤論（一九九八年）一九一頁。
(31) わたくしは、構成要件に該当するというのは、刑法各論に規定されている「結果の惹起」であり、違法性は、結果を惹起させた行為者の「理由」あるいは「動機」であって、これが「犯意」の問題と考え、責任は、結果を惹起させたときの「行為者の能力」あるいは「可能性」の問題であると考えている。
(32) 前原宏一・「故意概念における意的要素」行動科学研究（第五一号）（東海大学社会科学研究所）（一九九九年）一六五頁。
(33) 前田・前掲注（4）二一九頁。
(34) 最決平二一・二・二四刑集六三・二・一頁。
(35) 内藤謙・刑法原論（一九九七年）一一〇頁。
(36) 長井・前掲注（30）一九一頁。
(37) もっとも、「犯罪事実の認識には、裸の事実の認識では足りず、意味の認識が必要であるという点については、現在では特に異論をみない。しかしながら、行為者が何を認識すれば犯罪事実の認識があったといい得るのかについては、故意の体系論上の位置付けや違法性の意識をめぐる争いが密接に関わっており、共通認識は未だ形成されていない」（重井輝忠「事実認識と故意」阪大法学四九・五・一五七頁）とするならば、わたくしは、構成要件と違法性を截然と区別するという意味で、裸の事実の認識をも含めて「事実の認識とは何か」ということを再検討する必要があるように思う。
(38) 刑法理論研究会・現代刑法学原論総論（改訂版・一九八七年）二二五頁。
(39) 内藤謙・刑法講義総論(下)Ⅰ（一九九一年）八九四頁。
(40) 内藤・前掲注（39）一〇八三～一〇八四頁。
(41) 例えば、わいせつの定義について、判例は、「徒らに性欲を興奮または刺激せしめ且つ普通人の正常な性的羞恥心を害し、善良な性的道義観念に反するもの」（最判昭二六・五・一〇刑集五・六・一〇二六頁）としているが、これは、学説によっても一般に支持されている。

(42)　わいせつの概念が注（41）のように定義づけられたとしても、「それのみでは猥褻の認定はできないのであり、一般社会における文化的評価を経て初めて可能となるもの」（野村稔・刑法総論［補訂版・一九九八年］一〇八頁）である。
(43)　最判昭三二・三・一三刑集一一・三・九九七頁。
(44)　木村・前掲注（16）二四六頁。
(45)　木村・前掲注（16）二四六～二四七頁。
(46)　木村・前掲注（16）二四七頁。
(47)　牧野・前掲注（14）五五六頁。
(48)　西原・前掲注（7）一八二～一八三頁。
(49)　木村・前掲注（16）二〇五頁。
(50)　西原・前掲注（7）一八三頁。
(51)　西原・前掲注（7）一八二頁。
(52)　西原・前掲注（7）一八三頁。
(53)　このことに関連して、西原博士は、「故意の有無を決定する基準としては何らかの質的標識が必要であり、蓋然性の高低という量的な標識では判断が恣意的となるのみならず、故意犯と過失犯の刑の大きな相違を理論づけるためには、蓋然性の高低の表象という認識的（知的）側面だけでは不十分なように思われる。功利的な意思的（意欲的）側面が考慮されなければならない」（西原・前掲注（7）一八三頁）とされている。適格な指摘であるが、わたくしは、それを「犯意」に求めるのである。
(54)　牧野博士は、「認識それ自体だけでは規範的意義が欠けているので、それを以って犯意の成立あるものとするには十分でない。しかし、われわれが認識主義として論じているところは、一定の事実を認識しつつ、しかも、それにかかわらず、その行為に出るの決意を為すところに、犯意の成立を認めるということになるので、かく、認識と決意とを合一して考えるところに、犯意の規範的意義が成立する」（牧野・前掲注（14）五五六頁）とされ、「認識」と「犯意」を区別している。なお、Engisch は、故意にとって本質的なことは、表象説（Vorstellungstheorie）と感情説（Gefühlstheorie）とを結合させることであるとしている（a. a. O., S. 234）。
(55)　Exner は、意思説と表象説は、全く異質な出発点を持っているとしている（Vgl. Engisch, a. a. O., S. 128）。

(56) 前田・前掲注（4）二一八頁。
(57) 前田・前掲注（4）二一九頁。
(58) 大塚・前掲注(23)四五七頁以下参照。
(59) 大塚・前掲注(23)二〇三頁、二一五頁。
(60) 内藤・前掲注(39)八九八頁。
(61) 曽根・前掲注（1）一六五頁。
(62) その意味で、三八条一項ただし書にいう「法律に特別の規定」というのは、他の法律という意味を指すのではないかと思う。
因に、刑法一条は、「この法律」と規定しており、四条、七条、七条の二も「この法律」と規定している。
(63) 小野清一郎監修・ポケット註釈全書(1)刑法（第三版・一九八〇年）一五四頁。

第三章　違法性の実質について

一　はじめに

犯罪は、「構成要件に該当する違法で有責な行為である」と定義するのが、今日、一般に承認されている犯罪の成立要件三分体系である。[1] しかし、他方、構成要件に該当する行為は、原則として違法であるとか、あるいは違法性および責任を推定するといったように、違法性・責任推定機能であるともいわれている。このことは、犯罪の成立要件三分体系との関連からすれば、例えば、構成要件に該当する行為は、原則として、違法であるということになると、原則どおりに解すれば、「二分体系」ということになるであろう。つまり、犯罪の成立要件三分体系が、一般に承認されているにもかかわらず、構成要件に該当する行為は、原則として違法であるということになれば、原則としては、犯罪の成立要件二分体系ということになるであろう。そして、このことからいえることは、構成要件該当性と違法性の区別が曖昧になってしまうということである。換言するならば、構成要件と違法性の関係は、違法性阻却事由が存在する場合においてのみ明確に区別され、したがって、そのかぎりにおいて「三分体系」が妥当することになる。本稿においては、「違法性の実質について」の検討をすることがメインテーマである。しかし、その前提として、特に、構成要件と違法性の関係が明らかにされなければならない。それが明らかにされた場合においても、なお、構成要件と違法性の関係は、原則・例外の関係としてのみしか論ずることができないのかということについて検討する。

二　構成要件と違法性の関係

違法とは、行為が、法秩序によって是認されないことであって、単なる法益侵害（一般的には、結果の発生）以上のものであるが、通説によれば、法益侵害が、その重要な要素になっていることは否定できないであろう。仮に、違法類型としての構成要件ということを考えるのであれば、それは、構成要件の中に、客観的・主観的な法益侵害の要素が含まれると解すべきことになる。(2) このように、構成要件は、単なる法益の侵害のみならず、客観的・主観的な要素を含む法益侵害であるとすれば、構成要件に該当する行為は違法であるという原則も理解することができる。

しかし、構成要件と違法性の関係について、わたくしは、構成要件で最も重要なことは、結果の発生（法益の侵害）であると解しており、殺人の構成要件が「人を殺す」ことであるとするならば、構成要件に該当する行為というのは、理由の如何を問わず「人を殺すこと」によって充足され、それで十分であると考えている。つまり、このことの意味することは、「『違法性』・『有責性』という実質的な価値成分から独立しているという意味で『価値中立的』であり『形式的』であるというだけのことであって、構成要件そのものが、全く無内容で形式的であるということを意味するわけではない(3)」のである。それゆえに、結果発生のあった場合の理由の如何が問われたときは、違法性阻却事由という問題がでてくるのである。違法性阻却事由は、違法性の存否の問題であって、構成要件の存否の問題ではないのである。つまり、殺人の構成要件は、「人を殺す」ことであり、それ以外の要素（理由等）は何も必要としないのである。このように、構成要件に該当する行為というのは、結果の発生（法益の侵害）があれば足りるのであって、構成要件に該当する行為というのは、理由の如何を問わず、刑法各論の条文に規定されている法益を侵害すること（一般的には結果の発生）であると解している。この法益の侵害が、どのような理由からなされたかということは、違法性の問題なのである。なぜなら、構成要件は、抽象的・一般的な概念規定であることからして、構成要件に該当する事実というのは、客観的に捉えられるべきであると考えているからである。このように、構成要件は、抽象的・一般的な概念規定であるから、その概念規定に該当する事実を具体的・個別的に検討するのが、違法性の問題である。その意味において、構成要件該当性と違法性との関係について、両者は異質の概念であると理解しなければならない。しかし、構成要件を違法性からも責任からも截然たる区別を認めるとすれば、「構成要件」そのものをどのように理解するのかということの検討がなされなければならない。内田博士は、この点について、構成要件とは、「個々の犯罪の特徴を輪郭づける『観念的な形象（型）』である」[4]とされている。この定義は、構成要件を的確に捉えている。私見も基本的には、この定義を支持する。

これまで述べたように、構成要件を違法行為の類型であると解するにしても、あるいは違法・有責行為の類型であると解するにしても、また、構成要件を形式的・価値中立的にもっぱら行為の類型であると解する「行為類型説」によるにしても、構成要件に該当する行為において、違法行為を違法行為たらしめる要素は何かということが検討されなければならない。特に、行為類型説からは、構成要件と違法性に截然たる差異を認め、両者を別個の概念として考えるわけであるから、違法性に固有の要素とは何か、ということが説明されなければならない。

三　違法性の実質

すでに述べたように、わたくしは、構成要件と違法性、責任の関係については、それぞれが別個・独立の概念であるとする考えを明らかにした。そうすると、「違法性とは何か」、すなわち、違法性の実質に関して、その特徴づけをなすものは何か、ということを様ざまな視点から検討しなければならない。

違法性の実質をどのような視点から理解するかということについて、これを大きく類型化すれば、規範論からアプローチする規範違反違反説と法益論からアプローチする法益侵害説がある。つまり、刑法は、いかなるときに介入するのかという問題でもあるわけで、法益侵害説によれば、刑法は社会倫理規範違反があったときに介入するのではなく、法益の侵害・危険が発生したとき、それを根拠にして、はじめて介入することができるとする。法益の侵害・危険が発生したときに、刑法が介入するということについては、異論はない。問題は、違法性の実質とは、法益の侵害・危険が発生することなのかということである。(5) わたくしは、少なくとも、刑法の介入と違法性の実質は、別個に論じられるべきではないかと思うのである。ヴェルツェルが、法益の侵害を「結果無価値」と呼び、違法性の実質を法益の侵害・危険に求める見解を批判して「行為無価値」を強調したことは、十分に意味のあることである。本章では、形式的違法性と実質的違法性、行為無価値論と結果無価値論という二つの視点から、違法性の実質について検討する。

㈠　形式的違法性と実質的違法性

構成要件は、刑法上、処罰されるべき一定の行為を類型的に規定している。このことの意味は、「犯罪を輪郭づける観念的形象（型）」として捉えるならば、構成要件が違法性を推定するということにはならないのである。つまり、行為が構成要件に該当するということは、刑法が保護している法益を侵害する行為があったというだけの意味である。換言するならば、刑法各論の領域では、罪となるべき法益侵害行為が規定されている。この法益を侵害する行為が、構成要件に該当する行為ということになる。したがって、法益を侵害する行為であったか否かは、条文に規定されている構成要件に該当する行為であったか否かによって区別されているにすぎないのである。すなわち、構成要件に該当する行為というのは、七七条以下の各条文に規定されている構成要件に該当する行為であったか否かによって区別されているにすぎないのである。つまり、構成要件に該当する行為というのは、条文に規定されている結果の発生を生じさせるということである。そのことは、同時に、構成要件には「処罰限定機能」があるということを意味している。その際、重要なことは、違法性阻却事由がある場合であっても、構成要件に該当する行為は故意に行われているということである。例えば、正当防衛による傷害行為を考えてみると、正当防衛であっても、相手を傷害する行為は、故意行為によるものであるということである。このことからいえることは、故意行為を行うことについては、理由の如何は考慮されないということであって、構成要件に該当する行為というのは、客観的に捉えられなければならないのである。つまり、認識した事実に対して行為をすれば、それは、故意行為がなされたということである。その意味で、違法な行為であっても正当な行為であっても、その行為は、構成要件に該当する故意行為ということになるのである。そうすると、行為が違法であるかどうかということは、構成要件の段階では考慮されることはないということになる。構成要件に該当する行為が、どのようにしてなされたのかということの理由（動機）は、違法性の核心であることが理解できるであろう。従来、違法性の実質について検討される場合には、形式的違法性と実質的違法性という概念で論じられてきた。

形式的違法性とは、行為が、形式的に刑法上の禁止・命令という法規範に違反すること（実定法規に違反すること）として論じられてきた。したがって、構成要件に該当する行為は、原則として、形式的に違法ということになる。このように、形式的違法性は、構成要件の面から深い関連性をもつことが分る。しかし、行為が、形式的に刑法上の行為規範に違反したとしても、そのことだけで、直ちに全体としての「違法」と判断することができないのは、「違法性阻却事由」の存在によっても明らかである。つまり、形式的違法性は、構成要件の違法性推定機能としての役割をもつという点において、意味をもつといえよう。形式的違法性とは、このように、行為を形式的・客観的に捉えるのである。もっとも、これだけでは、「違法とは何か」ということについての実質的な意味は、明らかにされていない。そこで、「実質的違法性とは何か」ということが問われるわけである。形式的違法性が、行為を形式的・客観的に捉えるわけであるから、実質的違法性は、実質的・主観的に捉えられなければならないであろう。それでは、実質的違法性とはどのようなものを指すのかといえば、それは、行為が実質的、すなわち、主観的にはどのようになされたか（違反しているか）という点が重視されなければならないであろう。そこで、実質的違法性にいう「実質」の内容の捉え方について、これを（ア）法益の侵害またはその危険であるとする「法益侵害説」[6]、（イ）社会倫理規範に違反することであるとする「規範違反説」[7]、（ウ）社会倫理規範に違反する法益の侵害であるとする「二元説」[8]がある。これらの諸学説の検討は後述するとして、ここでは形式的違法性と実質的違法性の関係を明らかにしておこう。形式的違法性とは、行為が法秩序ないし法規範に違反すること、あるいは、行為が形式的に刑法上の行為規範（禁止・命令）に違反するという性質をいうから、構成要件に該当する行為は、原則として、形式的に違法であるとされる。[9] ここで検討しなければならないのは、形式的違法性と実質的違法性の相互関係である。すなわち、形式的違法性は、行為が形式的に刑法上の行為規範に違反し、実質的違法性は、行為が全体としての法秩序に実質的に違反するという場合、この関係は、同質的なものか異質的なものかということである。そこで、形式的違法性にいう「行為規範に違反する」とは、どのようなことをいうのかを検討してみよう。

規範とは、行為を「……するべからず」と禁止したり、「……すべし」と命令したりするものであるから、例えば、殺人に例をとるならば、それは「人を殺すべからず」という禁止規範があるにもかかわらず、人を殺したわけであるから、その点に関する限り、規範違反となる。このように、形式的違法性とは、行為が規範に違反することであるから、殺人の場合は、形式的に「殺人」を捉えることである。これに対して、実質的違法性とは、行為が、「全体としての法秩序」に違反することであるから、「殺人」を形式的のみならず法秩序全体の見地から実質的に捉えることであると理解することができる。そうすると、行為が「行為規範」に違反するということと、「全法秩序」に違反するということは、共に「法益侵害」を前提にして、それを形式的な侵害として捉えるか、あるいは実質的な侵害として捉えるかということである。つまり、「法益侵害」が形式的違法性においても実質的違法性においても「共通要素」になっているのである。両者の関係について、大塚博士は、形式的違法性の思考そのものは誤りではないが、この立場によっては、違法性の実体は、何ら示されていない。そこで、違法性の実体を追究しようとする「実質的違法性」が登場したのであるが、両者は、基本的に共通の基盤に立ち、両者を併用することによって、違法性の実体を正しく把握することができるとされている。[10] ここで再度、形式的違法性と実質的違法性の違いについて検討してみよう。中山博士によれば、「違法とは法に違反することであり、行為が法の禁止または命令規範に違反することを意味するというのが

『形式的違法性』の考え方である[11]」とされている。たしかに、形式的違法性とは、「法に違反すること」であると解することができ、その内容として、禁止・命令規範に反することであるとする。しかし、それだけでは、「違法性とは何か」ということの説明にはならないであろう。そこで、実質的違法性は、「国家・社会倫理規範に違反して、法益に侵害または脅威を与えること[12]」とされ、単なる法益の侵害や脅威ではないことを主張し、規範の違反という点を重視しつつ、しかし、違法性の実質については、形式的違法性と実質的違法の両者を併用して把握することであるとされる考えが主張されたのである。つまり、形式的違法性は実質的違法性と異質なものではないことを主張されるのである[13]。

それでは、何故、違法性が、形式的違法性と実質的違法性の両面から論じられたのであろうか。すでに述べたように、形式的違法性は、行為が形式的に命令・禁止に違反することである。このことは、取りも直さず結果発生を意味することになる。形式的違法性が、結果の発生を意味することによって、「構成要件に該当する行為は、原則として、違法である」という理論を導き出すことができるのではないだろうか。すなわち、形式的違法性が結果発生を要件とするということを前提にするのであるならば、違法性の形式的要件と実質的要件を備えることによって、「構成要件に該当する行為は、原則として、違法である」という理論が成り立つのである[14]。換言するならば、構成要件に該当する行為は、「原則として、違法」であるとするならば、行為が、構成要件に該当する要素と違法性に該当する要素を兼ね備えている必要がある。違法性を形式面と実質面から論ずるかぎりにおいて、この要件は充たされることになる。このような意味からすれば、構成要件に該当する行為は、原則として、違法であると解するのは適切であるということになる。しかも、「違法は客観的に」という命題からすれば、結果の発生は違法の要素となるのである。しかし、「違法は客観的に」ということの意味は、後に述べるように、「客観的違法論」の問題であって、違法性の実質を主観的に捉えるか客観的に捉えるかということとは別問題ではないかと思う。

これに対して、実質的違法性で問題となるのは、客観的に違法とされた行為――私見によれば、これは構成要件に該当する行為――が、行為の如何なる心理状態あるいは状況のもとになされたのかということを発展的に問題にすることである。すなわち、行為が違法であるといえるためには、主観＝客観の両面から検討されなければならないのであって、実質的違法性の問題は、行為者の主観面について検討することではないかと思う。つまり、「違法は客観的に」ということの意味は、行為者の行為が違法かどうかを判断するのは、「客観的に」なされなければならないという意味であって、実質的違法性の問題は、行為者の主観について検討することである。そうすると、「違法は客観的に」ということの意味は、行為者の行為が違法かどうかを判断するのは「客観的に」なされれば足りるという意味であるから、法益侵害に対する行為を客観的に捉えるという意味である。たしかに、違法かどうかの判断は、客観的でなければならないのであるが、それは、違法かどうかを判断しなければならない場合に生じる問題である点に注意しなければならないであろう。例えば、正当防衛の対象となる相手方の行為が、違法かどうかを判断する場合には、相手方の能力などに関係なく「客観的に」違法といえればよいのである。これに対して、行為者にとって重要なことは、防衛の意思必要説からは、「防衛の意思」で行為したかどうかということであるから、違法かどうかの判断は、行為者の主観に負うところが大きい。したがって、行為者が、相手方の行為が違法でないのに違法であると誤信した場合には、「誤想防衛」の問題となり、責任説からは、責任阻却肯否の問題へと発展する。「違法性の実質とは何か」について検討をするとき、行為者の主観を抜きにして論ずることはできない。例えば、通常の殺人なのか正当防衛による殺人なのかは、発生しているのは「死」であっても、この「死」の評価は、行為者の主観を抜きにして論ずることはできないであろう。このように、「違法は客観的に」という命題については、状況を分けて論じなければならないのである。さもなければ、「違法とは何か」という問題を考えるとき、混乱をきたすおそれがある。つまり、違法の判断の問題と違法の内容（本質）の問題――客観的違法性の問題と主観的違法性の問題――は、区別されなければならないのである。

本章の試みは、「実質的違法性とは何か」ということを明らかにすることである。そのために、従来からいわれてきた「違法は客観的に」という命題を多義にわたって考察する必要があるのではないかと考えるのである。したがって、「違法は客観的に」という命題の妥当性を認めつつ、「実質的違法性と何か」ということを明らかにしたい。そのために、あえて「違法性」の中に主観的な要素を導入することによって、この問題の解明をしようと試みるのである。ともあれ、実質的違法性をどのように解するかについて、規範違反説、法益侵害説、二元説が主張されているので、これらの学説について要約してみよう。

(1)　規（軌）範違反説　規範違反説は、違法性の実質を社会倫理規範に違反する点に求める立場である。この立場を代表するドイツの学者として、ビンディングやM・E・マイヤーを挙げることができる。ビンディングによれば、犯罪は、刑罰法規に違反するのではなく、それに先行する「規範」（Norm）に違反するものであるとして、違法性の実質を規範違反に求めたのである。(15) また、M・E・マイヤーは、ビンディングの理論を発展させて、違法とは、「国家の承認した文化規範」（das staatlich anerkannten Kulturnormen）に反することであるとした。(16)

規範違反説は、違法性の実質を「規範違反」であるとする考えを根本に置いているが、このような考えは、わが国においても広く支持されている。もっとも、違法とは、規範に違反することであるとしても、その「規範」に関しての解釈は、必ずしも一致しているわけではない。すなわち、牧野博士によれば、違法性とは、行為が共同生活を規律する法律秩序の目的に反することをいうとされ、(17) 小野博士は、「違法性の実質は、国家的法秩序の精神、目的に反することであり、其の具体的な軌範的要求に背くことである」[18]とされている。また、木村博士は、違法性の実質について、「法の全体すなわち全法秩序の見地において、行為が国家的に承認せられたところの社会生活の目的に違反すること、又は、その目的達成に不適当であることと解すべきである」[19]とされている。牧野博士、小野博士、木村博士の考えは異質のものではなく、その主旨とするところは、行為が「秩序」に反することが、違法性の実質であるということができるであろう。この考えは、団藤博士[20]や大塚博士[21]によって継承され、現在の有力説になっている。

(2)　法益侵害説

法益侵害説は、違法性の実質を法益の侵害または危険であるという客観的な面に見出す理論である。この理論は、刑法の任務・機能は、法益の保護にあるとする立場を基礎としている。つまり、刑法が介入するのは、規（軌）範違反説が主張するように、社会倫理規範に違反したときに介入するのではなく、法益の侵害・危険が発生したときに、はじめて介入できるとされるのである[22]。そして、違法性の実質を法益の侵害・危険に求めることによって、違法性判断の客観性を担保し、それは、客観的違法論の主旨にも合致するというのである。

このように、法益侵害説によれば、違法判断の対象は、「客観的」なものでなければならず、主観的要素は、原則として、責任の要素と解されるべきであるとする[23]。すなわち、違法性の判断規準を客観的に求めるならば、違法性の実質を法益の侵害・危険に求めるという立場が、客観的違法性の本来の主旨に合致するというのである。

法益侵害説は、フォイエルバッハの「犯罪は権利の侵害である」という「権利侵害」（Rechtsverletzung）説に、その淵源を求めることができる。それは、後に、ビルンバウムを経て、リストやメッツガーらによって確立された理論である[24]。法益侵害説は、わが国においても多数の支持者を得ている。瀧川博士は、「刑法においては違法行為を対向せられる被害者の利益が違法の実質を解明する鍵である[25]」とされ、佐伯博士は、実質的違法論を「法益にたいする侵害または脅威」として捉え、仮に、実質的違法論を「人的不法」に求めるとすれば、主観的違法論に到達せざるを得ず、それは、違法と責任の区別を放棄することになる。そうだとすれば、実質的違法性は、「法益侵害」の見地に止まるほかはないとされる[26]。また、平野博士は、「法益の侵害又は危険という客観的な要素が違法性の実質をなす[27]」とされている。いずれの学説も、「法益侵害説」の立場から支持・主張されるものであるが、これは、後に述べる「結果無価値論」(Erfolgsunwert)と深い結びつきをもつのである。

(3) 二元説　二元説は、違法性の本質を規範違反説がいうように、「規範に違反する」ということだけで捉えることも、また法益侵害説がいうように、「法益侵害」ということだけで捉えることも十分ではないとして、この両者を考慮しつつ違法性の実質を論じようとするものである。すなわち、違法性の実質を「社会倫理規範に違反するような方法と程度で法益の侵害・危害を惹起した場合だけにこれを認定すべき[28]」であるとか、「『社会的相当性(soziale Adäquanz)を逸脱した法益侵害だけが違法なのである[29]」というように解されている。つまり、規範違反説と法益侵害説の両者を合わせて、はじめて違法性の実質である「全体としての法秩序に反する」ということになるとされる。

二元説は、基本的には、ヴェルツェルのいう「人的違法論(personale Unrechtsauffassung)」と密接な関係を有している。人的違法論(または人的不法論)の提唱者であるヴェルツェルによれば、「行為者から実質的に切り離された結果惹起」(法益侵害)で違法性が論じ尽されるのではなく、行為は一定の行為者の行為であるという場合にかぎり違法なのである。つまり、行為をするにあたって、行為者が、いかなる目標を設定して行動したか、いかなる立場から行為をしたのか、そのときに行為者が、いかなる義務に専念していたか、これらすべてが、事情によって可能な法益侵害のほかに行為の違法を決定する基準となる。違法性とは、常に、一定の行為者に関連させた行為の非認である。違法性とは、行為者関係的な『人的』行為違法である[30]」というのである。

二元説は、人的違法論を基礎にして、違法性の実質を捉えようとするものであり、後述する「行為無価値論」(Handlungsunwert) と深い結びつきをもつのである。

(4)　学説の検討

これまで、違法性の実質に関しては、主として、形式的違法性と実質的違法性の関連で論じられてきた。すなわち、行為が、法の禁止・命令規範に違反するというのが、「形式的違法性」の考え方であるが、これだけでは違法性の内容についての説明が十分になされたとはいえない。そこで、形式的違法性の背後にある実質（実質的違法性）とは何か、ということが問題になる。つまり、実質的違法性とは、違法性について考察するとき、何がその核心となるのか、また、それが何故核心といいうるのかということを究明することであるといってよいであろう。それに関連して、「規範違反説」からのアプローチと「法益侵害説」からのアプローチがあることは、すでに述べたとおりである。このことに関連して、内田博士は、「形式的違法性論とは、構成要件に該当する行為と『法秩序全体の精神』とが対立し矛盾しあう『関係』にあることをもって、『違法』なりとする見解を指称する。このような対立関係にある行為には『違法性』がある、とするものである。単なる『民法』上の『無効』、『国公法』上の『禁止』などは、形式的違法性にすら直結しないことになる。……実質的違法性論とは、行為と法の対立・矛盾関係の『実質的根拠』をさぐり、形式的違法性の『実質的内容』をあきらかにしようとするものである[31]」とされている。

法益侵害説によれば、違法性の実質は、法益の侵害であるとされるわけであるが、それならば、構成要件に該当する行為と違法性とは、どのように区別されるのかということが問題となろう。つまり、法益侵害説によれば、構成要件に該当する行為は、違法性を推定するということを前提にしているのであるが、そうであるとするならば、構構成要件該当性と違法性の区別は、「違法性阻却事由」の存在する場合を除いて、殆ど区別がつかないということになってしまうであろう。内田博士が、実質的違法性論とは、「形式的違法性の『実質的内容』をあきらかにしようとするものである」とされているのは、この点に注視されているからにほかならないのではないかと思う。

詳しく検討してみよう。私見によれば、そもそも違法性に「形式的」と「実質的」の二つを設けることの意義は、何であろうかということである。さらに、構成要件に該当する行為がなされた場合には、その行為は違法性を推定するという考えには疑問を抱いている。これにしたがえば、構成要件に該当する行為というのは、違法性の実質を法益侵害であるとする「法益侵害説」と何ら異なるところはない。そうすると、構成要件該当性と、違法性の実質を法益の侵害または危険であるという点に求める法益侵害説とは、どの点に違いがあるというのであろうか。犯罪は、構成要件に該当する違法で有責な行為であるという三要素から成るとする考えからすれば、構成要件該当性と違法性は異質のものであり、両者は区別されなければならないのであるが、その違いというのは、どこに見出しうるのであろうか。思うに、構成要件に該当する行為というのは、その段階では、規範の面からの検討は不要なのである。換言するならば、正当な行為であっても違法な行為であっても、構成要件の段階では、法益侵害行為（構成要件に該当する行為）として、同一評価がなされるのである。このことは、刑法三五条、三六条、三七条によって説明することができる。すなわち、三五条の「正当な業務行為」というのは、その行為によって発生した結果は、故意による構成要件に該当する行為によって生じたものである。ただ、「正当な業務行為」によりなされたものであるから、「違法性」が阻却されるということである。

形式的違法性とは、行為が、形式的に「刑法規範に違反する」ことであるが、「刑法規範に違反する」というのは、刑法七七条以下の「罪」に規定されている結果を惹起させることにほかならない。形式的に（あるいは「原則として」）ということの意味は、違法性阻却事由を除外してということであろうから、「構成要件に該当する行為は、原則として違法である」[32]ということになる。だが、しかし、この場合においても、違法性が、構成要件と関連づけて論じられていることに注意すべきである。このように、形式的違法性は、構成要件該当性の問題であるにもかかわらず、これを違法性の問題として処理したところに、構成要件に該当する行為は、「原則として違法」であるとした根拠があるように思われる。また、このことからすれば、違法性阻却事由が存在する場合には、形式的には違法であるが、実質的には違法でないということになるのであろうか。

本来、違法性の問題は、「適法か違法か」ということによって一元的に解決されるべきであり、形式的違法性と実質的違法性という違法性に二重の意味をもたせるような考え方は、適当とは思えない。わたくしは、構成要件該当性と違法性は、「事実と評価」の関係にあると解しているので、両者には截然たる区別がなされるべきであり、これまで述べてきた形式的違法性が、法益侵害またはその危険に重点を置くというのであれば、それは、構成要件該当性と違法性の混同ではないかと思うのである。そこで、問題は、構成要件と違法性の関係は、どのように論じられるべきかということである。

構成要件に該当する行為は、原則として違法であるとする立場からは、構成要件と違法性の区別は、必ずしも明確になしえないのではないかと思う。なぜなら、構成要件に該当する行為というのは、形式的違法性でいわれている「行為が形式的に刑法上の行為規範に反すること」であるとしているのと違いはないからである。犯罪が成立するためには、第一に、行為が構成要件に該当することが必要である。構成要件に該当する行為とは、例えば、殺人の場合には、「人を殺す」ことであり、窃盗の場合には、「他人の財物を窃取する」ことである。この場合、重要なことは、「殺す」とか「窃取する」という構成要件的行為である。この構成要件的行為が、畢竟、「形式的に刑法上の行為規範に反すること」にほかならない。したがって、行為が、形式的に刑法上の行為規範に反した場合、それが、違法性を阻却しないかぎり（違法性阻却事由がないかぎり）、違法ということになる。つまり、この場合、「構成要件に該当する行為」は、同時に、「違法」でもあることになる。このことからすれば、構成要件該当行為と違法性の関係は、違法性阻却事由の存否によってのみ区別しうることになる。しかし、このように、構成要件該当行為と違法性の関係を違法性阻却事由の存否によってのみ区別しようとするのであるならば、違法性阻却事由を問題としない形式的違法性は、構成要件該当性の問題として考えられなければならないであろう。つまり、形式的違法性とはいっても、結果発生の行為が意味をもつのであって、構成要件と違法性の質的相違は、見出しえないのである。そうすると、改めて「実質的違法性とは何か」ということが、問われなければならない。ところが、すでに述べたように、通説は、「違法とは、行為が客観的に法秩序に反すること」であるとして、行為が、客観的に法秩序に反することを形式的にであれ違法性の要件としている。しかし、このように解することは、構成要件と違法性の混同ということになりはしないであろうか。なぜなら、行為が「客観的に」法秩序に反するというのは、取りも直さず結果の発生を意味していることであり、そのこと自体、構成要件に該当していることを意味することにほかならないからである。

そこで、問題は、違法とは「行為」そのものについての評価をいうのか、それとも行為に付随する「内容」（内心の要素）についていうのかということである。この点に関して、一般的には、「違法行為」といわれているように、「違法」は、行為と切り離して考えることはなかったように思う。そこには、構成要件的行為と違法性を別個・独立のものとして捉えることの難しさがあったといえよう。(33) そもそも違法であるかどうかということの判断は、行為が、構成要件に該当することを前提にしていることであるから、違法性が構成要件に該当する行為より前に存在することはありえない。そうすると、これまで「違法行為」といわれてきたことについては、それより前に構成要件に該当する行為が存在するわけであるから、構成要件該当性と違法性は、別個の概念であるとする私見の立場からするならば、構成要件に該当する行為とは別に「違法かどうか」ということが検討されなければならないのではなかろうか。つまり、違法かどうかは、構成要件に該当する行為を前提にして、その行為をするにあたって、どのように行為者に決定づけられたのかという、行為者の内心に関わる問題に帰着するのではなかろうかということである。(34) 換言するならば、構成要件に該当する「事実」に対して、違法性は、「評価」の働きをするものであるから、両者は異なった概念であり、したがって、「原則として」とか「推定する」という関係ではないということである。仮に、構成要件に該当する「行為」と違法「行為」という二つの行為を認めることになると、「行為」を二重に評価することになってしまうであろう。

このように、構成要件に該当する行為と違法性の関係は、行為が構成要件に該当した場合に、その行為に対して、それが規範違反としての性質をもつかどうかの検討が、違法性の問題ということになるのではないかと考えるのである。したがって、「違法行為」というのは、すでに行為が「構成要件に該当し、かつ違法である」ということを評価された行為を意味することにほかならない。そこで、構成要件を「行為類型」として捉え、形式的違法性とは、行為が、法の禁止または命令に違反することを意味するというのであれば、形式的違法性は、すでに、構成要件に該当する行為の中に含まれているということになるのである。その意味で、わたくしは、形式的違法性とは、構成要件該当性と同意義であると解するのである。この「形式的違法性」の概念が、構成要件該当性と違法性の区別に混乱をもたらしているように思われる。そこで、構成要件に該当する行為と違法性の関係を簡単に整理しておこう。

行為が構成要件に該当するということ、すなわち、構成要件該当性は、法益の侵害（結果の発生）または侵害の危険性を内容とするものである。ただ、この法益の侵害の段階では、違法性阻却事由の存否は考慮されていないというべきだからである。なぜなら、例えば、正当防衛における結果の発生（法益の侵害）であっても、構成要件に該当する行為の段階では、違法性阻却事由の存否は考慮されないというべきだからである。なぜなら、構成要件に該当する段階での行為は、価値中立的なものであるから、[35]例えば、正当防衛における結果の発生（法益の侵害）であっても、構成要件に該当する行為の段階では、そのこと（違法性阻却事由の存否）は考慮されないからである。というのは、違法性阻却事由の検討は、違法性の存否に関係する事項であるから、構成要件該当行為の後になされるべきだからである。殺人を例にとるならば、殺人の構成要件は「何の理由があって人を殺したか」ということは問わないで、ともかく「故意に人を殺した」場合のすべてを包含する型にほかならないのである。[36]したがって、正当防衛によって人を殺した場合であっても、それは「殺人」の構成要件に該当するのはいうまでもない。その意味で、構成要件は、「『実質的』に『悪いか悪くないか』の判断を含むものではない[37]」のであるから、記述的・客観的なものである。もちろん、私見によっても、規範的構成要件要素および主観的構成要件要素の概念は認める。構成要件的行為が、社会的存在としての行為を基礎として定立された法観念である以上、それは主観的・規範的要素も含まれるのは当然だからである。

ただ、主観的・規範的要素というように、法的評価を含む場合、この評価は、行為のなされた後に判断されるべきものと考える。したがって、構成要件の段階では、これらの要素を含んだ行為も含まない行為をも包含した「行為」として捉えることになるのである。すなわち、規範的要素が含まれている行為の場合であっても、行為時に行為者がそれ（規範的要素）を認識していたかどうかは問題ではなく、規範的要素を含んだ行為であろうとなかろうと、その判断は、構成要件的行為が行われた際には重要ではないということである。つまり、判断とか理解を必要とする構成要件についても、その判断・理解は、「故意」の存否に影響を与えるものではないのである。さもなければ、規範的要素を含んだ構成要件の場合、これらの要素を理解できる者と理解できない者とで故意の存否が異なってしまう。そうなると、人間の能力によって故意の存否も変わってくるということになってしまうであろう。そのことは、違法性阻却事由の認識の存否についてもいえることであって、「人」によって故意の存否を決めるのは適当ではない。したがって、正当防衛によって人を殺した場合でも、「殺人」の構成要件に該当する。その意味で、構成要件に該当する行為というものを客観的に捉えるということが重要であり、次に、違法性阻却事由の存否が検討されることになる。構成要件に該当する行為と違法性阻却事由を同時に考えるということになると、違法性阻却事由が存在する行為をする場合には、行為そのものが構成要件に該当しないということになってしまうであろう。

これまで述べてきたことからも明らかなように、私見によれば、行為が形式的に法に違反するというのは、構成要件に該当する行為ということであり、その段階では、違法性独自の問題は生じないということである。つまり、構成要件該当性と違法性の関係は、区別されなければならないのである。そして、形式的違法性は、構成要件該当の問題であるとするならば、実質的違法性こそが、「違法性の実質とは何か」あるいは「違法性とは何か」ということについて、本質的な関わり合いをもつことになるのである。極言するならば、従来いわれてきたような、違法性を形式的違法性と実質的違法性という二つの違法概念に分けること自体が適当ではなく、実質的違法性だけで違法性を論じ尽すことができると思うのである。もっとも、前述したように、実質的違法性とは、どのようなものをいうのかということについて、学説は一致しているわけではない。そこで、この点に関する既述の学説を検討しつつ、わたくしの考えを明らかにしておきたい。

まず、規範違反説の検討から始めることにする。規範違反説は、違法性の実質を社会倫理規範に違反する点に求めようとする。この理論の根底には、違法とは、「国家の承認した文化規範」に反することであるとする思想がある。その論拠として、大塚博士は、以下の三点を挙げられる。[38]（ア）「今日の刑法が、国家的刑法として、国家によって定立され、かつ、維持されているところからすれば、それを支える社会的倫理規範は、必然的に、国家的制約を被らざるを得ない」。したがって、違法性の実質は、国家、社会倫理規範に違反して、法益の侵害をしたり、その危険性を与えることであるとする。（イ）「国家・社会的倫理規範は静的・固定的なものでなく、時代とともに変動してやまない動的・発展的性格を具備している」ので、「違法性の判断にあたっては、その時点における適切な規準としての具体的な国家・社会的倫理規範を見出すことが不可欠である」。そして、国家・社会倫理規範とは何かを認識するには、相当困難を伴うが、（ウ）「法的安全性の維持および社会的推進への適合という観点から、適正な刑事裁判の規準となりうべき倫理規範が見出されなければならない」とされる。このように、大塚博士は、規範違反が、違法性の実質を成すものであることを説明され、同時に、その内容についてあるべき型を示されている。

規範違反説は、違法性の実質を社会倫理規範に違反することであると解し、そのかぎりにおいては、構成要件に該当する行為とは、規範に違反すること、すなわち、違法性を区別するという点においては、両者の質的差異は、はっきりしている。もっとも、わが国における「規範違反説」は、違法性の実質を「規範違反」であると解しつつ、併せて法益の侵害という面をも考慮している点に特徴がある。[39]

規範違反説に対して、内藤博士は、違法性の「実質」とは何かを問題にする場合に、規範論的アプローチをとることは、循環論法に陥る危険を含んでいると批判される。つまり、違法性の実質について論じることは、違法性の規範面そのものについて論じることではなく、「違法性という否定的価値判断の内容として実際にその中心になるものを問題にしている[40]」というのである。

たしかに、形式的違法性について、すでに述べたように、「行為が形式的に刑法上の法規範（命令・禁止）に違反するという性質をいう」とするのであれば、規範論的アプローチをとることは、循環論に陥るという批判は正鵠を射ている。しかし、規範違反説のいう「規範」というのは、法規範にいう「規範」を意味するものではなく、「法規範の背後に存する倫理・道義秩序に求める[41]」のである。つまり、規範違反説は、倫理・道徳という社会一般的に肯定されている「規範」に違反して、「刑法上の行為規範」に違反するという意味に解することができよう。それゆえに、「規範」に反することの意味に二つのものがあることを理解しておかなければならない。一つは、社会一般的に肯定されている「規範」に反すること、すなわち、「反倫理的」「反道徳的」な意思または方法によることを意味するものであり、実は、これが実質的違法性の内容をなすものである。他の一つは、右に述べた「規範違反」を内容にして、刑法上の行為規範に反すること（例えば、人を殺すこと）も、「規範違反」（これが、形式的違法性の内容になる）ということになる。すなわち、結果を発生させることである。「規範違反説」のいう「規範」には、このように二つの「規範違反」が含まれているのではないかと思う。

「実質的違法性とは何か」という場合にいわれている「規範違反説」とは、「反倫理的」「反道徳的」な方法による行為の結果惹起という意味での「規範違反」を指しているのである。したがって、行為が、形式的に刑法上の行為規範（命令・禁止）に違反した場合（結果発生）、それが、どのような規範（倫理的・道徳的）に違反した行為であったかどうか、換言するならば、違法性阻却事由に該当しない行為であったかどうかが、実質的違法性の内容となるのである。そして、一般にいわれている「違法とは何か」という場合には、この両者、すなわち、行為規範違反と倫理・道徳という規範に反する場合を併せて考えているのである。そこで、違法性阻却事由が存在する場合には、形式的違法性は存在するが、実質的違法性は存在しないということになろう。わが国の規範違反説は、法益侵害（結果惹起）という面も考慮しているので、純粋な「規範違反説」ということはできず、むしろ、「二元説」という範疇に入るのではなかろうか。そうすると、「法益侵害」（結果惹起）ということも、違法性の要素になるのかということが、わが国の「実質的違法性論」に共通した問題となる。

しかし、翻って考えてみると、「違法性の実質とは何か」を問うとき、形式的違法性と実質的違法性という二つの概念を持ち出すことの意義は、一体、何であろうか。そもそも「違法」とは、規定されている法に背くことであり、「違法性阻却事由」が存在しないかぎり、違法ということになる。それでは、この違法性阻却事由の法的意味は何かというと、構成要件的結果を惹起させた行為者に存在する「事情」であるといってよい。そして、この「事情」が問題となるのは、構成要件該当性、違法性の順序からいえば、惹起された結果（構成要件的結果）を前提にして、なぜ、そのような結果が惹起されたのか（犯意＝違法性の存否）を検討するということになるのではないだろうか。

「二元説」は、この「事情」と「結果惹起」を同次元で考えているのではないかと思う。しかし、刑法の体系は、構成要件該当性、違法性、責任（有責性）の順序で検討されるのが一般的である。つまり、構成要件該当性は違法性に先置され、したがって、構成要件に該当する結果を前提に違法性についての検討がなされるのである。卑近な表現をするならば、わたくしは、構成要件該当性は、結果の発生ということであり、違法性は、結果を発生させた行為者の事情（理由）の問題であり、責任は、結果を発生させた行為者の能力と可能性の問題であると解しているから、三者は截然と区別されるべきであるということを繰り返し述べてきた。そうすると、「法益侵害」（結果発生）も違法性の要素かということが、わが国の「実質的違法性論」に対して提起される検討課題でもある。ともあれ、規範違反説には、「規範」の重複があり、しかも、規範の内容として「道徳」や「倫理」ということが対象とされているが、「過失犯」の場合にも、これによって違法性の実質が説明できるかどうかの検討が必要となろう。二元説について詳しくは、後述する。

次に、法益侵害説について検討してみよう。法益侵害説は、違法性の実質を法益の侵害または危険に求める説である。法益侵害説によれば、刑法が介入するのは、規範違反説がいうように、規範違反があったときではなく、法益の侵害・危険が発生したときであるとする。このように、刑法がいつから介入することができるかという点では、法益侵害説の方が規範違反説よりも後になる。それだけに、客観的な立場を鮮明にしているといえる。いうまでもなく、実質的違法性に関する議論は、「違法性の実質とは何か」ということについて、これを明らかにすることである。法益侵害説によれば、「違法性判断の内容として実際にその中心になるものと理解するときは、違法性の『実質』は、まさしく法益の侵害・危険にあるといってよい[42]」とされる。しかし、それでは、「犯罪とは、法益侵害である」という今日の通説的見解がいう「法益侵害」と法益侵害説がいう実質的違法性の意味でいう「法益侵害」の関係は、どのようになるのであろうか。犯罪の成立要件としては、構成要件に該当する行為が、違法・有責になされることであると解してよいであろう。その前提として「法益」が存在するのであるが、法益の侵害は、被害者とは一致しない場合もあるが、法益侵害は、加害者の行為を通して実現される。それが「犯罪は行為である」といわれる所以である。そうすると、法益侵害を内容とする「犯罪」が成立するためには、その成立要件の一つである「違法性」とは何であるかということを検討しなければならない。その実質は、「法益侵害」であるとすることは、「犯罪とは何か」ということと、「違法性の実質とは何か」ということを混同することになってしまうのではなかろうか。すなわち、「違法性の実質とは何か」という違法性の問題を論ずる段階において、「犯罪」を論ずることになってしまい妥当ではないといわなければならない。つまり、法益侵害の問題は、「犯罪とは何か」あるいは「犯罪の本質は何か」という犯罪全体の問題に関するものであるのに対し、違法性の実質に関する問題は、犯罪成立要件の一つである違法性に関する問題であるから、両者は厳格に区別されなければならないのである。

違法性の実質の問題は、法益の侵害があった場合に、次の段階として、その法益侵害がいかような状況の下になされたのかという場合に検討されるべきものである。その際、違法性阻却事由の存否が検討され、違法性阻却事由が存在すれば、法益が侵害されても、その行為は処罰されないのである。その意味で、違法性の実質は、行為が構成要件に該当するという形法的結果の発生を前提にして検討されるべき問題なのである。構成要件に該当する結果を惹起したとしても、それは、あくまでも構成要件に該当した行為なのであって、構成要件に該当する行為があれば、原則として違法ということにはならないのである。構成要件に該当する行為というのは、客観的・事実的な行為をいうのであって、法益侵害は、構成要件該当性の問題であるのに対して、違法性は、構成要件に該当する行為を前提にして、それとは別に論じられなければならないのである。つまり、違法性で論じられるべき最重要事項は、「違法性阻却事由」の存否である。この存否の確率は、半々（五〇パーセント）ということを前提に考えなければならないから、構成要件に該当する行為は「原則として」違法ということにはならないのであり、「違法性を推定する」ともいえないのである。「適法性を推定する」ともいえるからである。

再び、二元説について検討してみよう。二元説は、社会倫理規範に違反する法益の侵害を違法性の実質として捉えようとするものである。[43]それゆえに、この説は、規範違反説と法益侵害説の両要素を採り入れた説であるといえよう。したがって、規範違反説と法益侵害説の箇所で検討したことが、そのまま当て嵌まる。そこで問題となったのは、規範違反とは何か、法益の侵害は、違法の要素といえるのかということであった。しかし、「違法性の実質とは何か」ということについての争いは、結果の惹起をどのように捉えるのかということに集約されているように思えるのである。すでに述べたように、違法性の実質は何か、ということについて、法益侵害説は、法益の侵害またはその危険であると解し、規範違反説によれば、「国家・社会倫理規範に違反して、法益に侵害または脅威を与えることである」とされる。そこで、違法性は客観的に捉えるべきであるというのであれば、法益侵害説が妥当ということになるであろう。しかし、注意しなければならないのは、「違法は客観的に」という場合の「客観的」ということの意味である。違法かどうかを形式的にみた場合にいえることであって、それだけで違法性の実質が説明できるわけではない。つまり、「違法かどうか」の判断が客観的になされるということの意味は、行為者の行為が、法益侵害に向けられているかどうかという「違法状態」を中心に、客観的に理解されなければならないという意味であって、それは、形式的違法性の問題でもある。これに対して、実質的違法性についての議論の中心は、侵害された法益について、行為者のどのような心理状態によってなされたのかという法益侵害（結果惹起）に至る行為者の内心に関する問題が、行為者の違法性の存否を論ずるうえで不可欠の要素なのである。なぜなら、結果惹起があったとしても、それが、例えば、「正当防衛」によってなされたものであれば、違法性は阻却されるのであるから、「違法性とは何か」を考える場合、行為者の内心に存在する行為の動機を考慮することなく、発生した結果のみで違法性の本質を明らかにすることはできないのである。その意味で、二元説が、違法性の実質を論ずる場合、規範違反説と法益侵害説の両者を考慮して、違法性の判断の中に主観＝客観の両要素を採り入れ、実質的違法性の内容を決定しようとしたのは意義深い。もっとも、二元説は、違法性の実質を規範に違反する法益侵害であると解するのであるから、規範違反ということに対しては、規範違反説に対する批判がそのまま当て嵌まり、法益侵害ということに対しては、法益侵害説に対する批判がそのまま当て嵌まる。

(5) 自説の展開

違法性の実質の問題は、違法を違法たらしめる要素は、何が重視されるべきであるかということの分析・解明であるといってよい。それに関する諸学説の見解については、これまで述べてきた。そこで、以下においては、違法性の実質について、わたくしの考えを明らかにしておきたい。

「違法性の実質とは何か」ということを考察するにあたって、ここで、再度、簡単にではあるが、構成要件該当性、違法性、責任とは何か、ということと三者の関係を明らかにしておくことにする。まず、構成要件とは何かということである。犯罪とは、構成要件に該当する違法で有責な行為であると定義されている。つまり、犯罪にとっては、構成要件に該当するということが、第一の要件となる。「構成要件とは何か」ということについては、具体的・特定的事実そのものではなく、現実に発生する社会事象を条文化した一般的・抽象的な観念形象である。このように、構成要件は、法律が禁止（命令）した素材を対象的、実体的に記述したものである[44]。具体的には、例えば、殺人における構成要件は「人を殺す」（一九九条）ことであり、窃盗における構成要件は、「他人の財物を窃取する」（二三五条）ことである。このように、構成要件は、刑法上、意味のある行為とそうでない行為とを選別する機能をもつのである。このことから、行為が構成要件に該当するというのは、個々の構成要件に記述されている事実に当て嵌まることをいう。構成要件の要素は、客観的要素と主観的要素から成り立っている。客観的構成要件要素としては、（ア）行為の主体、（イ）行為の客体、（ウ）行為の状況、（エ）行為、（オ）結果、（カ）因果関係といったものが挙げられる。主観的構成要件としては、（キ）一般的主観的要素としての故意・過失、（ク）特殊的主観的要素としての目的犯における目的、表現犯における行為者の内心の状態、傾向犯における行為者の主観的傾向といったものが挙げられている。しかし、私見によれば、特殊的主観的要素は、違法性の要素ではないかと解するのである。なぜなら、目的犯における目的や、表現犯における行為者の内心の状態、傾向犯における行為者の主観的傾向は、それが存在することによって、はじめて行為者に違法性が生じるからである[45]。すでに述べたように、構成要件とは、個々の犯罪の特徴を輪郭づける「観念的な形象」であるとすれば、目的犯における目的とか、表現犯における行為者の内心の状態、傾向犯における行為者の主観的傾向というのは、「観念的形象」というよりは、行為者の内心の状態に入り込んだ具体的な事実に関する要素ということができるからである。例えば、通貨偽造罪（一四八条一項）においては、「通用する貨幣、紙幣、銀行券を偽造」することが、犯罪の特徴を輪郭づける「観念的な形象」といえるのであって、「行使の目的」という「目的」は、「個々の犯罪の特徴を輪郭づける観念的な形象から外れる」要素ということができるからである。その意味で、私見によれば、主観的構成要件要素といわれている目的犯における「目的」等は、それが行為者に存在することによって、「違法性」（犯意）が明確になる主観的違法要素といえるのである。すなわち、主観的な心理状態が、違法性の存否に深く関係するのである。

もっとも、小野博士は、目的犯および傾向犯における主観的要素は、道義的責任に属するものであるから、違法要素ではないとされる[46]。道義的責任論によれば、責任の本質は、犯罪行為に対する道義的非難、すなわち、行為における悪しき意思に道義的な非難を認めようとする見解である。それゆえに、道義的非難が加えられるためには、行為者が自由な意思決定をすることができる能力を持ち合わせていることを要件とする。つまり、行為者において自由な意思決定によって適法行為をなしえたにも拘らず、違法な行為をしたという点が責任を問われる本質的な要素になるということである。このことからも分るように、道義的責任論は、何を規準にして行為者に責任を問うことができるかどうかという理論である。しかし、目的犯における目的や、傾向犯における行為者の主観的傾向と道義的責任ということとは別個の概念である。なぜなら、目的犯における目的や傾向犯における行為者の主観的傾向は、行為を行うにあたって行為者が抱いている要素をいうのである。これに対して、道義的責任論というのは、自由意思に基づいて違法な行為をしたというところに、道義的な非難が加えられるということを意味する責任の根拠の問題である。

すでに述べたように、目的犯における目的というのは、例えば、通貨偽造罪における「行使の目的」をいうのであるから、いわば偽造行為の根拠（原因）となる行為者の「動機」をいうのである。また、傾向犯における行為者の主観的傾向というのは、例えば、わいせつ罪において「客観的には同じ行為であっても、行為者の性的衝動を刺激し、または満足させる傾向のもとに行われたときにのみ、違法性を取得し、診察や治療の目的で行われたときは、違法でないのであって、主観的傾向は、このばあい、行為の違法性に影響をあたえるものとして、主観的違法要素である(47)」とされているように、道義的責任と主観的（違法）要素は性質を異にするものである。主観的違法要素は、道義の部分を除いた単なる規範に違反する「目的」とか「傾向」といったものをいうのであるから、それは、道義的責任のいう「道義」とは別個の要素であると解する。つまり、「目的」や「傾向」をもった人間に道義的な責任を負わせることができるかどうかが責任の問題である。

このような理解からすれば、道義的責任と主観的（違法）要素は、犯罪を構成する異なった要素であることから、両者を同一概念として理解することは適当とはいい難いのである。これまで述べてきたことから、主観的違法要素にいう「主観的」ということの意味と「責任は主観的に」という場合の「主観的」ということの意味は、異質のものであるということが理解できるのである。

そこで、「違法性の実質とは何か」ということについて論ずる前提として、構成要件該当行為について検討する必要がある。構成要件とは、すでに述べたように、法律が禁止した行為の「型」をいうのであるから、殺人についていえば、「人を殺す」ということである。この行為が、具体的事例となる場合には、「或る人が或る人を殺す」ということになり、それが、構成要件に該当する行為ということになる。つまり、「人を殺す」とは、構成要件に該当する行為であり、そこには「行為」「結果」が存在するのであり、それは「人の生命」という「法益」の侵害を意味する行為であり、「法益」の侵害を伴う結果が発生することにほかならない。そうすると、法益の侵害は、すでに構成要件の要素として含まれていることになるから、違法性の実質としての要素ではないということになる。換言するならば、法益の侵害は、「違法性の実質とは何か」という議論の対象から除外されるべきではないかと思うのである。さもなければ、法益の侵害（＝結果）が、構成要件該当性と違法性という二つの要件の中で対象とされることになってしまうのではないかということである。

それでは、結果が構成要件の要素であるということになると、違法性の要素は何かということになる。違法性の実質についての学説は、すでに述べたように、主たるものは、（ア）法益侵害説、（イ）規範違反説、（ウ）二元説といったものが主張されている。これらの学説は、いずれも形式的違法性と実質的違法性を前提に論じられている。すなわち、「違法性とは、単に形式的にでなく実質的に、全体としての法秩序に反することである[48]」とか「行為が形式的に違法であっても実質的に違法でなければ違法性を有しない[49]」といった見解に代表されるように、形式的違法性と実質的違法性の二面から違法性の実質について論じている。そして、形式的違法性の内容として、「構成要件に該当する行為は原則として形式的に違法である[50]」とされていることからして、結果の発生（法益の侵害）を指すものと思われる[51]。

これまで違法性の実質について、諸説を紹介、検討してきたが、これらの学説で共通することは、形式的違法性の名称を用いるか否かは別として、「法益の侵害」は、違法性の要素として不可欠のものであるということが理解できるのである。そこで、私見によれば、法益の侵害という結果の発生を違法性の要素とすることの是非が検討されなければならないということである。すなわち、法益の侵害は、すでに構成要件の要素として評価されているのであるが、それを（形式的違法性としてであれ）違法性の要素として再度、考慮することが妥当であるかどうかということである。つまり、法益の侵害は、すでに構成要件の要素として評価されているのであるから、構成要件と違法性は截然と区別されるべき概念であるとする私見によると、違法性の実質を検討するときの要素として、再度、法益の侵害（結果の発生）を考慮するというのであれば、それは二重に評価されるということになってしまうのではないかということである。その意味で、違法性の領域の中に、構成要件の要素である法益侵害という結果の発生を再登場させるのは適当ではなかろう。換言するならば、構成要件の要素の中に結果が含まれるということになると、違法性の中には結果は含まれず、違法性の実質をなすものは「行為」ではなく、行為の前提となる行為者の主観的・心理的要素、私見によれば、「犯意」を指すことになるのではないかということである。このことを踏まえて犯罪の成立要件を定義づけるならば、それは、構成要件に該当する行為が違法・有責性を備えている場合であると解する。

このように、法益侵害という結果を構成要件の要素として捉えるか、（形式的）違法性の要素として捉えるかは、構成要件と違法性の関係をどのように理解するかについて重要な意味をもつのである。わたくしは、すでに述べたような理由から、法益侵害という結果の発生は、構成要件の要素であると解するのである。そして、違法性の実質については、法益侵害に伴う行為者の心理的要素の中に見出さなければならないという結論になるのである。この結論からいえることは、違法性の実質は構成要件に該当する行為が「社会倫理規範に違反すること（具体的には、罪を犯そうとする「犯意」のあること）」であるとする「規範違反説[52]」が妥当ではないかということである。繰り返しになるが、その際、法益侵害は構成要件の要素であって、違法性の問題にはならないのである。ところが、違法性の実質をこのように解するとすれば、誤想防衛や過剰防衛の場合には、適法ではないだろうかという疑問が出てくることが予想される（以下誤想防衛に絞って論ずる）。しかし、誤想防衛の場合、違法性は阻却されない。なぜなら、違法性の実質は、規範違反であるとすれば、誤想防衛の場合には、たしかに規範に違反するという態度はみられない。そこで、規範に違反するという態度がみられなければ、実質的違法性はないはずである。しかし、誤想防衛の場合においては、正当防衛の要件を備えていると錯覚（錯誤）しているわけであるから、その「錯誤」の部分については、不注意があるということができる。それは、一見、過失のようにも見えるけれども、事実の認識に欠けるところはない(53)。したがって、誤想防衛の場合、規範違反があったといえるかどうかは、錯誤に陥った部分に対して検討されなければならない。

誤想防衛の場合にも、確定的故意とは違い消極的にではあれ、規範違反があったということができるのである。しかも、錯誤があるとはいえ事実の認識はあるのであるから、その事実に対して行為すること自体、故意行為であり、したがって、誤想防衛行為それ自体は故意行為といえるのである。ただ、「誤想」があったので、違法性（犯意）が通常の故意犯より低い（弱い）ことから量刑も軽くなっている。このことからも理解できるように、正当防衛の場合においても、故意による構成要件的行為を認めることができるのである。つまり、防衛行為自体は、故意行為なのである。しかし、正当防衛が違法性を阻却するというのは、規範違反としての心理的要素（犯意）が欠けるからである(54)。そこで、正当防衛の要件としては、相手が違法に攻撃してくるという客観的要件と、それに対して防衛行為をするという主観的要件が必要である。ところが、誤想防衛の場合は、相手が違法に攻撃してくるという客観的要件が欠けているので、違法性を阻却するということはない。その意味において、違法性阻却事由の存否は、主観＝客観の両面から論じられなければならない。ところが、客観的な面というのは、存在する事実であるから、防衛する側の人間の意思とは何の関係もない。そこで、行為が違法かどうかを判断するのは、存在する客観的な事実を前提にして、それに対する違反が問題とされなければならない。つまり、違法性阻却事由とされている場合（例えば、正当防衛）は、存在する事実に対して行われる行為が問題となるのである。その際、行為者の行為が規範に反しているかどうかが問われるのである。それゆえに、偶然防衛は違法である。

ここで注意しなければならないのは、「規範違反」の内容についてである。この「規範」の内容を明らかにすることが、過失犯や誤想防衛、過剰防衛といったものを「規範違反」として説明をする場合に重要な働きをすることになる。私見によれば、規範違反というのは、「倫理的」とか「道徳的」といった面から捉えるのではなく、それを「犯意」と捉えるのである。つまり、規範違反の内容は、「犯意」であると解するのである。したがって、違法といえる場合には、そこには「犯意」が存在することになるので、構成要件該当性と違法性の関係は、法益を侵害する行為において「犯意」が存在したかどうかという関係になる。例えば、正当防衛による殺人を考えてみよう。この場合の構成要件に該当する行為は、「人を殺す」ということである。つまり、正当防衛においても、故意による殺人行為は行われているのである。しかし、それは、「防衛行為」のために行われたものであるから、「正当行為」であり、したがって、「犯意」はないことになる。このように、構成要件に該当する故意行為はなされたけれども、「犯意（違法性）」がないので犯罪は成立しないのである。故意＝犯意であると解するならば、正当防衛行為においてなされる行為は、故意行為ではないというのであろうか。このことは、正当業務行為（三五条）、緊急避難行為（三七条）についてもいえることである。わたくしが、故意と犯意は別個の概念であるとしているのは、このような理由からである。

それでは、「犯意」とは、どのようなことをいうのであろうか。これまで再三述べてきたように、従来から、犯意とは、「罪を犯す意思」（三八条一項）であり、それは、同時に「故意」を意味するもの、すなわち、故意＝犯意であると解されてきた。(55) しかし、このように解することは、適当ではなかろう。なぜなら、「故意とは事実の認識である」ということについては、争いはない。しかし、事実の認識があることによって、直ちに「犯意」があるとするのは、論理の飛躍であると思う。というのは、故意とは、事実の認識であるならば、それは、行為者における視覚や接触による認識作用である。これに対して、「犯意」とは、行為者が視覚や接触によって認識した対象（相手）に対して抱く心理的（主観的）要素を内容とするものであるから、両者を同一概念で包摂することはできないのである。

そこで、これまでいわれてきた行為と規範違反との関係を検討してみよう。形式的違法性の要件であると解されてきた「行為が形式的に刑法上の行為規範に違反すること」というのは、構成要件に該当する行為ということではないかと思うのである。(56) つまり、殺人の場合の「人を殺す」という発生した事実そのものを指すことだと思う。これに対して、規範違反、すなわち、犯意があったかどうかの問題は、「人を殺す」という事実が、違法性阻却事由をも含めて、行為者のいかなる理由あるいは状況の下でなされたのかということが意味をもつのであり、それによって、「犯意」の存否・強弱が決定づけられるのである。その意味で、構成要件該当性と違法性は截然と区別されるべきである。従来から、構成要件に該当する行為は違法性を推定するといわれてきたが、それは、故意と犯意を同視することに拠るもので妥当ではない。

これまで述べてきたことをまとめてみると、犯罪とは、構成要件に該当する行為であって、それが違法、有責になされる（違法、有責を帯びている）場合をいうと解するのである。したがって、厳密にいえば、違法な行為、有責な行為というものが、別個・独立に存在するわけではない。違法、有責な行為というのは、構成要件に該当する「行為」のときに備えている行為者の主観的・内心的要素（状況）であり、違法の内容は「犯意」であり、責任の内容は「能力・可能性」をいうのである。このようなことからいえることは、実質的違法性とは、規範違反であるということである。規範違反とは、「犯意」を意味するものと解し、その内容については、認識した客体に対して、正当化事由（違法性阻却事由）がないにも拘らず、結果発生の危険のある行為を積極的（故意犯）あるいは消極的（過失犯）に行う中に見出すことができるのである。その意味で、結果の発生が不可能である「不能犯」に対しては、行為者に「犯意」を見出すことはできないのである。結果発生の危険性がないのに、結果発生を望んでも、そこに、構成要件に該当する行為を見出すことはできず、したがって、当然、「犯意」も存在しないのである。「犯意」とは、結果発生（の可能性）を前提にして、その存否が判断されるべきものである。[57]

㈡　行為無価値論と結果無価値論

「違法性の実質とは何か」をめぐって、行為無価値論（Handlungsunwertlehre）と結果無価値論（Erfolgsunwertlehre）が争点になっているといえるほど、両者は「違法性の実質とは何か」をめぐって重要なテーマとなっている。行為無価値論・結果無価値論の概念は、ヴェルツェルによって提唱されたものである。[58] それまでの違法性の概念は、法益に対する侵害またはその危険であると解されていた。[59] ヴェルツェルによれば、大部分の犯罪にとっては、法益の侵害ないし危険は本質的なものであるとしながらも、しかし、それは人的違法論の部分的要素であって、決して法益侵害だけで行為の違法が十分に特徴づけられるものだということを意味しているわけではない。法益侵害（結果無価値＝Erfolgsunwert）は、人的違法行為の範囲内（行為無価値の範囲内＝innerhalb des Handlungsunwert）においてのみ刑法上の意味をもつものであるとした。[60]

このように、ヴェルツェルは、「違法性の実質とは何か」ということについて、「行為無価値」と「結果無価値」という概念的区別をしたのである。この区別は、現在でも多くの支持者を得ている。つまり、違法性の実質として、法益の侵害を重視する立場が「結果無価値論」であり、「行為無価値論」は、違法性の実質として、法益の侵害や危険がなくても、行為が、行為者の主観のあらわれとして、社会倫理的に許されないものであれば、それは無価値（反価値）であり、その場合が違法だとする考えである。[61] ヴェルツェルによれば、違法は、行為者から内容的に切り離された結果惹起（Erfolgsverursachung）、すなわち、法益侵害（Rechtsgüterverletzung）に尽きるものではなく、行為は、一定の行為者の所業（しわざ）としてのみ違法となる。行為者が、どのような目標設定をし、それに対して、いかにして目的活動的に行為をしたか、どのような気持から行為をしたか、その際、行為者にいかなる義務があったか、これらすべてが、起こりうる法益侵害と共に行為の不法（違法）を決定する。違法は、常に、一定の行為者に関係づけられた行為の否認（Mißbilligung）である。違法とは、行為者関係的な「人的」行為違法である。[62] ヴェルツェルのいう「行為無価値論」の意味は、このような内容をいうのであって、この考えを本来の「行為無価値論」と呼ぶことができるのである。ところが、わが国で主張されている行為無価値論は、結果の無価値（結果の発生）を基礎としつつ、行為無価値を併せて考慮に入れる「折衷的色彩を持った」行為無価値論、[63] あるいは、「二元論」[64]と呼ばれるものであるから、ヴェルツェルのいう「行為無価値論」とは異なっている。

このように、行為無価値論に関しては、ヴェルツェルの提唱する「行為無価値一元論」と、わが国で一般にいわれている「行為無価値二元論」に分類することができるが、ヴェルツェルの主張する行為無価値論の骨子は、「確かに、大部分の犯罪にとって、法益侵害あるいは法益侵害の危険は本質的なものであるが、ただし、人的に違法な行為の部分的要素としてにすぎないのであって、決して法益侵害だけで行為の違法が十分に特徴づけられるという意味ではない。法益侵害（結果無価値）は、刑法上、人的に違法な行為（行為無価値）の内部においてのみ意味をもつのである。人的行為無価値は、すべての刑法上の犯罪の一般的無価値である。事態無価値（Sachverhaltsunwert）（侵害されたあるいは危険にさらされた法益）は、多くの犯罪（結果犯や危険犯）における非独立的要素（unselbständiges Moment）である」[65]とするところに見られるであろう。

「行為無価値一元論」は、行為者の「主観」を重視し、志向無価値、意図無価値という「規範違反性」を重視する立場であり、「行為無価値二元論」は、行為無価値一元論がいう「規範違反性」のほかに「法益侵害ないしその危険」を考慮に入れる立場をいう。すでに述べたように、わが国において主張されている「行為無価値論」は、違法性の実質について、結果無価値（法益の侵害ないしその危険）を無視して、刑法における違法性を論じようとするものではなく、結果無価値とともに行為の無価値をも併せて考慮しようとするものである。したがって、この立場からすれば、ヴェルツェルの主張する行為無価値一元論は、単純な主観論に堕しており、それは、迷信犯や丑の刻参りなどの場合においても、これを全部、殺人未遂として処罰の対象にしなければならないと批判されている[66]。

このように、行為無価値一元論は、わが国においては、違法性の実質を行為無価値論に求めるという点では一致する行為無価値二元論の立場からも批判を受けているのである。しかし、私見によれば、法益の侵害（結果の発生）は、構成要件の要素であり、それは、違法性の評価の対象となるものであって、厳密には、違法性とは別個・独立の要素と解する。したがって、わが国の行為無価値二元論がいうように、法益の侵害は違法性の要素であると解することはできない。つまり、結果の発生が、構成要件の要素であるとするならば、構成要件の要素として充足した結果が、さらに「違法性の実質」の要素として、再度、評価されるのは、二重の評価になってしまうのではないかと考えるからである。すでに述べたように、違法な行為、有責な行為というものが行為として独立に評価されるのではない。構成要件に該当する行為を前提にして、それが違法、あるいは、有責という評価を受けるのではないかと思うのである。このように、わたくしの考える行為価値論は、わが国の行為無価値二元論がいうように、法益の侵害と行為者の規範の問題とを同一の「違法性」のレベルで考えるのではなく、構成要件と違法性は、別個の概念として理解すべきではなかろうかということである。つまり、この両者の関係は、法益の侵害については構成要件の要素であり、違法性は、法益侵害に関する行為者の規範的な意思内容を問題として評価すべき要素であるということなのである。(67)

さらに付言しておくと、行為無価値一元論は、行為者の主観を重視するあまり、迷信犯や丑の刻参りなどの場合においても、これを殺人未遂として処罰の対象にしなければならないという批判があることは、すでに述べた。しかし、ヴェルツェル自身も言っているように、その前提に「法益侵害」、すなわち、構成要件該当性が予定されているのであり、この「法益侵害」に対する人的要素が違法の対象になるのであるから、この批判はあたらない（後出注66参照）。

これに対して、結果無価値論とは、違法性の実質を法益の侵害・危険に求め、法益の侵害・危険との関係で「行為」の違法性を判断することによって、「故意」一般を違法要素ではないとする見解をいう。(68) 行為無価値論と結果無価値論の対立は、そのまま違法性の実質をめぐる対立と関連する。(69) すなわち、行為無価値論が規範違反説と結びつき、結果無価値論が法益侵害説と結びつくのである。そして、わが国においては、法益侵害説を採る論者は、概ね結果無価値一元論の立場を支持し、規範違反説または二元論の立場からは、行為無価値論の立場が支持されている。このように、違法性の実質とは何かについては、大きく分けて、結果無価値論と行為無価値論という二つの立場からの争いがある。

それでは、違法性の実質とは何かについて、どのように考えるのが妥当であろうか。すでに述べたように、わが国においては、ヴェルツェルの提唱したような「一元的行為無価値論」は、殆ど支持されていない[70]。つまり、違法性の実質について、わが国では、「結果無価値論」と「二元的行為無価値論」の対立が顕著であるが、私見によれば、「二元的行為無価値論」が改めて検討されなければならないのではないかと思うのである。犯罪の成立要件として、「構成要件該当性」「違法性」「責任」の三要素が考えられるのであれば、この三要素について言及しながら、それぞれの要素との関連を考察し、「結果無価値論」「二元的行為無価値論」「一元的行為無価値論」から「違法性の実質とは何か」ということについて再検討することも、あながち無駄なことではなかろう。

(1)　結果無価値論の検討

結果無価値論というのは、違法性の実質を法益の侵害という結果あるいは危険に求める見解をいうのであって、行為無価値論の基礎になっている「人的違法観」に対して「物的違法観」ともいわれている。結果無価値論の根底にあるものは、刑法の任務・機能は、法益の保護にあるとする考え方に拠っている。そこで、法益の保護という点に着目するならば、結果無価値論は、法益の保護に付随する諸事情について考慮することなく、あくまでも純粋に「法益」の保護を考えようとする。すなわち、刑法が発動されるのは、限定的な場合でなければならず、そのためには、法益の保護に付随する諸事情を除外する方が合理的に限定することができると考えるわけである[71]。つまり、刑法の中に、できるかぎり「社会倫理的心情価値」あるいは「社会倫理秩序」というような直感的要素を導入することを避けようとするものである[72]。それゆえに、違法とは、客観的な侵害があったときに成立すると考えるのであり、行為の際の行為者における内心の事情は、客観的状況によって識別しうるとするのである[73]。このように解することによって、結果的無価値論は、あくまでも「違法は客観的に」という命題を忠実に実践しようとするのである。そこで、以下においては、結果無価値論が、違法性の実質を論じるうえで重要であるとしている「結果無価値」と違法性の関係を検討してみよう。

結果無価値論を支持する立場からは、「違法は客観的に」という命題が、その論理的根拠になっていることは否定できない。わたくしも、「違法は客観的に」理解されるべきであるということ自体が誤りであるとは思はない。しかし、「違法は客観的に」という命題の意味する「客観的」とは、人間の行為を「客観的」に捉えて、それが違法としての形態を備えているかどうかということの判断をするという意味ではないかと思う。つまり、「違法は客観的に」ということの意味は、違法かどうかの判断は行為者の主観とは別に、客観的になされるべきであるということ（客観的違法性論）を意味していると解するのである。したがって、そのことは、当然に違法性の実質は客観的事実——結果発生——にあるということを意味しているのではない。すなわち、「違法」に関して、客観的な面からの違法（状態）と主観的な面からの違法（行為者の側における規範違反）があるということに注意しなければならない。「違法は客観的に」という場合の違法とは、違法であるかどうかは、客観的に判断すべきであるという意味であるから、違法の形式（状態）に重点を置いた考えである。その意味で、法益の侵害を違法の要素と解することは、根拠のあることなのである。もっとも、すでに述べてきたように、わたくしは、法益を侵害する行為は、構成要件に該当する行為であると考えているから、そのことから、形式的違法性・実質的違法性の問題は生じない。あえていうのであれば、形式的違法性は、構成要件の問題ではないかと思う。

ここで、正当防衛行為においては、なぜ違法性が阻却されるのかを考えてみよう。客観的違法性論の立場からは、行為者の故意・過失・責任能力の有無とは関係なく、客観的に法秩序に反すれば違法となる。しかし、客観的に法秩序に反すれば違法となるとはいっても、その対象は人間の行為でなければならない。正当防衛の場合に違法性が阻却されるのは、防衛行為者に故意はあるけれども、「犯意」（私見では、故意と犯意は別個の概念）がないから、違法性が阻却されるのである。そうすると、「違法は客観的に」という命題の意味は、違法行為を行う行為者の能力等には関係なく、「行為そのものが違法かどうか」ということを客観的に捉えるという意味に解することができる[74]。すなわち、違法かどうかの判断は、人間の行為を純粋にかつ客観的に捉えることであるという意味に理解するべきではないかと思うのである。

このように、違法の対象となるのは、客観的な人間の行為であるけれども、それは、あくまでも違法の対象となる人間の行為とは何か、ということの問題であって、違法性の実質と直接に結びつくものではない。これに対して、違法性の実質というのは、専ら違法行為をした行為者の心情に焦点を合わせ、行為に至った動機等「犯意」を明らかにすることではないかと思う。したがって、客観的には適法行為であるとしても、社会倫理規範に反する行為をしたときは、その行為が違法であることはいうまでもない（偶然防衛の場合を考えれば理解できる）。違法性の実質とは何か、ということについて、このように解するならば、従来、いわれてきた「違法は客観的に」ということの意味は、違法の対象となるものに対して妥当するけれども、「違法の実質とは何か」ということについては、正鵠を射ているとはいえないのである。ともあれ、結果無価値論からは、違法の対象となるものは客観的に理解すべきであるということと、違法の実質は客観的な事実にかぎるべきであるとする二つの意味を含んだ解釈がなされている[75]。つまり、「違法は客観的に」ということの意味として、客観的違法性論の意味での「客観的」と、違法の実質は結果無価値にあるという意味での「客観的」という二つである。わたくしは、「違法は客観的に」ということの意味は、前者のように解している。そうすると、結果無価値という法益の侵害は、犯罪論の体系上、どこに位置するのかというと、それは、違法性の問題ではなく、構成要件該当性の問題として理解するのである。その意味で、二元的行為無価値論が違法の実質として考慮する「結果」については、結果無価値論に対するのと同じ批判が可能となる。

これまで述べてきたように、刑法上の違法かどうかの最終判断がなされるのは、違法の対象とされた行為の内容の検討により決定せられるのではないかと思う。その意味で、「違法は客観的に」ということを拠り所にして、違法の実質を法益の侵害またはその危険であるとして、あくまでも「客観的に」捉えようとするのは、違法の実質を正確に捉えたものとはいい難い。「違法は客観的に」ということの意味を文字通りに捉えることによって、違法の実質を法益の侵害・危険に求める立場を採るにしても、二元的行為無価値論の立場を採るにしても、「構成要件に該当する行為は原則として違法」であるというのであれば、「構成要件に該当する」というのは、結果の発生あるいはその危険のある場合をいうのであろう。そうすると、問題は、構成要件に該当する事実と違法とをそれぞれ別個・独立に考えるかどうかということに帰着する。ともあれ、構成要件に該当する事実は、原則として、違法であるとするならば、客観的事実である法益の侵害は、構成要件該当事実そのものとなるのではなかろうか。なぜならば、構成要件に該当する事実が、違法性阻却事由に該当する行為によってなされた場合には、違法性は阻却されると解されてきたからである。そうだとすれば、違法性を阻却する事由というのは、行為そのものにではなく、行為の背後にある行為以外の理由の存在に求められなければならないであろう。このようなことから、わたくしは、法益の侵害は構成要件の要素であって、違法性の要素ではないと解するのである。

仮に、違法性の実質が法益の侵害であるとするならば、正当防衛による法益侵害の場合にも違法ということになってしまうが、そうなると「違法性阻却事由とは何か」ということが、改めて問われることになろう。このように考えることによって、違法性の実質を結果無価値であるとする考えは、構成要件該当性と違法とを混同したものとして妥当とはいい得ないのである。

りその根底にある思想は、「違法は客観的に」という命題であるといってよいであろう。たしかに、違法かどうかを判断するのに客観的でなければならないとすれば、違法の実質は「結果の発生」にあるという考えは、核心をついている。

(2)　二元的行為無価値論の検討

結果無価値論は、違法の実質は、あくまで客観的に捉えようとする立場であ

これに対して、二元的行為無価値論の主張は、「無価値」といえるためには、「結果」だけによって判断することはできないとし、行為者の目的・状況等行為の内心に関連するものも「無価値」の判断要因として考慮しようとする立場であるから、「無価値」を総合的に判断しようとするわけである。(76) 二元的行為無価値論の内容となっている「結果無価値」の部分については、すでに「結果無価値論」の箇所で述べた批判がそのまま当て嵌まるであろう。そこで問題は、違法性の実質として、「行為無価値」を考慮することの是非である。そもそも行為無価値論というのは、「違法性の実質を法益の侵害・危険に求める見解を批判し、行為無価値に法益の侵害・危険から独立した（その意味で、法益の侵害・危険に還元できない）意義を認め、『故意』一般を含めて主観的要素を広く違法要素とする見解をいう」(77)と定義することができよう。そこで、「故意」一般をも含めて広く主観的要素を違法要素の中に取り込むことは、責任の区別・相違を曖昧なものにしてしまうという批判も可能となる。二元的行為無価値論に対する結果無価値論からの批判は、この点に集約されるといってよいであろう。そして、その根拠となるのは、「違法は客観的に、責任は主観的に」という命題であろう。つまり、違法性の実質として、行為者の主観的要素を考慮するというのであれば、違法と責任の混同ということになってしまうというのである。しかし、主観的違法要素の内容を構成している「主観的」要素と「責任は主観的に」という場合の「主観的」であるということの意味は、異質のものであるということに注意しなければならない。なぜなら、そもそも「責任」とは、「責任能力」といわれるよう

に、「能力」と関係づけられるものであり、したがって、「責任は主観的に」という場合の「主観的」というのは、「能力」に関することについては、これを主観的に解すべきであるとする主旨であるように思われるからである(78)。そこで、問題は、実質的違法性における「主観的」と「責任は主観的に」という場合の「主観的」とは、どのように違うのかということである。

「責任は主観的に」ということの意味は、「責任」の対象を行為者の主観的な面に求めようとするものであって、この場合の「責任」は、行為者に対する評価の対象となるものであると解することができよう。したがって、「行為」が「責任能力」ある者の行為によって行われたか否かを問うものである。これに対して、実質的違法性における「主観」とは、「行為」が「責任」ある者の行為によって行われたか否かという意味での「主観」をいうのではなく、違法といい得るためには、客観的な面からだけではなく、主観的な面からも違法かどうかが検討されなければならない。そのための要素となる「主観」を意味しているものと解する。つまり、この場合の「主観」とは、「責任」に関係する行為者の主観をいうのではなく、行為者の意識としての面からの主観を意味するものと解するのである。このように、私見によれば、行為者の「主観」ということについては、質的に異なった二つの面を考慮しなければならないと考えるのである。そして、行為者の能力に関する主観面は、「責任」の要素として捉え、それ以外の主観面に関することについては、「違法」の要素（主観的違法要素）として捉えようとするのが適当であると考えている。

「主観」ということについて、これまで述べてきたように解することによって、責任の意味を明確にすることができるのであって、同時に、主観的違法要素を認める論拠にもなると考えるのである。すなわち、「主観」は、すべて責任の要素であると考えるのではなく、責任の要素となる主観というのは、「能力」をいうのであって（客観的な面からの「責任」は、行為の可能性をいう）、それ以外の違法性の要素を構成する主観的な要素は、例えば、「犯意」のように、「違法性」に関する主観的な要素（主観的違法要素）として考えればよいのである。二元的行為無価値論のいう違法性の実質については、規範に違反する法益の侵害・危険をいうとされているが、違法の実質の中に、構成要件の要素である「結果」を取り込むことは妥当ではないといわなければならない。このような考えから、わたくしは、犯罪とは、構成要件に該当する事実（法益侵害・危険）が、違法・有責になされることであると定義づけるのである。したがって、法益の侵害・危険は、違法性の実質とは区別されなければならず、しかも、法益の侵害・危険は、違法かどうかが論じられる前提とならなければならないのである。

(3)　一元的行為無価値論の検討

行為無価値論、結果無価値論の概念の提唱者であるヴェルツェルによれば、行為無価値論を説く前提として、「人的不法概念」(personale Unrechtsbegriff) を唱え、不法とは、「行為者関係的な『人的』不法行為」[79]であるとした。そして、「法益の侵害（結果無価値）は、刑法上、人的に違法な行為の内部（行為無価値の内部）で意義をもっているにすぎない。人的行為無価値が、すべて刑法上の犯罪の一般的無価値である」[80]とした。しかし、このヴェルツェルの考えは、わが国では殆ど支持されていない。ヴェルツェルのいう行為無価値論は、法益の侵害・危険から独立して「可罰性」、すなわち、「違法性」を重視するという点に特徴があるといってよい。しかし、わが国でいわれている行為無価値論というのは、法益の侵害（結果発生）という結果無価値を評価しつつ行為の無価値をも考慮するという、いわば「折衷的行為無価値論（二元的行為無価値論）」が支持されているのである。

折衷的行為無価値論が支持される背景には、ヴェルツェルのいう行為無価値論からは、「結果の無価値を切り離した行為無価値論は心情刑法に陥り罪刑法定主義の精神に悖る」[81]ということが、主たる理由になっているものといえよう。たしかに、罪刑法定主義の原則からすれば、心情刑法は排斥されなければならない。しかし、ヴェルツェルのいう行為無価値論は、決して倫理的によくない行為は処罰すべきであるといっているのではない。むしろ、行為における人的な無価値の中に違法性の実質を見出しうるとしているのである。それは、未遂犯が、なぜ処罰されるのかを考えれば明らかであろうし、法益侵害としては同一価値であっても、故意犯と過失犯とでは、刑罰において差異があるという点からも説明が可能である。問題は、違法性の実質は何かということに帰着する。換言すると、法益侵害という結果の発生は、違法性の要素なのかということである。結果無価値論も行為無価値二元論も、違法性の実質として、法益の侵害・危険ということを重視している。はたして、法益の侵害・危険は、違法性の実質となりうる要素なのであろうか。この点について、「違法は、刑法の行為規範とこれに反する意思実現としての行為との関係を基本とするのであって、いわば裸の法益侵害・危険が違法性を基礎づけるということは、規範違反としての違法性としては考えられない[82]」との見解が、行為無価値一元論の立場から唱えられている。そして、結果発生については、客観的な処罰条件であるとされるのである[83]。さらに、結果犯における結果については、「結果を客観的可罰条件とみながら、なお、構成要件の客観的要素として認めうるかどうかは、なお、検討を要する問題[84]」とされている。この見解は、基本的には、わたくしの考えと一致するものであるが、若干、私見を述べておこう。

いうまでもなく、構成要件の中核をなすものは行為であり、結果とは、行為から生じた外界の変動（法益侵害）をいうから、構成要件と結果は不可分の関係にある。したがって、構成要件の要素の中で最も重要なものは、行為と結果である。換言するならば、構成要件に該当する行為というのは、どのようなことをいうのであろうか。それは、構成要件的結果を発生させることにほかならない。その結果を前提に、それについての違法性、責任といったことが検討されるのである。つまり、「違法性の実質とは何か」を論ずる以前に、結果は発生しているのである。

その結果が、行為者のどのような状況、心理状態（動機）によってなされたのかを問うのが違法性の問題ではないかと思う。つまり、結果は、構成要件の要素なのであって、違法性の要素ではないのである。構成要件の要素に因果関係が含まれることからすれば、このことは容易に理解できるであろう。構成要件的結果の発生は、犯罪を構成するうえで、最も基本的かつ重要な要素なのである。結果犯における結果の多くは行為の中に含まれており、構成要件には記述されていないことが多い。例えば、殺人罪における「人の死」、窃盗罪における「占有の移転」といったものがそれである。その意味で、行為とは、結果を含む概念として理解されよう。また、一般に、医師による手術が正当な業務行為として違法性を阻却すると解されているが、この場合にも、正当な手術による「傷害」とはいえ、それは、故意行為によってなされた「傷害」といえるのである。仮に、故意＝犯意と考えるのであれば、正当な業務の遂行としての手術には、犯意はないから、その手術行為に故意はないことになる。それでは、いかなる行為による結果に対して、刑法三五条による違法性が阻却されるのであろうか。手術によるものとはいえ、「傷害」という構成要件に該当する法益侵害行為がなされている。しかも、これは故意行為なのである。但し、「医療目的」という「正当な理由」によって違法性が阻却されると解されているのである。この「違法性阻却」の中心となるものは何かということを考えると、そこには、医療行為のために行うという正当な理由が存在するのであり、その「理由」が違法性を阻却する要因であることが理解できるのである。このように考えてみると、すでに述べたように、構成要件に該当した行為（結果）を前提にして違法性の有無が判断されるのである。このことからいえることは、構成要件の要素である「結果」を違法の要素と解するのは、構成要件該当行為と違法性を混同するものであって、妥当とはいい難いのである。私見によれば、結果無価値論、二元的行為無価値論にあっては、構成要件的行為と違法性は混同して理解されてきたように思えてならない。

四　おわりに

「違法性の実質とは何か」ということについて、結果無価値論、二元的行為無価値論（折衷説）、一元的行為無価値論の三説を検討してきた。それでは、「違法性の実質とは何か」ということについて、どのように解するのが適当であろうか。

結果無価値論によれば、違法性の実質を法益の侵害ないしその危険に求めるのであるが、このように考えるのであれば、すでに法益の侵害のある正当行為や正当防衛、緊急避難の場合にも違法ということになってしまうのではないかと思う。そうすると、正当防衛に対しても正当防衛が可能ということになってしまうが、このように解することは、正当防衛の規定の趣旨からいって妥当ではない。そこで、正当防衛などの場合、実質的には違法ではない（違法性を阻却する）というのであれば、形式的には違法であっても、実質的には違法ではないということも考えられよう。しかし、そうだとすれば、実質的な違法とは何かということが問題とされなければならず、結局、規範違反の点にそれを求めなければならないことになろう。このように考えてみると、結果無価値論が、違法性の実質を法益の侵害・危険という点から捉えているのは、「違法は客観的に」という命題に拘泥するあまり、その実質を正しく捉えているものとはいい難い。もっとも、このことは、違法性の実質について、一面で結果の発生（法益の侵害）をその要件とする二元的行為無価値論についてもいえることである。そもそも違法性を形式面と実質面という二面から論ずる必要性があるのであろうか。違法性の実質とは何かを考える場合に、結果を考慮する立場からは、違法性の実質の要件に、構成要件の要素である法益の侵害またはその危険をも包含して考えていることになる。そうだとすれば、法益の侵害ということが、構成要件と違法の両者の要素として考慮されることになるが、そのように考えるのは適当とは思われない。両者は区別されるべきであるとする私見によれば、結果の発生は、構成要件の要素であって、違法とは、結果の発生を前提にして、そのこととは別個に論じられなければならない行為者の主観的部分、すなわち、「犯意」の問題として考えられるものである。そうすると、「犯意とは何か」ということが検討されなければならない。

結果無価値論が支持される背景には、行為無価値論が「違法性の実質とは何か」ということについて、「社会倫理規範」に反することであるとした点にあるように思われる。すなわち、「社会倫理規範(85)」に反することが違法の実質であるとすれば、そのこと自体、刑法が社会倫理機能を重視したことになるが、刑法の中に「倫理的要素」を導入することは適当でないとする批判が根底にある。つまり、刑法は、社会倫理秩序違反という観念から介入するのではなく、法益の侵害・危険が発生したときに介入することによって、刑法の謙抑性ということも遵守されるというのである(86)。このように、結果無価値論の根底にあるものは、刑法の謙抑性であり、刑法が生活利益を保護するための「最後の手段」でなければならず、そのためには、法益の侵害・危険が発生したときだけに介入するというのが望ましい刑法の姿ということになる。たしかに、結果無価値論のいう刑法の謙抑性については、行為無価値論の立場からも問題はないと思う。ただ、刑法の謙抑性は、むしろ行為の内容を吟味することによって、一層、効果的になるのではないかと思う。なぜなら、行為無価値論の主張する「社会倫理規範」に反するということは、刑法に規定された結果の発生について、それが「社会倫理規範に反する」結果であった場合に処罰の対象とするものだからである。そうすると、刑法の謙抑性ということについていえば、結果無価値論と行為無価値論を比較した場合、どちらが優れているということはいえないであろう。そこで、これらのことを踏まえたうえで、違法性の実質とされている「規範違反」「法益侵害」ということを再検討してみよう。

第一に、違法性の要素として、「法規範」がどのような内容を成しているかということである。規範違反については、その概念が抽象的・多義的で実質的内容が明白でないという批判が、結果無価値論の立場からなされている。[87]この点について、わたくしは、「規範違反」の内容に関しては、予め存在する刑法規範に対して、積極的・消極的に行為することの中に認められる「犯意」であると解するのである。つまり、故意犯の場合には、認識した事実に対して積極的な犯意をもって行為することである。例えば、「殺人」の場合には、殺意をもって人を殺すわけであるから、この場合には、殺意が犯意となる。このように、「犯意」とは、認識した事実に対して、規範違反を内容とした積極的な攻撃態度に出ることであるといったように、正当な理由がないのに、積極的に結果の発生を肯定するような場合があげられる。これに対して、過失犯の場合、認識のある過失であれば、事実に対する認識はある（したがって故意はある）けれども、認識した事実に対する積極的な「犯意」があるわけではないから、「故意犯」は成立しない。また、認識なき過失の場合には、事実に対する認識がないわけであるから、当然、積極的な「犯意」は存在しないことになる。しかし、過失犯の場合には、十分な注意を払わないで行為をすることによって、結果を惹起することであるから、そこに不注意による犯意を伴った過失行為を認めることができるのである。つまり、消極的な「犯意」があると解することができる。このことは、違法性阻却事由が存在する場合、なぜ、違法性が阻却されるのかを考えれば容易に理解できるであろう。従来、故意と犯意は同一概念として理解されてきたが、わたくしは、両概念の違いを主張してきた。[88]すなわち、故意犯の場合、故意とは事実の認識であり、犯意は、認識した事実に対して、正当な理由がないのに、行為者が積極的に結果の発生を肯定するという内心の作用である。このように解することによって、故意犯と過失犯を規範違反の内容から区別することもできるし、また、その内容を具体的にすることもできるのである。

第二に、法益侵害と違法との関係について検討してみよう。法益侵害またはその危険を違法性の実質であるとする結果無価値論における大きな問題点は、法益の侵害またはその危険は、はたして違法の要素なのかということである。この点について、行為無価値一元論では、結果の発生は客観的可罰条件であるとしている。(89) そこで、行為無価値一元論のように、結果の発生は客観的可罰条件にすぎないとすれば、しかも、違法性の実質は「規範違反」であるとすれば、過剰防衛や誤想防衛における違法性の実質はどこに求められるのかという疑問が生じるであろう。つまり、「結果無価値」を違法性の実質として何ら考慮することなく、規範違反だけに違法性の実質を求めることには、なお批判が予想されるところである。これに関しては、行為無価値一元論を支持する立場から私見を述べてみたい。

行為無価値一元論によれば、違法性の実質を行為無価値だけによって説明しようとするものである。そうすると、行為無価値、すなわち、規範違反があることによって、違法となるわけであるから、逆に、規範違反がなければ違法ではないことになる。したがって、正当防衛や緊急避難の場合には、違法性が阻却されるというのは規範違反がない場合であるが、過剰防衛や誤想防衛といったような場合には、規範違反はあるのか、あるとすれば、どのような規範違反があるのかということが検討されなければならない。過剰防衛や誤想防衛において重要なことは、過剰や誤想の部分は、故意行為(誤想防衛の場合における防衛行為は故意行為である)を原因とした「過失」が問題となるわけである。この場合、「故意行為」の部分についていえば、故意犯としての「犯意」はないのである。なぜなら、故意行為は、防衛行為を前提にしてなされているので、故意犯成立を前提とした「犯意」はないのである。そうすると、過剰防衛、誤想防衛における「過剰」部分、「誤想」部分という「不注意」、すなわち、「過失」の部分に関していえば、そこに違法性が問われることになる。したがって、この「過失」の部分に関していえば、それは過失犯における違法性の問題と同じ要素をもっているといってよいのである。もっとも、過剰防衛や誤想防衛は、故意行為を基礎にした過失行為が問題とされることに注意しなければならない。

そこで、例えば、過失致死についてみると、「過失致死の場合は、不注意に換言すると注意義務に違反して致死の結果を成立させることを避けねばならないという規範に違反するから違法であり」「過失致死罪にあっては、その規範の結論として、注意義務に従って致死の結果を回避する決意に出なければならないという意思決定規範（義務）に違反して結果回避の決意に出なかったが故に行為者が非難せられる」[90]ということになる。このことからも理解できるように、過失の場合には、注意義務に従って結果を回避するという「義務違反」に過失犯の違法性の根拠があることになる。そうすると、過剰防衛や誤想防衛の場合においても、「過剰」や「誤想」の部分についていえば、そこには「過失」があるから、行為者にとっては、過剰にならないように、あるいは誤想しないように注意しなければならないのである。そして、過剰や誤想しないように注意することの内容は、積極的か消極的かは別として、「犯意」の要素にほかならないのである。つまり、消極的犯意であったにしても、過剰になる行為をすることの決意をしたところに、過失における「犯意」を見出しうるのである。このように、過剰にならないように注意しなければならないにも拘らず「過剰」になったとすれば、「過剰な部分」についての結果を回避するという「意思決定規範（義務）に違反して結果回避の決意に出なかった」という義務違反、すなわち、規範違反があったといわざるを得ないのである。このように解することによって、過剰防衛や誤想防衛の場合においても、「規範違反」を根拠に、行為無価値一元論から違法の実質を説明することができるのである。したがって、わたくしは、法益の侵害またはその危険は、構成要件の要素であって、違法性の実質の要素ではなく、違法性の実質とは、構成要件の要素である法益の侵害（結果発生）や危険を前提にして、それを惹起する際に持ち合わせている行為者の積極的あるいは消極的な「犯意」であると解するのである。ただし、過剰防衛、誤想防衛における「防衛行為」は、共に相手を認識したうえでの行為であるから、故意行為であることはいうまでもない。「過剰」「誤想」は、故意行為に付随した「過剰」であり「誤想」であるから、情状の点は別として、故意犯の成立は認められる（前出八四頁、一〇三頁、一一二頁注（15）参照）。

（1）　犯罪論の体系については、本文中に述べた三分体系のほかに、行為、違法性、責任という三分体系を採る立場（平場安治・刑法総論講義［一九六一年］三二頁、中義勝・刑法総論［一九七一年］五六頁、西原春夫・刑法総論［改訂版・上巻・一九九五年］七七〜七八頁、野村稔・刑法総論［補正版・一九九八年］八二頁、等）と、行為、構成要件該当性、違法性、責任という四分体系を採る立場（内藤謙・刑法講義総論(上)［一九八三年］一三五頁、曽根威彦・刑法総論［第四版・二〇〇八年］四六頁、等）がある。
（2）　団藤重光・刑法綱要総論（第三版・一九九五年）一四三頁。
（3）　内田文昭・刑法概要(上)（一九九五年）一五〇頁。
（4）　内田・前掲注（3）一四三頁。
（5）　これに関連して、内藤博士は、「違法性の『実質』の意味を、違法性判断の内容として実際にその中心になるものと理解するときは、違法性の『実質』は、まさしく法益の侵害・危険にあるといってよい。しかし違法性の『実質』とは違法性判断の内容のすべてを意味すると理解するときは、法益を侵害・危険化しても違法でない場合がありうる……『実質』の意味を後者にとるならば、違法性の『実質』とは、保全した法益の要保護性（保護の必要性）と対比して、より大きな要保護性がある法益を侵害・危険化することであるというべきであろう」（内藤謙・刑法講義総論(中)［一九八六年］三〇三頁）と指摘されている。わたくしが問題とするのは、違法性の実質とは、法益の侵害・危険が発生することなのかということである。
（6）　平野龍一・刑法総論Ⅰ（一九七二年）五一頁、中山研一・刑法総論（一九八二年）二二五頁、内藤・前掲注（5）三〇六頁、曽根威彦・刑法総論（第四版・二〇〇八年）八二頁、西田典之・刑法総論（二〇〇六年）二九頁、山口厚・刑法総論（第二版・二〇〇七年）一〇一頁、等。

（7）団藤・前掲注（2）一八八頁。

（8）福田平・全訂刑法総論（第五版・二〇一一年）一四四頁、大塚仁・刑法概説総論（第四版）三五六頁、西原春夫・前掲注（1）一二七頁。大谷實・刑法講義総論（新版第四版・二〇一二年）二三〇頁、板倉宏・刑法総論（補訂版・二〇〇七年）一七二頁、井田良・講義刑法学・総論（二〇〇八年）二四〇頁、等。

（9）大谷・前掲注（8）二二九頁。

（10）大塚・前掲注（8）三五五頁。

（11）中山・前掲注（6）二二五頁。

（12）大塚・前掲注（8）三五六頁。

（13）F. v. Liszt, Lehrbuch des Deutschen Strafrechts, 18. Aufl., 1911, S. 120. ところで、ハイニッツ（E. Heinitz）によれば、実質的違法性と形式的違法性を分離したのはリストが最初であり、リストは、形式的違法性を法秩序の命令と禁止に違反することであるとし、実質的違法性を社会に有害な態度であるとしている（E. Heinitz, Das Problem der materiellen Rechtswidrigkeit, 1926, S. 2）

（14）その意味で、内藤博士が「違法性の実質を法益の侵害・危険に求める立場が、違法性判断の客観性を担保し、客観的違法論の本来の趣旨に合致するというべきであろう」（内藤・前掲注（5）三〇六頁）とされているのは、適切である。

（15）K. Binding, Die Normen und ihre Übertretung, Bd. 1. 4. Aufl., 1922. S. 132ff.

（16）M. E. Mayer, Der allgemeine Teil des Deutschen Strafrechts, Lehrbuch, 2. Aufl., 1923, S. 180. ヴェルツェルは、これを「社会的相当性」（Soziale Adäquanz）という語で説明している（Welzel, Das deutsche Strafrecht, 11. Aufl., 1969, S. 55ff）.「社会的相当性」の意味については、社会倫理的または秩序というメルクマールを通して評価を必要とし、この評価は、全法秩序から得ることができるのである（J. Baumann = U. Weber, Strafrecht, 9. Aufl., 1985. S. 267）.

（17）牧野英一・刑法総論（全訂版(上)・一九五八年）四一四頁。

（18）小野清一郎・新訂刑法講義総論（一九五六年）一一九頁。

（19）木村亀二＝阿部純二増補・刑法総論（一九七八年）二四五～二四六頁。

(20) 団藤・前掲注（2）一八八頁。
(21) 大塚・前掲注（8）三五六頁。
(22) 内藤・前掲注（5）三〇一頁、平野・前掲注（6）五一頁。
(23) 内藤・前掲注（5）三〇六頁。
(24) リストによれば、「実質的な違法とは、法規範によって保護せられた個人または全体の生活利益に対する侵害行為であり、それゆえに、法益の侵害または危険をいう」(Liszt, a. a. O. 26. Aufl. 1932. S. 143f.) としており、また、メッガーは、「構成要件の実質的内容、すなわち、違法行為は、法益の侵害または危険である」(E. Mezger, Strafrecht, 1931. S. 197) としている。
(25) 瀧川幸辰・犯罪論序説（瀧川幸辰刑法著作集第二巻［一九八一年］）八八頁。
(26) 佐伯千仭・刑法講義総論（一九六八年）一七四～一七五頁。
(27) 平野・前掲注（6）五一頁。
(28) 西原・前掲注（1）一二七頁。
(29) 福田・前掲注（8）一四四頁。
(30) H. Welzel, Das neue Bild des Strafrechtssystems, 4. Aufl., 1961, S. 29f.
(31) 内田文昭・改訂刑法Ⅰ総論（補正版・一九九七年）一七一頁。
(32) 大谷博士は、「形式的違法性とは、例えば『人を殺すな』という命令に違反して人を殺した場合のように、行為が形式的に刑法上の行為規範（命令・禁止）に違反するという性質をいう。刑罰法規の構成要件は、その規律機能として行為規範を含んでいるから、構成要件に該当する行為は原則的として形式的に違法である」（大谷・前掲注（8）二二九頁）とされている。
(33) 大塚博士は、「形式的違法性の思考そのものは、むろん、誤りではない。……しかし、この立場によっては、違法性の実体は、何ら示されるところがない。……リストは、形式的違法性とともに実質的違法性の観念を認め、実質的違法性とは、『社会侵害的な挙動』であり、『法益の侵害または脅威である』と説き、また、M・Eマイヤーは、……『国家の承認した文化規範（Kulturnorm）と相いれない態度』が違法であるとした。……両者を併用することによって違法性の実質を正しく把握することができる」（大塚・前掲注（8）三五四～三五五頁）とされている。
(34) マウラッハは、形式的違法性と構成要件該当性の同意義性を認め、実質的違法性とは、構成要件に該当する行為が、違法性阻却事由を具備しないことであるとしている（R. Maurach, Deutsches Strafrecht. Allg. Teil, Ein Lehrbuch, 4. Aufl., 1971. S. 292. vgl. Welzel, Das Deutsche Strafrecht, 11. Aufl., 1969. S. 50. 80.

(35) 価値中立的ということの意味は、「『違法性』・『有責性』という実質的な価値成分から独立しているという意味で『価値中立的』であり『形式的』であるというだけのことであって、構成要件そのものが、全く無内容で形式的であるということを意味するわけではない」（内田・前掲注（3）一五〇頁）のである。

(36) 内田・前掲注（3）一五〇頁。

(37) 内田・前掲注（3）一四九頁。

(38) 大塚・前掲注（8）三五六頁。

(39) 大塚・前掲注（8）三五五頁。

(40) 内藤・前掲注（5）三〇〇頁。

(41) 前田雅英・刑法総論講義（第五版・二〇一一年）三二四頁。

(42) 内藤・前掲注（5）三〇三頁。

(43) 福田・前掲注（8）一四四頁、大塚・前掲注（8）三五五頁、西原・前掲注（1）一一七頁、大谷・前掲注（8）二三七頁。

(44) 福田・前掲注（8）六九頁。

(45) 福田・前掲注（8）八三〜八四頁。

(46) 小野清一郎・犯罪構成要件の理論（一九五三年）四五頁。ただし、小野博士も表現犯には、主観的違法要素を認めている。

(47) 福田・前掲注（8）八三〜八四頁。

(48) 団藤・前掲注（2）一八八頁。

(49) 大谷・前掲注（8）二二九頁。

(50) 大谷・前掲注（8）二二九頁。

(51) 福田博士は、「違法性の判断にあたっては、法益侵害という結果だけでなく、行為の態様（行為の種類、方法、主観的要素など）も考慮に入れなければならない。すなわち、違法性においては、法益侵害という結果の無価値だけでなく、行為の無価値が問題とされなければならないのである。こうした点を了解したうえで、違法性は、全体としての法秩序に反することと理解すべきである」（福田・前掲注（8）一四四頁）とされている。

(52) わたくしは、これまで、違法性の実質を社会的相当性を逸脱するような方法による法益侵害行為に求められなければならないと考えて、行為無価値二元説を支持してきたこともあったが、本文に述べたような理由により、違法性の実質を「規範違反説」（二元的人格不法論＝行為無価値一元論）を支持する。

(53) 「『構成要件』とは、刑罰法規が類型化した、一定の法益の侵害・危険を生じさせる一定の行為の型である」（内藤・刑法講義総論(上)（一九八三年）一六八頁）とすれば、誤想防衛の場合にも、一定の法益を侵害させる一定の行為があったわけであり、しかも、事実の認識に欠けるところはないから、誤想防衛行為によって発生した結果に対して、故意による構成要件該当性を認めることができよう。

(54) すでに述べたように、私見によれば、「故意」と「犯意」は別個の概念である。これに対して、前田教授は、「急迫不正の侵害に対し、相当だと主観的には思って行為している場合……については、故意犯の成立は認め得ない。行為者の主観面に着目すれば、完全に正当防衛の認識で実行している。そうだとすれば、行為者に故意非難を向けることはできないので、故意犯の成立は否定される。行為を相当だと誤信したことに過失があれば過失犯の成立が認められる」（前田・前掲注（41）四四五頁）とされる。しかし、正当防衛の場合であっても誤想防衛であっても、発生した結果に対しては、故意行為を認めるべきである。前田教授の考えは、故意＝犯意と考えることによっての結論であろう。わたくしは、認識の過失は行為の過失とは別に考えるべきであると思う。そもそも正当防衛が違法性を阻却するというのは、防衛行為であっても、故意による構成要件に該当する行為は存在する。しかし、防衛意思があることによって、違法性が阻却されると解すべきではないだろうか。また、誤想防衛に過失犯（過失致死）の成立を認めるとすれば、正当防衛の要件を備えていたが、過剰防衛になってしまった場合は、おそらく過剰の部分には故意行為を認めたうえで刑の減免とされているが、過失致死の罰金刑とバランスを欠くのではなかろうか。

(55) 小野博士は、「『犯意』とは、一般的にいへば『犯罪事実の認識であるといへよう』」（小野・前掲注（46）六〇頁）とされているように、「犯罪事実の認識」、すなわち、故意を犯意であると解しているが、この定義が広く浸透している。

(56) 形式的違法性と実質的違法性の関係について、行為が禁止または命令規範に違反するというのが「形式的違法性」の考え方であるが、これだけでは違法性の内容についての説明が十分になされたとはいえない。そこで、形式的違法性の背後にある実質（実質的違法性）は何かということが問題となる。つまり、実質的違法性とは、違法性の実質および違法判断の意味について究明することであるといってよいであろう。その場合、「規範違反説」からのアプローチと「法益侵害説」からのアプローチがあることは、すでに本文中で述べた。内田博士は、「形式的違法性論とは、構成要件に該当する行為と『法秩序全体の精神』とが対立し矛盾しあう『関係』にあることをもって、『違法』なりとする見解を指称する。……これに対して、実質的違法性論とは、行為と法の対立・矛盾関係の『実質的根拠』をさぐり、形式的違法性の『実質内容』をあきらかにしようとするものである」（内田・前掲注（31）一七一頁）とされている。

(57) この点に関して、川端教授は、二元的人的不法論を支持される立場から、「一元的な人的不法論がいうように、結果発生は違法性とはまったく無関係であって客観的な処罰条件にしかすぎないと解しますと……不能犯論において主観説をとらなければならないことになるはずであります。たとえば迷信犯、丑の刻参りも、全部殺人未遂として処罰の対象にしなければなりません。……結果の発生は、われわれの行為の無価値判断にとってきわめて重要な意味を有している」（川端博・違法性の理論（一九九〇年）二二～二三頁）として、一元的人的不法論を批判される。しかし、本文のような私見には、この批判は該当しない。

(58) ヴェルツェルの考えの根本にあるのは、「人的不法概念」（personal Unrechtsbegriff）である（Welzel, Strafrecht, 11. Aufl., S. 62f, ders. Das neue Bild des Strafrechtssystems, S. 29ff.）。わが国においても、例えば、牧野博士は、違法性の実質について、「反常規的ナル行為」として「無価値」という表現は使用していないものの、この「反常規的ナル行為」は、ヴェルツェルのいう「行為無価値」に該当するものといってよいであろう（牧野・改訂日本刑法(全)（一九三三年）三〇一頁以下。

(59) Mezger, a. a. O., S. 197ff.

(60) Welzel, Das neue Bild des Strafrechtssystems, S. 30.

(61) Welzel, a. a. O., S. 29f, ders. Das Deutsche Strafrecht, S. 62.

(62) Welzel, Das neue Bild des Strafrechtssystems, S. 29f.

(63) 内藤・前掲注（5）三一七頁以下、川端・刑法総論二五講（一九九〇年）一三五頁以下。

(64) 大谷・前掲注（8）二三六頁。

(65) Welzel, Das Deutsche Strafrecht, S. 62.

(66) 川端・前掲注（57）参照。そもそも「犯意」とは、「罪を犯す意思」であるから、犯罪的結果を前提にした行為に対して検討されるべきであるから、結果発生を前提にした行為に対して検討されるべきものである。「丑の刻参り」云々は、行為無価値一元論でも問題にならないのは、いうまでもないことである。さもなければ、それこそ人間が思っただけで処罰されることになってしまう。わたくしの主張している行為無価値一元論は、犯罪を行うに際しての行為者の内心の問題と行為とは切り離して考えるべきであるということである。そのことは、例えば、正当防衛行為における防衛の意思について考えれば容易に理解できるであろう。

(67) アルミン・カウフマンによれば、結果の発生は処罰条件であるとしている（A. Kaufmann, Zum Stande der Lehre vom Personalen Unrecht, in Festschrift für Hans Welzel zum 70 Geburtstag, 1974. S. 411.）

(68) 内藤・前掲注（5）三一七頁以下、佐伯・前掲注（26）一八二頁以下、平野・前掲注（6）四九頁以下、中山・前掲注（6）二二六頁以下。

(69) 大谷・前掲注（8）二三六頁。

(70) わが国で「行為無価値一元論」を支持されるのは、金沢文雄教授や増田豊教授である（金沢・刑法とモラル（一九八四年）八一頁以下、増田豊・規範論による責任刑法の再構築（二〇〇九年）六八頁以下。「行為無価値一元論」に対する批判として、井田良・犯罪論の現在と目的的行為論（一九九五年）二二頁。

(71) 内藤・前掲注（5）三二三頁参照。

(72) もっとも、「結果無価値論者が行為無価値論とよぶ日本の通説は、倫理的によくない行為は処罰すべきであると主張しているのではないし、心情刑法を排斥している。また、結果無価値だけでなく行為無価値の面も考慮して総合的に実質的違法性を判断するのであるから、結果無価値論よりもむしろ謙抑的であるとさえいえよう」（板倉宏・現代型犯罪と刑法の論点（一九九〇年）六九頁）とされる学説もある。

(73) 内藤・前掲注（53）二一七頁。

(74) Mezger, a. a. O., S. 162. ff. Heinitz, Das Problem der materiellen Rechtswidrigkeit, S. 4. ff. Baumann-Weber, a. a. O., S. 258ff.

(75) この点に関して、内藤博士は、「違法性の実質を法益の侵害・危険に求める立場が、違法性判断の客観性を担保し、客観的違法論の本来の趣旨に合致するというべきであろう」（内藤・前掲注（5）三〇六頁）とされ、「違法は客観的に」という命題と客観的違法論の論理的一貫性を説かれる。これに対して、団藤博士は、「違法性の判断の標準が客観的なものでなければならないことは、もちろんである。これは主観的違法性説と客観的違法性説との対立とは直接の関係はない」（団藤・前掲注（3）一九〇～一九一頁）とされている。

（76）D. Krauß, Erfolgsunwert und Handlungsunwert im Unrecht, ZStW. 76. 1964. S. 19ff. P. Bockelmann, Strafrecht, Allg. Teil, 2. Aufl., 1975. S. 50ff., H. H. Jescheck, Lehrbuch des Strafrechts, Allg. Teil, 2. Aufl., 1972, S. 180ff. Rudolphi, Inhalt und Funktion des Handlungsunwertes innerhalb der Personalen Unrechtslehre: in Maurach Festschrift, 1972, S. 51ff.

（77）内藤・前掲注（5）三一〇頁。

（78）ヴェルツェルは、「責任とは、意思形成についての非難可能性である」（Welzel, Das neue Bild des Strafrechtssystems, S. 39.）としている。意思形成を「規範にしたがって行為意思を形成することができる」（einen normgemäßen Handlungswillen bilden-können）ものと解するならば、意思形成そのものには、行為者の「意思形成能力」が前提になるから、「能力」が「責任」と関連することになり、それは、本文の主旨と一致する。

（79）Welzel, Strafrecht, S. 62. ders, Das neue Bild des Strafrechtssystems, S. 30.

（80）Welzel, Strafrecht, S. 62. ders, Das neue Bild des Strafrechtssystems, S. 30.

（81）大谷・前掲注（8）二三六頁。

（82）金沢・前掲注（70）八六頁。

（83）金沢・前掲注（70）八六頁。

（84）金沢・前掲注（70）八六頁。

（85）ヴェルツェルによれば、「刑法の任務は、基本的な社会倫理志向（行為）価値（der elementaren sozialethischen Gesinnungs (Handlungs-) werte）の保護であり、その中に含まれたものとして、初めに個々の法益がある（傍点筆者）（Welzel, Strafrecht, S. 4）としている。

（86）内藤・前掲注（53）五五頁、同・注（5）三二三頁、平野・前掲注（6）四三頁以下。

（87）内藤・前掲注（5）三一二頁。

（88）拙著・刑法における違法性の研究（二〇〇三年）一八四頁以下、同・新版刑法講義総論（二〇〇七年）七八頁、九四頁。

（89）金沢・前掲注（70）八六頁、Armin Kaufmann, a. a. O., S. 411.

（90）木村＝阿部・前掲注（19）二四六～二四七頁。

第四章　原因において自由な行為

一　はじめに

近代刑法における責任主義の原則は、行為が構成要件に該当し、違法であるとともに「責任」があるものでなければならない。しかも、責任は犯罪行為のときに存在することが必要である。これを行為と責任の「同時存在の原則」と呼んでいる。「原因において自由な行為」(actio libera in causa) が問題とされるのは、刑法三九条との関係である。すなわち、三九条一項によれば、「心神喪失者の行為は、罰しない」と規定されているからである（ここでは、便宜上、三九条一項としているが、二項にも共通する）。そこで、通常は責任能力があるのだけれども、行為のときに責任能力が存在しない場合がある。その責任無能力の状態が、行為者の故意または過失によって惹起された場合をどのように扱うのかということが問題となる。例えば、飲酒・酩酊すると乱暴する癖のある者が、飲酒・酩酊の状態で他人に乱暴をしたような場合である。酩酊状態が心神喪失にまで陥っているのであれば、その際にした行為に対しては、三九条一項が適用されるのではないかということも考えられるであろう。そこで、この場合、酩酊した者が責任能力を欠いた状態でした行為であっても、その行為の原因となった行為（飲酒）時に責任能力があれば、当該行為が酩酊による「心神喪失状態」でなされたとしても、行為についての責任を問うことができるのではないかという理論が、「原因において自由な行為」の法理である。

すでに述べたように、わが現行刑法三九条一項では、「心神喪失者の行為は、罰しない」と規定しているだけで、「心神喪失」に陥った原因に関しては、特に触れていない。そこで、飲酒等により一時的にであれ「心神喪失状態」を招いた場合においても、その状態での行為について三九条一項の適用があるのかどうかということが検討されなければならない(1)。本章においては、①「原因において自由な行為」の理論を認めることができるのか否かということと、②認めるとすれば、「実行の着手」時期をどの時点で認めるのか。また、③酩酊中の行為によって生じた結果に対して、故意行為あるいは過失行為のどちらよる責任を負わせることができるのかという三点について検討する。

「原因において自由な行為」が論じられる場合において、もっとも重要な問題は、行為の際に必要とされる「責任」は、どの段階で存在することが要件になるのかということである。これに関しては、(ア) 責任能力は実行行為の時に存在すべきであるとする説と、(イ) 責任能力は必ずしも実行行為の時に存在する必要はないとする説に大別することができる。「原因において自由な行為」の理論を認める学説は、(イ) の考えに従うといってよいであろう。責任とは、行為者の意思形成に対する非難可能性であるが、非難可能といえるためには、責任が広い意味での「意思形成時」にあればよいのか、それとも「行為時」になければならないかということである。この問題と関連して、「原因において自由な行為」における実行の着手時期は何時かということも検討されなければならない。いずれにしても、「原因において自由な行為」の法理を認めることを前提にする問題である。このことからも理解できるように、学説においては、「原因において自由な行為」の理論を肯定する見解が一般的である(2)。わたくしも、

「原因において自由な行為」の理論を認めることを前提に、以下の考えを展開する。

わが国の通説、判例の立場は、「原因において自由な行為」における実行の着手時期を「原因行為時」、例えば、飲酒行為時に認めている(3)。この立場からは、すでに責任能力の欠けているときの行為であっても、原因となる行為のときに責任能力があれば、それ以後の行為について、責任能力のない状態での行為であっても、責任能力を認めることができるとする。つまり、責任無能力の状態でなされた行為だとしても、行為者に責任を問うことが可能ということになる。「原因において自由な行為」の理論が展開されたのは、行為者が、故意または過失によって自己を責任無能力の状態に陥れ、責任無能力の状態においてなされた行為を刑法三九条一項の対象となる行為とするか、それとも三九条一項の行為からは除外され、通常の責任能力者の行為として扱うのかということにあったといえよう。

わが現行刑法には、ドイツ刑法二〇条のような「精神障害」等に関する限定的な規定は存在しないので、飲酒等により一時的にであれ心神喪失状態を惹起した場合においても、三九条一項の適用があるのかどうかということが検討されなければならない。仮に、酩酊状態中の行為にも三九条一項にいう「心神喪失」の規定が適用されるということになると、酩酊中の行為は罰せられないということになろう。しかし、このようなことが、常識的にみて社会に受け入れられないことは言を俟たない。そこで、私見によれば、刑法三九条一項の対象となるのは、先天的であるとか、あるいは、病気等、本人の責に帰することのできない原因を前提にした心神喪失者による行為の規定であると解している。したがって、薬物や飲酒等による本人の責に帰すべき一時的な「心神喪失」「責任無能力」といった場合には、三九条一項の適用はないと解すべきである。つまり、薬物、飲酒等による一時的、人為的な「心神喪失」の場合には、「原因において自由な行為」の法理が適用され、その者の責任能力を問うことが可能となり、行為は可罰的であるとするのが、社会常識に適った理解であると考えるのである。「原因において自由な行為」の理論を肯定することによって、飲酒・酩酊等による心神喪失者の行為を可罰的であるとする考えが、わが国における通説的な立場である。ただし、「原因において自由な行為」の理論を認めるとしても、発生した結果に対する実行の着手時期や発生した結果に対して「故意犯」が成立するのか「過失犯」が成立するのかということについては、議論の余地がある。本章においては、これらの問題を検討する。

二　学説の検討

「原因において自由な行為」に関する学説には、「同時存在の原則」を厳格に解する間接正犯類似説と同時存在の原則を広く解する学説がある。

間接正犯類似説というのは、間接正犯が、他人を道具として利用する場合をいうのである。このことから、「原因において自由な行為」の場合においても、自己の責任のない状態を道具として利用するものであると考え、間接正犯と同じ論理構造をもつというのである。この立場は、わが国の通説的見解であるといってよい。すなわち、「行為者に責任能力のあった時期における、自由な意思状態での原因行為にその実行行為性を認めるべきであり、その行為に、自己を責任無能力状態に陥らせ、その状態での身体的動静によって一定の犯罪を実現させる現実的危険性が含まれているときは、それを実行行為と目しうる」(4)とされるのである。つまり、通説によれば、責任能力と実行行為との「同時存在の原則」を厳格に解しようとする結果、「原因において自由な行為」の実行行為は、心神喪失状態を招いた原因行為にあるとする。

これに対して、「同時存在の原則」を広く解する見解によれば、「責任能力は、必ずしも実行行為の当時にある必要はなく、原因設定行為をも包括する『行為』の当時に存すれば足りると解すべきである[5]」とされる。すなわち、「ある行為が一つの意思決定によってつらぬかれ、その意思決定が責任能力のある状態でなされたばあいには、行為者は、その行為全体について責任能力があるものとしての責任を負う[6]」というのである。このことは、たとえ行為が責任無能力の状態で行われたとしても、行為者が責任無能力の状態を招いたことが、自己の責に帰すべき事由により惹起されたかぎりにおいては、行為の時点で責任能力が備わっていなかったとしても、そのことだけによって責任能力全体の有無の判断をするべきではないということである[7]。

(一) 通説の検討

「原因において自由な行為」で問題となる「同時存在の原則」の解釈については、責任主義との関連で、特に、「実行の着手」時期をめぐって争いがある。それらは、飲酒行為時（原因行為時）に実行の着手を認める立場と酩酊中における侵害行為時に実行の着手を認める立場に大別することができる。

通説によれば、実行の着手時期を「原因行為時」に認めるのである。そうすると、原因となる行為をするとき（例えば、飲酒行為時）に責任能力があれば、それ以降の行為が、すでに責任能力を欠いている状態でなされた行為であっても、責任能力のある者の行為として認められることになる。「原因において自由な行為」が、間接正犯と同じ構造をもつものと解される以上、酩酊という自己の責任無能力の状態を利用して犯罪を行うということに関していえば、実行の着手時期について、このように解するのは十分に理解することができる。ただ、この立場からは、「原因において自由な行為」を間接正犯と同様に扱う関係から、飲酒によって自己を責任無能力の状態に陥れることが必要なのであって、限定責任能力の状態での行為には、「原因において自由な行為」の理論を適用することはできないとされている[8]。しかし、この場合、限定責任能力の状態であったとしても、飲酒行為時にすでに実行の着手はあるので、限定責任能力の状態でした行為について、それをどのように扱うのかという問題が生じてくるであろう。つまり、飲酒行為によって自己を責任無能力の状態に陥れようとする場合に、飲酒行為時に実行の着手を認めようとするならば、結果として限定責任能力の状態を惹起することで終ったとしても、間接正犯の理論によれば、すでに実行の着手はあったわけであるから、未遂犯の成立が考えられることになる[9]。もちろん、このように考えることは可能である。もっとも、主観説の立場からこのように考えることが可能であるとしても、客観説の立場からこのような主張をするのは、客観説からの考えに反するのではないかという批判がある[10]。わたくしは、「原因において自由な行為」を間接正犯類似説として扱うのは適当とは思えないのである。なぜなら、人間が自分自身を道具として使うことができるかというと、それは「否」といわざるを得ない。また、それに関連して、間接正犯類似説は、間接正犯の一形態として考えることはできるとしても、「原因において自由な行為」の理論に当て嵌めて考えるには、実行の着手に関して無理があると思うからである。さらに、この説によれば、原因設定行為時に「実行の着手」を認めることによって、「同時存在の原則」を堅持しようとする。通説の立場は、「同時存在の原則」を厳格に理解しようとする点では説得力はあるが、他方、仮に、原因設定時である飲酒行為時に犯罪（例えば殺人）を犯そうという意思があったとすれば、その後、何も行わなかったとしても未遂犯が成立することになるので、実行の着手時期を極めて早い時点で認めるという批判がなされている[11]。

通説の立場とそれに批判的な立場の違いは、責任と行為の同時存在という場合の「同時存在」とは、いかなる場合をいうのかという「同時存在」の捉え方にある。そこで、まず、責任と行為の同時存在という場合の「行為」について検討してみよう。「行為」とは、実行行為を意味する。実行行為とは、結果発生の危険性のある行為ということができる。したがって、私見によれば、酩酊中の者であっても、その者がしている行為に結果発生の危険を認めることができると解している。このように解すると、「同時存在の原則」を厳格に貫く立場からの批判もあろうかと思う。しかし、酩酊中の行為であっても、一定の条件の下においては、完全な責任能力を問いうるとし、これを責任能力ある者の行為として認めようとするのが、「原因において自由な行為」の理論である。したがって、仮に通説がいうように、「飲酒時」に実行の着手を認めるというのであれば、その前提条件を失うといわなければならないであろう。つまり、「心神喪失者の行為は、罰しない」という刑法三九条一項の規定があるにもかかわらず、飲酒や薬物による「心神喪失者」の行為を三九条一項から除外して、責任能力者の行為として扱おうというのが「原因において自由な行為」の理論ではなかったか。そうだとすれば、原因時に実行の着手を認めようというのであれば、その時点（原因時、例えば飲酒時）では、責任能力は充たされているのであるから、それに「原因において自由な行為」の理論を当て嵌める意義は見出せないといわなければならない。換言するならば、飲酒や薬物によって心神喪失に陥った者の行為の責任をどのように扱うのかということが、「原因において自由な行為」の問題の核心であった筈である。このように、「心神喪失者の行為」を対象としているのに、「心神喪失」になっていない者の事前行為について「実行の着手を認めるのは、適当とはいい難いであろう。

「間接正犯類似説」に対しては、既に述べたことのほかに、重要なものとして、原因時に「実行の着手」を認めることによって生じる未遂犯の成立時期の問題がある。すなわち、飲酒行為によって酩酊状態に陥り、心神喪失状態で人を殺そうとする場合には、飲酒する時点ですでに殺人の実行の着手が認められることになってしまう。そうすると、飲酒しただけでそのまま眠り込んでしまったという場合、「殺人」について何の行為にも出ていないにもかからず、殺人未遂を認めることになるわけであるが、飲酒するだけで殺人の実行の着手を認めることは、殺人と関係のない行為に、殺人の実行の着手を認めることになってしまい、そうなると「犯罪は行為である」という刑法の原則が極めて広い範囲で認められることになり、妥当とは言い難い。

たしかに、故意犯の場合、例えば、飲酒前からAを殺そうと思い飲酒酩酊した結果、計画どおり殺したというような場合であるならば、通説がいうように、原因時の行為に実行の着手を認める（私見では、せいぜい殺人予備）ということも十分に説得力はあろう。しかし、飲酒前あるいは飲酒開始時にはAを殺そうと思っていたとしても、飲酒中あるいは飲酒後の気持ちに変化があった場合はどうであろうか。例えば、飲酒前にはAを殺そうと思っていたのに、飲酒酩酊した後にAを殺すことを諦め、代ってBに対して強盗を行ったような場合である。このことを通説はどのように評価するのであろうか。原因時である飲酒時に実行の着手を認めるというのであれば、それは、いかなる犯罪に対する実行の着手に該当するのであろうか。仮に、当初の「Aを殺そう」という意思を重視するのであれば、殺人の実行の着手があったということになり、Aに対する殺人未遂が成立するというのは首肯できるとしても、Bに対する強盗については、酩酊状態、すなわち、責任無能力者の行為として強盗の責任は問えないということになってしまうのであろうか。そうだとすれば、「同時存在の原則」を厳格に貫くことは、一般的には承認しえない結果を招くことになってしまうであろう。それでは、飲酒酩酊による責任無能力状態と刑法三九条一項との関係は、どのように解することによって整合性を見出すことができるであろうか。

「同時存在の原則」を広く解する立場によれば、すでに述べた「同時存在の原則」を厳格に解する立場に対してなされている批判を、ある程度、補っているということができる。すなわち、「実行行為と責任能力との同時存在の原則を否定することによって、一方において原因において自由な行為の可罰性を維持しつつ、他方において実行の着手時期を一般の犯罪と同様結果発生の危険の切迫した時点に求められる」[12]としたのである。そこで、この立場からは、「結果発生の危険の切迫した時点」が、酩酊状態でなされていても責任能力を認めるのであるが、これは、「行為と責任能力の同時存在の原則」を厳格に貫く立場とは、当然のことながら見解を異にする。しかし、そもそも「原因において自由な行為」という理論は、三九条一項にいう行為と責任能力の「同時存在の原則」に対する原則に該当しない例外事象について、いかにして責任を認めるかということで考えられた理論であるということを念頭に置いておかなければならない。それにもかかわらず、「原因において自由な行為」の理論において、原則である厳格な「同時存在の原則」に拘泥することについて、わたくしは疑問を抱かざるを得ないのである。「同時存在の原則」を厳格に解する学説が、「原因において自由な行為」の理論そのものを否定するというのであれば、理解できるのであるが。

ところで、既述のように、「同時存在の原則」を厳格に解する立場とこれを広く解する立場とは別に、「原因において自由な行為」の理論を唱える見解もある。それは、「行為」を一時的なものとして捉え、前後の状況と切り離して考えるのか、連続的なものの一部として捉えるのかという見解である。これによれば、原因行為時の意思と「不連続的に結果行為の意思が生じる場合」と、「意思が連続している場合」に分け、前者の場合には、「犯意の発生と飲酒との間に相当因果関係があるとはいい難い」から、飲酒行為が原因とはいえず、過失犯の成立すらも否定しようとする。また、後者の場合、「責任能力の状態での犯意がそのまま実現されたときは、実行行為の時に責任能力がなくとも、発生した結果について責任を問うことができる」[13]とされるのである。

以上述べたことから、「原因において自由な行為」に関する重要な点が明らかになる。それは、実行の着手時期に関しての問題であり、これについては、「原因（行為）設定時」に認める説と、直接、法益侵害の危険のある行為をしたときに実行の着手を認める説、さらに、「連続」と「不連続型」に分ける説とがある。わたくしは、「同時存在の原則」を広く解する立場を基本的には支持し、直接、法益侵害の危険のある行為をしたときに実行の着手を認めるという考えである（もっとも、いかなる犯罪についての実行の着手を認めるのかということについては後述する）。問題は、原因行為を行ったとき（例えば、Aを殺そうという意思をもっての飲酒行為時）に抱いていたときの意思と実際に実行行為をしたときの意思（例えば、Bに対する強盗）が異なった場合をどのように扱うのかということである。この点に関して、平野博士は、「責任能力の状態での犯意がそのまま実現されたときは、実行行為の時に責任能力がなくとも、発生した結果について責任を問うことができるであろう。（しかし、銃で射った後、責任無能力の状態で刃物で斬った場合のように、最初の故意の内容と実質的に異なった行為であるときは、もはや責任を問うことはできない）」[14]とされる。この論拠は、右の例において、刃物で斬ったような場合には、犯意の発生と飲酒行為との間に相当因果関係があるとは言い難い場合が多いからであって、結局、飲酒行為は犯意の発生の原因行為とはいえないからだとされる。[15]もっとも、それだからこそ、後に述べるように、わたくしは、銃で射った第一の行為と刃物で斬った第二の行為は区別して考えるべきだと解している。このことは、飲酒時においては、自己の責任無能力状態を積極的に利用する意思も殺意もなかった者が、飲酒酩酊後に殺人を犯したという場合においても、問題の本質は変らないであろう。これに関する判例・学説の検討をしてみよう

判例には、飲食店で女給にさりげなくされたので、その女給を殴打した者に対して、共に飲食していた相手がそれを制止したことに憤激して、病的酩酊状態で、近くにあった包丁でその相手を刺殺した事件につき、「多量に飲酒するときは病的酩酊に陥り、因って心神喪失の状態において他人に犯罪の害悪を及ぼす危険ある素質を有する者は居常心神喪失の原因となる飲酒を抑止又は制限する等前示危険の発生を未然に防止するよう注意する義務がある

ものといわねばならない」として、過失致死罪を認めたものがある。[16] 学説によれば、「原因行為が過失によるものであるときは、結果行為が事実的過失（自然的観察による過失）で行われた場合だけではなく事実的故意（自然的観察による故意）で行われた場合であっても、原因行為時の過失がそのまま結果行為に実現された限度でのみ責任連関が認められて、過失犯が成立することになる」[17] とされる。私見によれば、本件については、殺人罪が成立する。なぜなら、「原因において自由な行為」の理論は、人為的になされた心神喪失状態の下で惹起された結果については、責任能力者の行為として扱うということではなかったかと理解するからである。したがって、心神喪失に至る原因行為が過失によってなされた以上、「原因において自由な行為」の理論が適用されるので、それによって惹起された結果については、本件のように、刺すことに故意が認められれば故意犯が、過失によって刺したのであれば過失犯が、責任能力ある者の行為の結果として扱われるべきだからである。わたくしは、原因時の故意・過失は、行為時の故意（自然的観察による故意）・過失（自然的観察による過失）と別個・独立に論じられるべきであり、原因時の過失が行為時の過失になるというのでは、「原因において自由な行為」の理論の本来の意味とかけ離れてしまうのではないかと思っている。故意とは、自然的観察による事実の認識であるとする私見によれば、事実的故意によって行われた結果は、故意行為の結果として扱うべきであると考えるのである。先述の判例においては、「居常心神喪失の原因となる飲酒を抑止又は制限する等前示危険の発生を未然に防止するよう注意する義務がある」とされているが、重要なことは、注意義務があるにも拘らず、飲酒したわけであるから、その飲酒に至る正常時の責任が、心神喪失時の責任となるのが「原因において自由な行為」の理論ではなかったかと理解している。仮に、認識の過失をも含めて原因時の過失が結果の過失になるということになると「犯罪は行為である」という大前提の根幹を揺がすことになりはしないであろうか。

判旨を要約するならば、原因行為時の飲酒を抑止又は制限する等危険の発生を未然に防止する注意注意義務があったのにそれを怠ったところに過失があるので、過失犯（過失致死）の成立を認めたのであろう。[18]本件については、「同時存在の原則」を広く解する立場においても、過失致死罪の成立を認めることになろう。このように、「同時存在の原則」を厳格に認める学説においても、それを広く認める学説においても、また、原因行為時の意思と結果行為時の意思が連続する場合と、不連続の場合を区別する学説においても、「飲酒行為時」（原因設定時）において、その後の自己の責任無能力状態における行為を積極的・消極的に利用する意思がないかぎり、発生した結果に故意犯の成立を認めることはできないとする。

しかし、飲酒前には飲酒運転をする気が全くなかった者が、誘惑に負けて飲酒・運転し事故を起こして人を負傷させた場合、この過失は、誘惑に負けたという過失になるのであろうか。誘惑に負けて飲酒したという過失が、事故を起こした過失とどのように結びつくのであろうか。刑法二一一条二項の「『運転』も、二〇八条の二と同じ意味であり、場所的限定はなく、自動車運転者が、自動車を発進させてから停止するまでの行為をいう[19]」のであれば、「運転上」の意味は、発進から停止までの運転行為の際ということになろう。そうだとすれば、「自動車の運転上必要な注意を怠り、よって人を負傷させた」という行為の意味は、運転行為によって人を負傷させたと解すべきで、誘惑に負けて飲酒したという過失は、人を負傷させたという行為とは、直接に関係はないのである。

すでに述べてきたように、わたくしの基本的な考えは、「同時存在の原則」を広く解する立場を支持するものであるが、原因行為時に責任能力があれば、事実的故意（自然的観察による故意）あるいは事実的過失（自然的観察による過失）によって発生した結果に対して責任を問うことができるということである。すなわち、故意犯が成立するのか過失犯が成立するのかは、「原因行為時」の故意・過失に因るのではなく、結果発生に直結する自然的観察による故意または過失に因って故意犯または過失犯が決定せられるということである。「原因において自由な行為」の理論は、実行行為のときに飲酒や薬物等の作用により責任無能力であったとしても、それに至る原因行為（飲酒等）のときに責任能力を備えていた者であれば、生じた結果についても責任を負わなければならないということである。したがって、原因時における故意・過失と結果発生時の行為における故意・過失は区別して考えなければならないのである。さもなければ、例えば、酒席での争い（殴り合いの喧嘩による傷害）は、殆どの場合が故意責任を問うことができなくなってしまうであろうし、過去に酒席で酔余喧嘩などしたことがない者にとっては、過失すら問うことができないということになるのではなかろうか。通説の立場では、原因時の故意・過失の存在が、発生した結果に対する故意犯・過失犯になっている。しかし、「原因において自由な行為」は、この二つの場合を区別することから始まり、しかも、結果発生時の行為に対して故意責任または過失責任を認めることであると思う。つまり、責任能力者である行為者を前提に、その行為者の起こした結果をいかに、故意犯・過失犯として理論づけるのかということである。

これまで述べてきたように、わたくしは、「原因において自由な行為」は、原因時に責任能力があれば、その後、責任無能力状態に陥ったとしても、責任のある者を前提にして、その者の責任無能力の状態下における行為をどのように評価するのかということを明らかにする点に意義があると解している。その際、考慮しておかなければならないことは、責任無能力の状態における行為であっても、それを故意行為か過失行為かに区別することは可能であるということである。それゆえに、刑法三九条一項が「心神喪失者の行為は、罰しない」と規定しているのは、責任がないから罰しないとしているのであって、故意あるいは過失がないから罰しないとしているのではない。通説のいう客観的違法性論は、行為の違法性は行為者の故意・過失、責任能力とは関係なく客観的に評価することができるのである。しかも、故意・過失は、主観的構成要件要素と解する立場からすれば、心神喪失者の行為であっても、故意行為による構成要件に該当することになる。私見によれば、故意は責任の要素ではないから、責任のない者の故意行為というものも当然に考えられるのである。「同時存在の原則」を広く解する立場によれば、原因設定時に実行の着手を認めることを否定するのであるが、それならば、例えば、飲酒酩酊すれば他人に暴力を振るう性癖のある者が、不注意にも飲酒酩酊して他人を故意に殺害したという場合に、過失致死罪を認めるということに矛盾はないのであろうか。

　この点について、西原博士は、「実行行為と責任能力との同時存在の原則を否定することによって、一方において原因において自由な行為の可罰性を維持しつつ、他方において実行の着手時期を一般の犯罪と同様結果発生の危険の切迫した時点に求められるようにしたい[20]」とされているが、それならば、責任能力のあることを前提にして、その者がする行為の形態によって故意犯か過失犯の成立を認めるべきであろうと思う。「原因において自由な行為」は、「行為の可罰性を維持する」という前提のもとに、責任能力の存在を想定して、さらに、行為の形態を論じなければならないのではなかろうか。換言するならば、「原因において自由な行為」の理論を認めるということは、責任能力者が行う通常の行為（犯罪）と何ら変らない犯罪（行為）の成立を認めることにほかならないのである。わたくしの考えでは、原因設定時に実行の着手を認めるとする「同時存在の原則」を厳格に解する立場は支持することができないのであるが、同時に、過って酩酊して人を殺したという場合に、過失致死（罪）を認めるとする「同時存在の原則」を広く解する見解に対しても、それを無条件に支持することはできないのである。原因設定時の故意・過失は、発生した結果に対する故意犯・過失犯になるというのであれば、それは「同時存在の原則」を厳格に解する立場と実行の着手時期を除いて、結論的には何ら異なるところはないといってよいであろう。問題は、原因設定時の行為者の意思と酩酊中の行為者の意思の差をどのように解するのかということである。

㈡　主観説の検討

「原因において自由な行為」の実行の着手時期をいつと考えるかについては、客観説の立場を採る学説の内部においても見解の相違がある。すなわち、「同時存在の原則」を厳格に解する立場と緩く解する立場の相違が、そのまま客観説内部の争いになっているといってよいであろう。それでは、主観説の立場からは、この問題をどのように解決するのであろうか。主観説からは、「責任無能力の状態を惹き起す行為例えば飲酒行為をなし酩酊状態に入ろうとした時をもって実行の着手と解すべきである[21]」とされている。すなわち、主観説においては、「犯罪的意思の存在を確実に識別させるところの外部的行為があれば足り、その外部的行為が日常用語的意味において構成要件的行為の一部とみられる行為たる必要はない[22]」とされる。この結論は、一部の客観説と一致する。しかし、客観説の立場から、このような結論を採ることに対する批判はすでに述べた。主観説からは、行為者の「全体的企図」を基礎として、直接に法益侵害の危険があるかどうかによって実行の着手時期を決定しようとする。そこで、「原因において自由な行為」における実行の着手時期を主観説の観点から検討してみることにする。主観説によれば、心神喪失の酩酊状態で人を殺そうという意思で飲酒し、酩酊状態において人を殺した場合における酩酊は、行為者の全体的企図からみて、飲酒行為は、直接、法益侵害の危険があると解することになる。この場合、「殺す行為」と「飲酒行為」をそれぞれ別個・独立に論ずることはできないのであり、飲酒行為は殺す行為と一体をなしている。つまり、意思が連続しているのである。意思が連続しているのであるから、その起点である飲酒行為に実行の着手を認めることは、主観説の考えからは理解できるのである。わたくしも、基本的には主観説を支持する立場にあるが、「原因において自由な行為」の場合については、「原因行為」と「実行行為」とは厳格に区別して考えるべきである。なぜなら、「原因行為」と「実行行為」を不可分の関係であるとし、「原因行為時」に実行の着手を認めるのであれば、原因において自由な行為の内容を構成している酩酊中の行為について論ずる意義はないといわなければならないからである。そもそも「原因行為」と「実行行為」は別個の概念として捉えるべきであり、両者の間に広い意味で因果関係を認めることができる場合があるとしても、常に因果関係を認めることができるというわけではないであろう。例えば、飲酒という「原因行為」があったとしても、それがそのまま「実行行為」に直結するとはかぎらないからである。いうまでもなく、犯罪は行為でなければならないので、行為は犯罪と直接結びつくものでなければならない。その意味で、「原因行為」である飲酒行為に、それを通して行った結果に対する実行の着手を認めることはできないのである。

三　同時存在の原則と責任

これまで述べてきたように、わたくしは、「原因において自由な行為」における「同時存在の原則」については、これを緩く解する見解を支持している。そこで、この見解を支持される西原博士と木村博士の見解を検討してみよう。

西原博士の説によれば、「責任能力のあるときの原因設定行為と、それの失われたときの現実の違法行為とは、一つの意思決定に貫かれた一つの行為と考えることができるであろう。そして、その行為のうち、通常の犯罪の場合における実行の着手時期に関する標準にしたがい実行の着手とされる時点以降のものが実行行為とされることになる[23]」とされる。

また、木村博士は、泥酔すると酒癖が悪く人を殴る癖のあることを知りながら、飲酒・泥酔状態に陥り、人を殴り怪我を負わせた場合において、「違法行為そのものは泥酔という責任無能力の状態において行なわれたのであるが、泥酔という責任無能力の状態を招く行為をした時――右の例でいうと飲酒行為をした時――には責任能力があったのであり、責任無能力の状態を招く行為をした時に責任能力があればよいから、違法な構成要件該当行為が成立すると解する。そして、その場合、泥酔状態においてなされた行為について予め認識または未必の認識があったときは故意犯が成立し、また、不注意で認識はなかったが認識の可能性があったときは過失犯が成立することになる[24]」とされ、基本的には、飲酒時を中心に発生した結果の故意・過失を問うとされるのである。しかし、このように考えるのであれば、間接正犯類似説に対してなされる批判がそのまま適用されることになろう。

これに対して、西原博士によれば、「実行の着手時期に関する標準にしたがい実行の着手とされる時点以降のものが実行行為とされることになる[25]」との見解を示されている。しかし、問題は、そのように考える場合、「実行行為とされることになる」という結果を発生させる行為、すなわち、結果行為がなされるときの行為者の意思である。従来の学説においては、殆どこの点について論じられていないように思われる。わたくしは、責任無能力者も行為能力を持ち、意思決定をすることができると解している[26]。したがって、厳密にいえば、「原因設定行為」のときの意思と「結果行為」のときの意思とは別個の意思ということができるから、両者は区別して考えるべきだと思う。この点について、佐伯博士は、「原因において自由なる行為の実行行為は無能力のときの挙動であるとしつつ、なおそれについてそれ以前の能力のあったときの行為者の意思態度に鑑みて非難可能性の有無を問うことも一向差支えがない[27]」とされ、原因時の行為者の意思（責任）に重点を置かれている。

前述したように、原因時の行為者の意思と結果行為時の行為者の意思は区別されるべきである。なぜなら、「過失による原因において自由な行為」の場合にみられるように、「原因設定行為」時の意思と結果を発生させる現実の違法行為時の意思とは、必ずしも同一の意思決定に貫かれているわけではないからである。たしかに、原因行為開始時に責任能力があれば、発生した結果に対して責任を問うことができるということになると、飲酒酩酊したが現実には違法行為を行うことなく眠ってしまったという場合には、「実行の着手」はないといえる。つまり、実行の着手は、発生した結果に対して行為を開始したときに認められることになる。このことからも理解できるように、原因行為開始時の責任能力と現実の違法行為を行う場合の責任能力は、理論的にも区別して論じなければならないのである。それは、次の例によって明らかになるであろう。すなわち、「原因設定行為」のときには、全く犯罪など犯す意思はなかったのに、飲酒酩酊して殺人を犯してしまったという場合には、原因設定行為時の意思が現実の違法行為にも貫かれているとすれば、この「殺人」を故意犯として処罰することはできないであろう。一体、いかなる犯罪が成立することになるのであろうか。このような場合に「殺人」を認めるのが「原因において自由な行為」の理論であった筈である。また、木村博士によれば、「責任無能力の状態を招く行為をした時に責任能力があればよいから、違法な構成要件該当行為が成立すると解する。そして、その場合、泥酔状態においてなされた行為について予め認識または未必の認識があったときは故意犯が成立し、また、不注意で認識はなかったが認識の可能性があったときは過失犯が成立する」(28)とされている。しかし、このように考えるのは疑問である。それは、右に述べた例のように、飲酒前の認識だけを規準にして、発生した結果の判断を行ってよいのかということである。つまり、行為より以前に存在する行為者の考えと行為時の行為者の考えは異なることもあるので、行為時の行為者の考え――右に引用した木村博士の事例――では、飲酒前の認識がどのようなものであったかは問題ではなく、泥酔して人を殺したような場合、「人を殺した」事実を重視すべきである。計画犯も激情犯も、謀殺も故殺も「殺人」としては異なるところはない。

「犯罪は行為である」から、結果を発生させた行為時の「故意行為」「過失行為」が、故意犯・過失犯を決定するのである。つまり、故意行為を誘発した原因が、故意によるものであったか過失によるものであったかは重要ではない。「泥酔に至る前に飲酒を止めるつもりで、かつ、止めることができると思って酒を飲み始めたところ、泥酔してしまって人を殴り傷害してしまった」という場合において、「泥酔に至る前に飲酒を止めるつもりでいたが、泥酔してしまった」というのは、「つもり」は、「認識」といえるから、認識に対する過失である。このことと行為の過失とは、直接には関連がないといわなければならない。すでに述べたように、「犯罪は行為である」から、認識の過失は行為の過失にはならないのである。過失犯は、あくまでも過失行為による「犯罪」である。さもなければ、これまでに泥酔した経験のない者が、初めて泥酔してしまい人を殺したという場合には、泥酔について故意も過失もないといえるから、無罪ということになるのであろうか。責任無能力の状態を招く行為をしたときに責任能力はあっても、そのときに違法行為をする意思はなかった場合には、責任能力のあるときの原因設定行為（このときに責任能力があるということが重要）と責任能力の失われたときの自然観察による故意行為とは、別々に論じられなければならない。つまり、この場合にも、飲酒酩酊してどのような行為に出るかは、飲酒時には不確定であったわけである。発生した結果に対して過失犯が問われるのは、「不注意な行為」による直接的な結果惹起があった場合に限られるのである。そして、故意行為に責任能力は必要とされないから、責任能力の失われた時の現実の違法行為は、故意による違法行為なのであって、それに「原因において自由な行為」の理論が適用されるか否かが検討されるべきであろう。

これまで述べてきたことから、わたくしは、「原因において自由な行為」の理論において重要なことは、原因時に責任能力が認められれば、それ以降の行為については、行為者に責任能力ある者の行為として認められるということである。ただし、原因時に行為者が認識していた事実と行為時に行為者が認識していた事実とは、別々にその内容を検討して、発生した事実に対して故意犯の成立か過失犯の成立かを検討しなければならない。

四　過失犯・故意犯と「原因において自由な行為」

過失犯と「原因において自由な行為」は、責任無能力の状態における結果惹起行為の原因となった行為につき、それが過失による場合であると一般に解されている。すなわち、責任無能力の状態における結果惹起——例えば、飲酒酩酊状態での結果惹起——の原因（飲酒）時での「過失」が問題とされる場合である。「原因において自由な行為」に過失犯の成立を認めるためには、一般の過失犯と同様の注意義務違反が認められなければならず、この場合に課せられる注意義務が、窮極的には当該結果を惹起しないように注意すべき義務であるとされている。[29] すでに述べたように、私見によれば、「結果惹起についての事前の過失」と「行為を過失で行う場合（この場合に過失犯が成立するのである）」とは、区別されなければならないのである。そして、原因行為時に存在する責任を前提に、原因行為時以降に責任能力がなくなっていようとも、その状態によって発生した結果行為については責任を認め、結果発生に関連する故意行為か過失行為かによって罪名が決定づけられるのである。

ところで、飲酒酩酊によって暴行を振う性癖のある者は、飲酒を避けるか制限するなどして、自己の危険な行為を未然に防ぐという注意義務が要求されるであろう。この義務に違反した場合には、たとえ行為が心神喪失の状態においてなされたとしても、なされた結果に対しては「原因において自由な行為」の理論によって過失犯の罪責を問うことは可能であるとするのが、判例や多数の学説の立場である。(30) このように、過失犯と「原因において自由な行為」についても、原因時に実行の着手を認める立場は、原因行為（例えば飲酒）が不注意になされたことになるから、「結果行為は実行行為の結果であるにすぎないと理解されるので、原因行為時の責任能力と故意・過失の存在によって原因において自由な行為の可罰性が肯定される。この場合、結果行為時の事実的故意は、責任故意ではないので、故意犯成立の根拠とはならない(31)」というのである。

(1) 過失犯と「原因において自由な行為」

過失犯と「原因において自由な行為」とは、責任無能力の状態における結果惹起の原因となった行為が過失でなされた場合をいうのであるが、この「事前の過失」をも含めて、「過失」をどのように扱うのかが、過失犯と「原因において自由な行為」の問題として検討されなければならない。例えば、酩酊する前は、酩酊後のことは何も考えずに飲酒を開始した者が、不注意にも酩酊状態となり、その結果、心神喪失の状態で人を殺したというような場合、これを故意殺人と解するか過失致死と解するかの問題が生じよう。これに関連したものとして、覚せい剤を多量に使用すると幻覚、妄想に支配されて暴力的行為をする習癖を有する者が、不注意にも覚せい剤を多量に使用して、日本刀で内妻を殺したという事案で、重過失致死罪が成立するとした判例がある。(32) この事案では、実行の着手時を原因設定時と考えているのであろう。このことからいえることは、「原因において自由な行為」で重要なのは、飲酒時に犯罪結果につき予見があるか予見可能な場合である。それゆえに、飲酒行為を開始する時点での結果に対する行為者の認識がすべてであり、その時点で過失犯を処罰しえない者については、酩酊中の違法行為が故意によってなされても処罰されることはないことになる。つまり、行為者の持っている性癖と併せて、原因設定時の故意・過失が罪名を決定づけるのである。そこで、犯罪を未然に防ぐために、原因時（例えば飲酒）に実行の着手を認めようとする。このような考えに対しては、完全な酩酊状態に至るまで飲酒することが確かに危険な行為であるとしても、それを構成要件の一部とすることは問題である。また、完全な酩酊状態において犯罪を行ったという侵害性において違法であるにもかかわらず、飲酒時に実行の着手を認めることは、酩酊中の犯罪行為の主観的要件を無視することになるが、主観的要件を無視しては、いかなる種類の犯罪行為がなされたかを確定しえないという不都合が生じる。さらに、例えば、泥酔して責任無能力状態において殺人を行なおうとする場合に、飲酒行為がどうして殺人の「人を殺す」という構成要件の型に当て嵌まる行為となるのか。このようなことは、予備と実行の着手との混同と言わざるを得ない。

本来、「原因において自由な行為」の理論は、原因時に自由意思があれば、その原因時以降に責任能力が欠如しても、責任能力ある者の行為として扱うというのが、本来の主旨であった筈である。つまり、三九条一項の適用は、それが「原因において自由な行為」が適用される場合には除外され、正常な精神状態での行為として扱うための責任の所在に関する理論であった筈である。それにもかかわらず、これまでの議論については、いささか本旨から外れたところで議論されていたように思えてならない。

(2)　故意犯と「原因において自由な行為」　「原因において自由な行為」の理論を故意犯に適用する場合、「同時存在の原則」に関連する実行の着手をどの時点に求めるかをめぐって、過失犯の場合と同様の問題が残る。故意犯の場合、原因行為時に実行行為を認めるとすれば、原因行為（例えば、飲酒）だけで、それ以後に何の行為にも出なかったとしても——飲酒行為だけで——実行行為を認めることになり（未遂犯が成立する）、このように解するのは妥当でないとする批判が有力である。しかも、原因設定時に実行の着手を認めようとするのであれば、故意の場合と過失の場合とを区別して論ずるのは、一貫性を欠き妥当とはいい得ないから、過失の場合にも原因設定時に実行の着手を認めなければならないであろう。仮に、故意犯の場合、例えば、飲酒行為に実行の着手を認めないで酩酊中の行為に実行の着手を認めるというのであれば、過失犯の場合においても、不注意で酩酊状態に陥ったとしても、そのときに実行の着手を認めるべきではなく、酩酊中の行為に実行の着手を認めるべきであろう。過失犯とは、落ち度のある人間の行為自体を指すのであって[33]（傍点筆者）、行為とは直接関係のない行為以前の要素に刑法的評価を認めることは妥当でないといわなければならない。このように考えると、「原因において自由な行為の場合も、最終的な意思決定はやはり結果行為の時に責任無能力状態でなされているとみるほかはない[34]」のである。「原因において自由な行為」の理論は、本来、例えば、飲酒を原因とした酩酊中の行為であっても、その飲酒をするときに自由意思（責任）が備わっている場合には、結果行為時に責任無能力状態でなされた行為であっても、酩酊による心神喪失等の責任減免を行わないという理論であるから、原因時の行為と結果を発生させたときの行為は区別して論じられなければならない[35]。

故意犯と「原因において自由な行為」の問題は、実行の着手時期をどの時点に求めるかの問題であって、特に、原因時に実行の着手を認めるという説からは、「原因において自由な行為」の問題と必ずしも一致しないのではないかと思う。なぜなら、「原因において自由な行為」の問題は、例えば、故意・過失により飲酒・酩酊して心神喪失等になって犯罪を犯した者の責任の所在をどのように処理するのかということである。したがって、実行の着手時期を原因着手時期に認めるのであれば、それを「原因において自由な行為」の問題として検討する意義はないからである。

五　おわりに

「原因において自由な行為」を過失犯・故意犯に適用しうるかどうかについて、学説・判例は必ずしも一致しているわけではない。そもそも「原因において自由な行為」とは、飲酒などの「原因行為」によって責任無能力の状態に陥った者が、その状態で犯罪結果を生じさせた「責任」をどのように扱うのかということを内容とする理論ではなかったか。その際、重要なことは、実行の着手時期に関連して、原因行為に対する実行の着手時期と結果行為に対する実行の着手時期について、どのように考えるのが適当かということである。わたくしは、責任無能力者であっても、故意行為や過失行為をすることができるということを前提にして、これまで述べてきたように、例えば、飲酒・酩酊中の行為であっても、結果惹起行為が直接なされたときを実行の着手と考えている。その場合、注意しなければならないのは、原因時と結果発生時の着手時期は区別して考えなければならないのであるが、私見によれば、原因時の着手時について論ずることは、殆ど意味をもたないということである。仮に、心神喪失前の原因時の行為に実行の着手を認めるというのであれば、酩酊による心神喪失中の行為であっても、通常の責任を負わせるという「原因において自由な行為」の本来の趣旨から外れてしまう。「原因において自由な行為」の理論とは、例えば、飲酒によって酩酊し、心神喪失になった状態で犯罪行為を行った場合、この心神喪失状態を招く飲酒行為を行ったときに責任能力があれば、その後の行為についても、通常の責任能力者の行為として扱うというための理論なのであるから、実行の着手時期は責任無能力中に行った結果行為着手時に求めるべきである。したがって、原因時の行為において重要なことは、その時点で責任能力があったか否かということであるから、原因行為時に行為者に責任能力があったということになれば、それ以降の行為については、責任能力の備わった者の行為ということになる。仮に、飲酒・酩酊して犯罪を犯そうと思って飲酒しても、それは、犯罪を犯そうとする動機づけの着手か、せいぜい予備にすぎない。したがって、その後に行われるであろう犯罪に対する実行の着手とはいえないのである。わたくしが、原因（行為）時と結果発生時の着手時期は区別しなければならないというのは、この点を重視するからである。このことから、「原因において自由な行為」の対象となる犯罪の実行の着手時期は、原因行為時ではなく結果行為時と解するべきである。それゆえに、多量に飲酒して酩酊したのは過失であっても、その過失と心神喪失状態で人を殺した場合における故意は、別個・独立に論じられるべきであって、この場合には、殺人罪が問われるべきなのである。これを過失致死罪とするのは、実行の着手を原因行為時に求めるということに固執するように思えるのである。また、実行の着手時期をこのように考えるのであれば、「同時存在の原則」は厳格に守られているので、「原因において自由な行為」の理論を適用する意味はないであろう。なぜなら、すでに述べたように、「原因において自由な行為」の理論は、飲酒等によって一時的に心神喪失中の者の行為に責任を認めることを前提にしているからである。

そこで、さらに、従来の理論を基礎にして、例えば、酒席で喧嘩した事例を検討してみよう。始めから喧嘩をする意思の全くなかった者（通常は、これが一般的である）が、飲酒・酩酊して喧嘩をし、それによって発生した結果（例えば傷害）に対して、どのようなことが考えられるのかというと、おそらく過失あるいは場合によっては過失すら問えなくなってしまうであろう。この場合、過失を問うとする根拠は、過失犯の場合にも原因行為を惹起させた過失を実行行為の過失と考えるからであろう。しかし、原因時に過失があったとしても、行為は過失でなされているのではなく、故意によって相手を傷害しているのである。それにもかかわらず、そのことが全く考慮されていないのである。過失傷害は、あくまでも傷害行為が落ち度のある直接的な人間の行為自体によってなされるということである。従来の理論によれば、この場合にも、原因時の意思決定と結果発生時の意思決定を同一のものと解している。しかし、責任無能力者にも行為能力があり、意思決定をすることができる。その意味で、原因時の意思決定と結果発生時の意思決定とは区別して考えるべきであるということは、これまで再三にわたって述べているとおりである。仮に、原因時の意思決定と結果発生時の意思決定を同一のものと解するならば、多くの場合、飲酒による故意犯そのものが否定されることにもなりかねないであろう。飲酒前には犯罪を行うという意思があっても、飲酒中あるいは飲酒後に気持ちが変るということは多々あることなのである。

「原因において自由な行為」の理論の出発点において重要なことは、第一に、「原因において自由な行為」の理論そのものを認めるか否かの問題がある。これを認めるとするならば、そのこと自体、「同時存在の原則」を広く解するということではないかと思う。その際、問題となるのは、「原因設定時の意思」と「結果発生時の意思」という二つの異なる意思をどのように解するのが適当かということが焦点となる。このことを考察するにあたって、例えば、心神喪失者に人を殺すという故意を認めることができるかどうかということを検討することが重要である。故意とは、「事実の認識」であるとすれば、責任無能力者（＝心神喪失者）にも、故意による殺人を認めることができる。わたくしは、故意は構成要件の要素であるということを前提に、三九条一項の「罰しない」の解釈として、心神喪失者の行為であっても、構成要件に該当する違法（客観的違法論）な行為はなされているが、責任を阻却するという規定であると解している。したがって、責任無能力者も故意行為を行うことは可能である。そうすると、「原因において自由な行為」における過失犯成立の場合を考えると、原因設定時の行為と結果発生時の行為とは、それぞれ異なった意思決定による行為であるから、両者は区別して考えなければならないということが理解できるのである。このことに関連して、平場博士は、酩酊中に故意による犯罪を犯し、酩酊前にそれに対する予見可能性があった場合、故意犯に対する過失責任を認めるのが妥当であるとされている。このことの意味は、責任無能力の状態における故意に故意犯としての刑罰を科することに躊躇したからであろう。そして、「事実的故意プラス非難可能性一般をもって故意犯の重い責任を裏付けうるかは疑問である」[36]とされているのであるが、実は、「原因において自由な行為」の理論の内容は、まさに、このことを肯定することを意味しているのではなかろうか。平場博士の故意犯に対する過失責任を認めるという考えは、心情的には理解できる。しかし、理論的には妥当といい難い。酩酊中の故意行為は、構成要件的には故意犯であるが、責任の点は過失責任であるとした場合、成立した結果に対しては故意犯の成立を認めるのか過失犯の成立を認めるのか、また、それに対する明確な結論および理論づけがなされていない[37]。とはいえ、従来の判例や通説が、原因設定時に過失があれば発生した結果についても過失犯を認めてきたことに対して、「現実に故意犯の構成要件を充しているに拘らず、これを過失犯としてしまう」[38]のは疑問であるとの指摘は適切である。わたくしは、「原因において自由な行為」の理論を認めるのであれば、心神喪失中の行為にあっても、事実的故意があることによって故意犯としての責任を負わせるべきであると考えている。「原因において自由な行為」の理論は、そのようなことを想定して考えられたものと思うからである。

次に、酩酊中の犯罪行為につき、飲酒時に予見可能性すらもなかったが、酩酊して責任能力を失い違法行為をした場合を検討してみよう。わたくしは、責任無能力の状態においても故意犯の成立を認めることができると考えるから、発生した結果に対しては、飲酒時に予見可能性すらなかったとしても、やはり故意犯成立を認めるのが妥当であると思う。このように考えるのは、責任非難の対象となるのは、個々の「行為」における行為者の「意思」が、実行の着手時に考慮されることが基本的に重要であると考え、責任判断の対象となるのは構成要件に該当する

「行為」であり、この「行為」に行為者人格の主体的現実化が現われている。「原因において自由な行為」の場合、たしかに、意思形成は酩酊中であり、その際に行われる行為は責任能力を欠いている。しかし、原因において自由な行為の場合には、責任無能力の状態は自らの責任ある状態の下に招いたものである。さらに、たとえ実行の着手時には責任無能力の状態であったとしても、責任無能力者にも故意行為を行うことは可能であることからすれば、発生した結果に対しては、故意責任を問うことができると解すべきである。つまり、「原因において自由な行為」の理論の下では、故意行為をするについても、責任能力は不要なのである。

これまで述べてきたように、「原因において自由な行為」における「実行の着手時期」は何時かということについて、「原因行為設定時」に求める説と「酩酊中の侵害行為時」、つまり、「結果行為時」に求める説がある。これらの説においては、行為者の意思は、原因たる行為を開始したときの行為者の意思、例えば、飲酒して殺すとか、飲酒すれば暴力を振るうかも知れないということを前提に論じられてきた。つまり、「責任無能力の状態で違法行為を行なうことについての故意・過失が事前に存在すること、および、その当時完全な責任能力が存在することが前提となり、それが存在するにもかかわらず自己を責任無能力の状態に陥れること自体に非難可能性が認められた」[39]わけである。そして、結果に対する非難は、事前に存在する「責任無能力の状態で違法行為を行なうことについての故意・過失」が、そのまま故意（犯）・過失（犯）の責任となったのである。

原因において自由な行為における行為者の責任能力の存在時期を何時と解するかについての学説は既述したとおりである。わたくしは、基本的には、酩酊中の行為であっても、責任を問うことができるとする説が妥当であると考えている。その際、重要なことは、「原因時」の心理状態と「結果を発生させた行為時」の心理状態は区別されなければならないということであり、行為者が最終的に負う責任は、原因設定時に存在した責任能力が、結果発生行為時にまで継続すると考えるべきであるから（これが、本来の「原因において自由な行為の理論」ではなかったか）、発生した結果に対して、それが故意になされれば、故意責任を負うことになる。したがって、西原博士がいわれるように、放火の未遂が問題となったときの責任能力は、「放火をしようという意思決定が外部的な行為となってあらわれたときにあればよいということになるわけである。もっとも、行為者がその外部的行為に出たあと犯意をひるがえしたが、のち別な機会に責任無能力の状態に陥ってその際放火をしたという場合には、当該放火は当初の、責任能力ある状態において決定された意思の実現とはみられないから、行為者は、いうまでもなく、責任能力あるものとしての責任を負わない[40]」とされる点について、わたくしは、責任無能力の状態に陥ったことが行為者の故意・過失によるものであれば、別の機会の放火であっても、放火罪が成立し責任を負わなければならないと考える。このように解することが、取りも直さず「原因において自由な行為」の理論を認めることにほかならないからである。西原博士の見解は、「責任能力のあるときの原因設定行為と、それの失われたときの現実の違法行為とは、一つの意思決定に貫かれた一つの行為と考えることができる[41]」が「行為者がその外部的行為に出たあと犯意をひるがえしたが、のち別な機会に責任無能力の状態に陥」った場合には、原因設定時の意思と現実の違法行為を行った意思が異なることになるから、一つの意思に貫かれた一つの行為と考えることができないとされていることになる。第一の行為に出たあと犯意を翻しているので、一見すると、第一の行為との関係でいうならば、責任能力は消滅しているように理解できなくもない。したがって、別の機会において責任は消滅しているので責任無能力の状態といえるかもしれない。

しかし、結果に対して、全然認識がなく、飲酒・酩酊をして他人を刺殺した場合にも殺人罪が成立するというわたくしの立場からは、責任無能力状態を自ら招いたものであり、それによって結果を惹起させたということであるかぎり、結果に対する責任を免れることはできないのである。換言するならば、飲酒前には何の犯罪的計画もなかったが、飲酒・酩酊によって犯罪を行った場合、行為者には犯罪を犯すに至るようになるまで飲酒しないで、飲酒を止めるべきであるという義務が要求されよう。このことが、「原因において自由な行為」における「責任」の根拠となる。さもなければ、飲酒・酩酊による殆どの犯罪行為には三九条一項が適用されることになってしまうが、それは妥当ではない。それゆえに、飲酒・酩酊してしまった場合の義務違反は、結果が発生したときに意味をもつのである。このことは、結果を重視するということではなく、実行の着手を酩酊中の責任無能力の行為に求めるうえで意義をもつのである。しかも、飲酒前には何の犯罪計画もなかったのであるから、飲酒時には刑法的に如何なる非難も受けない。ところが、飲酒・酩酊して他人を刺殺したとすれば、その刺殺を行うに至るまで飲酒したという点が非難（責任）の対象となるのである。すなわち、飲酒開始時からの責任は、飲酒による全ての犯罪の実行行為まで一貫すると考え、それは、飲酒後の全行為の責任ともなるのである。もっとも、犯罪に関係しないかぎり、飲酒・酩酊は故意であろうと過失であろうと刑法上、重要ではない。このように、飲酒・酩酊による責任の問題は、「原因において自由な行為」の理論によって、刑法三九条一項の適用から除外されると考える。そして、飲酒の時点で殺意をもっている場合と、その段階では殺意のなかった場合は予備の有無で区別し、また、飲酒の時点で殺意がなく結果的にも殺意がなくて死を惹起させた場合（この場合が、過失致死）や、飲酒の時点で殺意はあったが、結果発生時の行為には殺意がなかった場合（この場合は、殺人予備罪と過失致死罪の二罪が考えられる）を区別することができる。これらは、いずれも飲酒の時点において責任能力があることによって、「原因において自由な行為」の理論が適用され、その意味で、「実行行為」と責任能力の「同時存在の原則」は保たれるのである。

（1）ドイツ刑法二〇条は、「精神障害に基づく責任無能力（Schudunfähigkeit wegen seelischer Störungen）の規定の中で、その対象を「病的な精神障害、根深い意識障害、または精神薄弱もしくは重大なその他の精神的変質性」をもっている者に限定している。わが国における「原因において自由な行為」の理論は、「臨床の場において、自分を責任無能力状態において犯罪を遂行し、犯罪実行時には責任能力がないから犯罪は成立しないという主張がなされたのに対して、自分を責任能力のない状態に置く原因行為に実行行為性を認めて、その時点において責任能力を有する限り、犯罪が成立するという形で犯罪の成立を認め（る）」ために作られた理論とされている（和田仁孝＝大塚正之編著・家事紛争解決プログラムの概要（二〇一四年）三頁。

（2）「原因において自由な行為」の理論に否定的な見解としては、浅田和茂「原因において自由な行為」中義勝先生古稀祝賀（一九九二年）一五九頁以下。

（3）福田平・全訂刑法総論（第五版・二〇一一年）一九七頁、大塚仁・刑法概説総論（第四版・二〇〇八年）一六六頁、香川達夫・刑法講義総論（第三版・一九九五年）二二三頁。

（4）大塚・前掲注（3）一六六頁。

（5）西原春夫・刑法総論(下)（改訂準備版・一九九三年）四五八頁。

（6）川端博・刑法総論講義（第三版・二〇一三年）四三三頁。

（7）佐伯千仭・刑法講義総論（一九六八年）二三五～二三六頁。

（8）団藤重光・「みずから招いた精神障害」刑法と科学〔法律篇〕植松博士還暦祝賀（一九七一年）二二九頁。

（9）このような考えに対する批判として、西原・前掲注（5）四六一頁。

（10）西原・前掲注（5）四六〇頁。

（11）平場安治・「酩酊と刑事責任」刑法講座第三巻（一九六三年）五七頁、西原・前掲注（5）四六〇頁。なお、別の観点からの批判として、丸山治・「『原因において自由な行為』に関する一考察(1)」（北海学園大学法学研究）一八・一（一九八二年）七頁。

（12）西原・「原因において自由な行為についての再論」団藤重光博士古稀祝賀論文集第三巻（一九八四年）三四頁。

（13）平野龍一・刑法総論Ⅱ（一九七五年）三〇三頁以下

（14）平野・前掲注（13）三〇五頁。

（15）平野・前掲注（13）三〇四頁。

(16) 最判昭二六・一・一七刑集五・一・二〇頁。
(17) 内藤謙・刑法講義総論(下)Ⅰ（一九九一年）八八一頁。
(18) 浅田教授は、「実行行為の時点で、責任能力による同時的コントロールが可能であることが、その行為を処罰する理由でなければならない」（刑法総論［補正版・二〇〇七年］二九四頁）とされる。そうすると、飲酒等によって、行為時にコントロールができない者の行為は、一切、不可罰ということになるのであろうか。この考えでは、「原因において自由な行為」の理論は不要ということになる。
(19) 北川佳世子・浅田和茂＝井田良編・別冊法学セミナー新基本法コンメンタール刑法（二〇一二年）四六四頁。なお、本文中の刑法二一一条二項、二〇八条の二は平成二六年の改正で、それぞれ「自動車の運転により人を死傷させる行為等の処罰に関する法律」の中に組み入れられた。
(20) 西原・前掲注(12)三四頁。
(21) 木村亀二（阿部純二増補）・刑法総論（一九七八年）三四八頁。
(22) 木村・犯罪論の新構造(上)（一九六六年）四六三頁。
(23) 西原・前掲注(5)四六三頁。
(24) 木村・前掲注(22)四六二頁。
(25) 西原・前掲注(5)四六三頁。
(26) 平川宗信・「原因において自由な行為」現代刑法講座(2)（一九七九年）二八三頁。
(27) 佐伯千仭・「原因において自由な行為」刑事法講座第二巻（一九五二年）三〇八頁。
(28) 木村・前掲注(22)四六二頁。
(29) 西原・「過失犯と原因において自由な行為」日沖憲郎博士還暦祝賀「過失犯」(1)（一九六六年）二二六頁。
(30) 最判昭二六・一・一七刑集五・一・二〇頁は、類似の事件のリーディングケースとされている。
(31) 川崎一夫・「過失犯と原因において自由な行為」刑法判例百選Ⅰ（第四版・一九九七年）七七頁。
(32) 京都地舞鶴支判昭五一・一二・八判時九五八・一三五頁。

(33)　大塚・前掲注（3）一〇三頁。
(34)　平川・前掲注(26)二八四頁。
(35)　この点について、林美月子教授は、「意思決定時に責任能力が存在したにすぎない場合を、実行行為時にも責任能力の存在した場合と全く同様に扱うことには責任原理の上で問題が残るのではないだろうか」（情動行為と責任能力、一八八頁）とされ、また、「飲酒酩酊や薬物中毒によって暴行・障害にでる性癖といっても、相当因果関係を基礎付け得るほど暴行・障害への危険性が高いのかに疑問がある。また、酩酊すれば暴行等の意思が生じるか否かは偶然に左右されることが多いとすれば、事前の故意も認めにくくなる」「故意犯と原因において自由な行為」（刑法判例百選Ⅰ総論〔第四版・一九九七年〕七九頁）とされているが、意思決定時の行為と実行行為とを分けて考えようとするのは、適切である。
(36)　平場・前掲注(11)六六頁。
(37)　平場博士は、この場合とは逆に、過失犯に対する故意責任を認めることになるのかという問いに対して、「故意犯に対する過失責任を認めたことの逆として過失犯に対する故意責任をも認めなければ論理は一貫しないことになる。ただ実定法が過失犯に対する故意責任を認めていない以上、現実には過失犯として罰し、単に情状として刑を加重するしか外はない」（前掲注(11)六八頁）とされている。しかし、この場合には、法的に無意味な過失行為を原因として、法的に意味のある故意行為を認めるべきである。したがって、故意犯の成立を認めるべきである。
(38)　平場・前掲注(11)六六頁。
(39)　西原・「責任能力の存在時期」佐伯千仭博士還暦祝賀「犯罪と刑罰(上)」（一九六八年）四〇五頁。
(40)　西原・前掲注(39)四一三頁。
(41)　西原・前掲注（5）四六三頁。

第五章　中止未遂の問題点

一　はじめに

刑法四三条には未遂が規定されており、前段が障害未遂、「但し書」以下に中止未遂の要件が規定されている。本章で検討するのは、「中止未遂」についてであるが、中止未遂については、「自己の意思により犯罪を中止したときは、その刑を減軽し、又は免除する」と規定され、中止未遂の場合には、必要的減免が認められている。そこで、本章では、中止未遂に関する諸問題のうちで、「中止未遂を寛大に扱う根拠は何か」ということと「中止未遂は着手中止と実行中止の両者に認めることができるのか」という問題を中心に考察する。

中止未遂は、なぜ、寛大に扱われるのであろうか。この点について、わが国の学説には、（ア）刑事政策説、（イ）法律説の二つの考え方がある。刑事政策説は、リストのいう行為者のために「後戻りのための黄金の橋[1]」(eine goldene Brücke zum Rückzuge) を架けることによって、法益の侵害（結果発生）をできるだけ予防しようというわけである。これに対して、法律説には、ⓐ違法減少説、ⓑ責任減少説の二つがある。

違法減少説は、中止未遂の刑を減免する法的性格は、中止することによって違法性が減少するという考えである。つまり、違法減少の根拠を「実行の着手により生じた行為の危険への方向が未だ客観化されない以前において中止されたばあいは、主観的違法要素の消滅による計画の危険性の喪失に、また一度び危険状態が客観化されたばあいは、かかる危険状態の消滅による現実の危険性の喪失に求むべき[2]」であるとか、「反規範的意思を撤回し合規範的意思を中止行為という外界に表動させたこと[3]」にあるとしている。これに対して、責任減少説は、「中止行為に示される行為者の人格態度が責任を減少させる[4]」とか、「自己の意思で思いとどまった以上責任が軽くなった[5]」と考えるのが妥当といった理由から唱えられている。

㈠　刑事政策説の検討

刑事政策説は、中止未遂の規定によって、犯罪に着手しても、刑を必要的に減免することにより、行為者に「後戻りのための黄金の橋」を架けることによって犯罪を中止し、結果の発生を防止することができるのではないかとされている[6]。刑事政策説は、ドイツでは通説的地位を占めているといってよいであろうが、わが国では少数説に留まっている。それは、ドイツにおいては、中止犯を不可罰としているけれども（StGB § 24）、わが国では必要的減免として扱っているにすぎない。したがって、ドイツにおける刑事政策的な考えが、そのままわが国の中止未遂の規定に当て嵌るわけではない。

このように、わが刑法においては、中止未遂は不可罰ではなく刑の必要的減免に留まるので、政策的理由で説明し尽すことはできないということが、刑事政策説に対する批判の中心を成しているといってよいであろう[7]。そこで、本章においては、法律説である違法減少説と責任減少説について検討する。

(二) 違法減少説の検討

違法減少説によれば、任意の中止は、一旦着手された違法性を減少させるというのである。その理由については、すでに述べたように、「反規範的意思を撤回し合規範的意思を中止行為という外界に表動させたこと」によって違法性が減少するとか、「実行の着手により生じた行為の危険への方向が未だ客観化されない以前において中止されたばあいは、主観的違法要素の消滅による計画の危険性の喪失[8]」に根拠を求むべきであるといった説明がなされている。また、平野博士は、「未遂犯の場合、故意は主観的違法要素である。一度故意を生じた後にこれを放棄し、あるいは自ら結果の発生を防止した場合は、違法性の減少を認めることができる[9]」とされている。このように、違法減少説は、主観的違法要素を認めることを前提に任意の中止によって違法性が減少すると理解しているといってよいであろう。

違法減少説に対しては、この説が未遂犯の故意について主観的違法要素であることを前提にしているが、他方、未遂犯の故意を主観的違法要素と認めない見解からは、違法減少説と対立する。すなわち、主観的違法要素を認める立場からは、主観的な違法の程度によって違法性に軽重を認めるということが根底にあるといってよいであろう。これに対して、主観的違法要素を否定する立場からは、「障害未遂と中止未遂とが客観的な違法事実としては同一であるにもかかわらず、自己の意思によったか否かによって違法性（法益侵害性）に相違があるといいうるかという点に根本的な問題[10]」があるというのである。つまり、「一つの事実に対する違法評価は固定的なものであり、変化した事実に対する違法評価はさきのものとは別個であって、さきの事実に対する違法評価に影響をおよぼすことはできない[11]」とされる。さらに、「中止犯の効果の一身専属性という点も、違法性の連帯的性格にそぐわない[12]」といった批判がなされている。

(三) 責任減少説の検討

責任減少説は、主として、道義的責任論・人格的責任論の立場から主張されてきたが、近時、結果無価値論者からも主張されている。それによれば、責任減少説の骨子は、そもそも中止未遂においても、結果が発生しなかったという点では障害未遂と同じであるが、中止未遂においては、結果不発生時の行為者の主観面での「自己の意思により」ということが要求されるのである。すなわち、責任減少説を唱える小野博士によれば、「道義的責任とは、反道義的な行為につき、其の行為者に対する道義的非難に基いて責任を負わせること[13]」が道義的責任であるとされるのである。小野博士の理論からすれば、中止未遂は、「道義的非難」が減少すると考えられよう。また、団藤博士によると、「中止未遂に示される行為者の人格態度が責任を減少させる[14]」とされるのであるが、この理論からは、自己の意思による中止未遂が、「人格態度」(行為者の主観)に影響し責任を減少させるということになろう。

たしかに、小野博士や団藤博士のいわれるように、「道義的非難に基いて責任を負わせる」にしても、あるいは「行為者の人格態度が責任を減少させる」にしても、結果が発生してしまった場合には、中止未遂の必要的減免を受けることはできない。そうすると、結果の発生は、責任に影響を及ぼすのかということが検討されなければならない。これまでに述べた責任減少説の立場からすれば、「道義的非難の減少」は、結果発生とは性質を異にするものであろうし、団藤博士のいわれる「行為者の人格態度」も結果発生とは区別して考えなければならないと思う。この点に関するかぎり、牧野博士の「中止行為の真摯性が立証される限り、結果がいかにあろうとも、中止未遂に関する特例が適用せられてしかるべきもの[15]」との理論は、一貫性がある。なお、近時では、「実行行為後の事後行為としての中止行為は、合法性への帰還を果たすことにより事後的に責任清算を果たし、それによって可罰的責任を減少させる[16]」との見解もある。

未遂犯は、結果の発生を欠くことにより、既遂犯に比べて違法性が減少するが、この点に関するかぎり障害未遂と中止未遂に差はない。そこで、結果無価値論の立場からすれば、「法益侵害の現実的危険性」が生じた以上、違法性の程度に関して中止未遂と障害未遂を区別する理由はない。したがって、中止未遂に違法減少としての側面を認めるとしても、それは、既遂犯との対比でのみ意味をもつのである。そして、「自己の意思により」未遂の段階で止めた結果として、「責任」が障害未遂よりも減少するというのである。[17] このように、責任減少説は、「自己の意思により」中止未遂が成立すると、行為者に対する「責任」が減少するということになる。たしかに、「違法は客観的に、責任は主観的に」と考えるのであれば、「自己の意思による」中止は、責任の問題として捉えるのは誤りとはいえない。しかし、主観的違法要素の台頭により、それまでいわれてきた「違法は客観的に、責任は主観的に」という命題が必ずしも絶対ではなくなったのである。その結果、違法減少説は客観説、責任減少説は主観説といった対応関係にも変化が生じてきている。[18] ともあれ、責任減少説の根拠は、中止未遂を「規範的意識」を中心にしてその検討をしているといってよいであろう。

(四)　政策説と法律説のまとめ

中止未遂における刑の必要的減免の根拠について、刑事政策説や法律説における違法減少説と責任減少説について概説してきたので、以下においては、これらの説をまとめておく。

第一に、刑事政策説は、中止未遂に対して、「後戻りのための黄金の橋」を架けることによって、着手した犯罪を中止させようとする立場から唱えられたものである。もちろん、この考えは、犯罪を未然に防ごう（既遂に至らせない）という政策的な理由からの発想であるが、そもそも刑法の存在自体が犯罪を防ごうという政策的な面をもっていることも否定することはできないのであるから（刑法の犯罪防止〔抑止〕効果）、とりわけ中止未遂だけを取り上げて政策的な理由を強調しても、それを中止未遂個有の要素とするには十分とはいえないであろう。そのほか、中止未遂は、一身的刑罰減免事由となるので、共犯と中止未遂の関係では中止行為をした者だけに影響があり、他の者には影響を及ぼさないという限定的な効果が、共犯従属性説の立場から批判されている。もっとも、この批判は、違法減少説に対しても当て嵌まることである。

第二に、違法減少説についてであるが、「違法とは何か」ということについて、主観的違法要素を否定する立場から、違法の実質は法益の侵害ないしその危険性にあるという考えと、主観的違法要素を肯定する――主観的違法要素は、違法性に影響を与えるとする――立場から、違法の実質を結果無価値だけでなく行為無価値をも考慮して判断するという二つの考え方が一般的である。そうすると、違法減少説、すなわち、中止未遂の効果としての減免効果は違法減少にあるとする違法減少説によっても、法益の侵害がなされた場合（実行未遂により、被害者を傷害した場合の後悔による手当などの場合）には、中止未遂は成立しないと解されることになるのではなかろうか。そうだとすれば、違法の実質は法益の侵害にあるとする法益侵害説からは、違法減少説からの、中止未遂による減免の法的性格には到達しえないのではないかという疑問がでてくるのである。それゆえに、違法減少説に拠るとしても、少なくとも法益侵害という点については、これを除いて中止未遂の法的性格というものを考えなければならないということになる。(19)

第三に、責任減少説についてであるが、責任減少説の中心となる責任とは、「非難可能性」であるといってよいであろう。そこで、責任が減少するということからすれば、中止未遂の場合には、中止することによって、「非難可能性」が減少するということになるのであるが、その理由として、「中止行為に示される行為者の人格態度が責任を減少させるから」[20]であるとか、「一度は法に違反しはしたものの、要求される法的義務に合致しようとする意欲それを規範的意識と名づけるならば、そうした規範的意識の具体化としてなされた中止であって、はじめて責任の消滅減少事由として作用するとみるのが妥当」[21]といった説明がなされている。このように、責任減少説によれば、「行為者の人格態度が責任を減少させる」というのであれば、結果の発生の有無に関わりなく中止未遂は成立すべきであるということが考えられよう。しかし、中止未遂の減免は、あくまでも結果不発生が前提となる。この点は、責任減少説のみならず違法減少説に対しても難問となっている。

(五) 自説の展開

中止未遂は、刑の必要的減免となっているが、何故、必要的減免になっているのかという根拠については、これまで述べてきたように、学説は一致していない。わたくしは、中止未遂による刑の減免は、中止行為が違法性を減少させるからではないかと考えている。以下においては、中止未遂の刑の減免の根拠は違法性に関係するということについて、自説の展開をしてみよう。

中止未遂は、「自己の意思により」犯罪を中止するという要件が必要である。未遂は、修正された構成要件であるといわれている。すなわち、行為者に対して、完全な違法を問うことができるのは、「既遂犯」を前提にしている。私見によれば、既遂犯になったときに「犯意」は完全に実現されたことになるから、未遂犯の場合には、「犯意」は完全に実現されたということにはならない。わたくしが、中止未遂による刑の減免の根拠を違法減少説に求めるのは、このような理由による。すなわち、わたくしが支持している「人的不法論（personale Unrechtsbegriff）」によれば、不法とは、「行為者関係的な『人的』行為不法」であって、「法益の侵害（結果無価値）は、刑法上、人的に違法な行為の内部（行為無価値論の内部）で意義をもっているにすぎない。人的行為無価値が、すべての刑法上の犯罪の無価値である[22]」ということになる。このことを中止未遂の刑の減免根拠として考えるならば、行為に対して「違法性」を完全に問いうるのは、既遂犯に対してのみである。したがって、すでに述べたように、未遂（犯）であるかぎり、行為者には完全な違法性を問うことはできないのである。換言するならば、違法性にも程度の差があるということである。

未遂には、「障害未遂」と「中止未遂」の二種類がある。障害未遂に対して、刑法は任意的減軽を規定し、中止未遂に対しては、必要的減免を規定している。それでは、何故、未遂には、完全な違法性を問うことができないのであろうか。わたくしは、違法性の実質について、行為無価値一元論を支持することを明らかにしている。その内容についていえば、違法とは、「規範違反」（犯意）ということを重視することであるといってよい。そこで、規範違反ということについては、その概念が抽象的・多義的で実質的内容が明白でないという批判が、結果無価値論の立場からなされている[23]。この批判に対する私見は、「規範違反」とは、刑法規範に対して、積極的・消極的に行為するという行為者の心理的内容の中に認められる「犯意」であると解している。例えば、故意犯の場合、認識した事実に対して、積極的に「罪を犯す」という意思――一般的には、これを故意と同義に解しているが、故意と犯意は別個の概念である――すなわち、結果発生の積極的認容（＝犯意）を指すということである。つまり、「殺人」の場合には、積極的な犯意を抱いて人を殺すわけであるから、「規範違反」は極めて強いといわなければならない。それゆえに、「違法性」も強いということになる。これに対して、過失犯の場合においては、認識ある過失であれば、事実に対する認識はあるけれども、認識した事実に対する積極的な規範違反、すなわち、積極的な結果発生の認容である「犯意」は見出し得ないのである。また、認識なき過失の場合には、事実に対する認識がないわけであるから、当然、積極的な「犯意」は存在しないことになる。このことから、「犯意」すなわち、「規範違反」が最も強いとされるのは、「故意既遂犯」ということが理解できるのであり、以下、「故意未遂犯」「過失犯」というふうに、犯意は弱くなっていくのである。また、未遂犯においても、「障害未遂」の方が「中止未遂」よりも違法性（犯意）が強いのであるから、規範違反の強弱の差によって、罪の軽重があることが理解できるのである。障害未遂は、「その刑を減軽することができる」という任意的減軽規定になっているのに対し、中止未遂は、「その刑を減軽し、又は免除する」という必要的減免規定となっているのは、右に述べたように「犯意」の強弱によるものと理解するのである。

二　中止未遂はいかなるときに認められるのか

刑法四三条前段に規定されている「犯罪の実行に着手してこれを遂げなかった」場合に、着手未遂と実行未遂の両者を含むと解されることについて、殆ど争いはない。つまり、未遂の概念は、「着手未遂」「実行未遂」の両者を包摂するということになる。着手未遂というのは、「犯罪の実行に着手」した状態での未遂をいう。例えば、銃で人を射殺しようとした者が、銃の引き金に指をかけたが発砲されない状態をいい、弾は発射されたが、被害者に当たらなかった場合を実行未遂という。両者に、障害未遂と中止未遂が考えられる。すなわち、銃で人を射殺しようとした者が、銃の引き金に指をかけた段階で、未だ引き金を引く前に逮捕されたというように、着手の段階での障害未遂と、引き金を引く前に任意（自らの意思）で止めたというような、着手の段階での中止未遂である。これに対して、実行未遂における障害未遂というのは、右に挙げた例でいうと、銃の発射という実行行為はなされたが、弾が外れた場合であるとか、弾は当たったが、致命傷には至らなかったというような場合のように、実行行為はなされたが、何らかの障害（技術的なものでもよい）により、行為者が目的とした結果は発生しなかったような場合である。この実行障害未遂の場合には、更に、弾は当たったが、致命傷には至らなかったので、その後、「自己の意思により、犯罪を中止した」というように、実行行為の後に、自己の意思により被害者を病院に運ぶ等、真摯な努力をして一命を取り止めたというような場合にも中止未遂が成立するとしている。

このように、「犯罪の実行に着手してこれを遂げなかった」とはいっても、それには「着手未遂」と「実行未遂」が含まれ、「未遂」とはいえ、両者には質的な相違のあることが分る。この質的な相違に注目することによって、これまで着手未遂と同様、実行未遂にも中止未遂の成立を認めてきたということについて、再検討すべきではないかというのが、わたくしの考えである。中止未遂においては、中止行為の要件として、「自己の意思により」犯罪を中止することである。中止未遂にいう「中止」といっても、それには着手未遂における中止（着手中止）と実行未遂における中止（実行中止）とがあることは、すでに述べた。中止未遂は、刑の必要的減免であるから、任意的減軽を規定した障害未遂よりも犯人にとって有利に働くことになる。また、殺人の中止未遂が成立すれば、それに伴う傷害という事態が発生したとしても、傷害罪が問われることもなく、あくまでも殺人の中止未遂罪の一罪が成立するにすぎない。そうすると、殺意をもって殺人の実行行為をした後で、自己の意思による中止未遂を成立させた方が、傷害の故意で傷害した者よりも刑が軽くなることもありうる。私見によれば、この結論はしっくりしない。また、強盗の中止未遂罪が成立すれば、すでになされた暴行・脅迫について罪を問われることはない。このように、中止未遂が成立すれば、それが殺人未遂であろうと強盗未遂であろうと、必ず刑の減軽または免除がなされるのである。それに問題はないのであろうか。例えば、殺意をもって一発の弾が込められている銃を発砲したところ、弾が外れたので殺人に失敗した犯人が逃走した場合には、殺人の障害未遂が成立するのであるが、弾が当ってから後に犯人が翻意して被害者の命を救うために真摯な努力をした結果、一命を取り留めたという場合には中止未遂が成立する。

これまで述べたように、障害未遂なら刑の任意的減軽であるのに、中止未遂なら必要的減免である。弾が外れ被害者が掠り傷すらも負わなくても障害未遂であり、弾が当り重傷を負わせたけれども真摯な努力によって手当てをした結果、一命を取り留めれば中止未遂となり、必要的減免となる。そこで、殺人未遂となった後に翻意して手当をしたので被害者が一命を取り留めたという事例をもう少し詳しく検討してみよう。殺人の実行未遂によって、一命を取り留めたという場合、一命を取り留めたこと（犯人からすれば、目的が達成できなかったこと）自体、その段階で障害未遂は「既遂」になっている。そうすると、一度生じた障害未遂という因果的影響を事後的に完全に除去することが可能なのであろうか。翻意によって中止未遂の「場」を作り出すということは、最初の行為による未遂という「結果」の既遂を事後的に除去することであるが、そのようなことは不可能であり、矛盾ではないかと思う。さらに、着手中止の場合には、中止行為は「不作為」で足りる。もちろん、この場合にも「自己の意思により」という要件が必要となる。ただ、着手中止の場合は、着手しただけで、それ以後の実行行為は行なわれていないので、被害者には、実質的には何の被害も生じていない。その意味で、着手中止に必要的減免が認められるのは理解できる。

ところが、実行未遂において、弾が外れた場合と当った場合とを考える場合、結果的に弾を外した者の刑が、弾を当てた者の刑よりも重くなるということは、適当とはいえないであろう。この点を検討することによって、着手未遂と実行未遂における中止未遂を同じ刑の必要的減免として扱うことの適否が問われなければならないのではなかろうか。すなわち、中止未遂の成立する場合を着手未遂に限定し、実行未遂については、中止未遂の成立する余地はないのではないかということである。その前提として、「自己の意思により」という任意性の問題と、結果の発生を防止する要件とされる「真摯な態度」との関係における詳細な検討が必要ではないかと思う。そこで、より重要な「真摯な態度」について考えてみよう。「真摯な態度」によって結果発生を防止した場合に、中止未遂を認めるとすれば、「真摯な態度」と「任意性」は、殆んど同等に扱われるくらい密接な共通点を持つことが必要とされなければならない。ところが、この「任意性」は、あくまでも自己の意思によって「犯罪行為」を中止するということが条件であるから、犯罪行為＝実行行為が終了してしまった以上、そこに任意性の入る余地は考えられないであろう。真摯な態度は、実行行為の終了前ならば考慮することもできようが、実行行為終了後にもそれを中止未遂の要件とすることは疑問であるといわなければならない。しかも、真摯な態度が中止未遂として考慮されるような行為は、極めて稀でしかないであろう。なぜなら、理論上は、実行の着手があり、実行行為の終了する前にしか考えられないからである。したがって、発砲した後で被害者を真摯な努力によって救ったとしても、発砲行為に実行行為の終了を認めるのであれば、もはや、その場合に中止未遂の成立する余地はないと解すべきである。そもそも実行行為の終了があった場合に結果が発生しなかったのであれば、その段階で「障害未遂」が成立する筈である。つまり、障害未遂として未遂犯は成立（完成）しているからである。それにもかかわらず、障害未遂の成立後に中止未遂が成立するというのは矛盾であるといわざるを得ない。着手未遂は実行未遂によって実行未遂に吸収されるのであり、その段階で中止未遂は成立しえないのである。障害未遂が成立した後に、再び中止未遂が成立するということは考えられないからである。わたくしが、中止未遂は着手未遂の場合にしか考えられないとするのは、このことを重視するからである[24]。

実行行為の終了時期について、私見を述べておこう。刑法四三条前段の意味であるが、「犯罪の実行に着手してこれを遂げなかった」ということについては、「犯罪を遂げなかった」と解するので、これは、着手未遂と実行未遂を包摂する「障害未遂」の規定であるといってよい。問題は、「ただし書き」からの後段の解釈である。後段は、「自己の意思により犯罪を中止したとき」と規定している。つまり、「犯罪を中止したとき」というのは、実行に着手した犯罪が、既遂になることを自らの意思で中止したときに「刑を減軽し、又は免除する」と解することができる。そうすると、未遂、特に中止未遂にとって重要なことは、実行行為の終了時期をどのように捉えるかということである。なぜなら、実行行為が終了した段階で結果が発生していなければ、その時点では障害未遂が成立するからである。実行行為の終了時期について、例えば、一発の銃弾で相手を殺そうとしたが、その弾が外れてしまったという場合を考えてみよう。実行行為の終了時期を何時と解するかについて、学説には、主観説、客観説、折衷説がある。判例においても一致しているわけではない(25)。私見によれば、実行行為の終了についての判断は、行為者の主観と結果発生の危険の可能性という面を併わせて総合的に決すべきではないかと考えている。すなわち、一発の弾丸で人を殺そうとして発砲したが、弾が外れたという場合には、結論として行為は終了し、障害未遂が成立する。それでは、弾は数発装塡されていたが、一発だけ発砲して外れたので止め、その後は発砲しなかった場合はどうであろうか。最終的に殺す目的をもっていて、一発目が外れたとしても、一発目を発射した段階で実行行為は終了しているといってよいのである。なぜなら、一発目で殺そうとして発砲しても、二発目で殺そうとして発砲しても、それは、殺すまでの過程にすぎないのであるから、殺そうという行為者の主観と、一発目を発砲したという結果発生の危険の可能性という面から、実行行為は一発目の発砲によって終了していると解するのである。それは、また、殺人の意思で一太刀浴びせたところ、それが傷害を負わせたにすぎなかったので（この段階で障害未遂）、二太刀目を浴びせた場合と同様に考える。行為者は殺す意思があるのだから、空を切ったものであろうが、傷害を負わせる程度に至ったものであろうが、そのことは重要ではない。その意味で、行為者の主観の範囲を最終的な目的(例えば、殺人)にまで拡げて解することが重要なのであり、「二発目で殺す」というよりも、「殺す」という最終的な目的を重視すると共に、その目的に対して、客観的にみて結果の発生する危険のある行為がなされたときに、実行行為の終了があったと解すべきであろう。したがって、三発目で殺そうと思っているときでも、一発目が発射された段階で実行行為は終了したと解するのである。この場合、二発目を発射する未遂行為は、未遂であるかぎり、一発目の未遂行為に吸収され、三発目で殺した段階で、それまでの発射行為(未遂)は殺人に吸収される。

このように考えることの根拠は、例えば、五発目で殺そうとしている行為者の弾が、三発目で命中してしまった場合、実行行為の終了がないのに結果が発生するということになってしまうであろう。また、行為者の意図したとおりの手順で結果が発生しなかったということになれば(例えば、五発目で殺すつもりが、三発目が命中して殺してしまったという場合において)、これを実行行為の終了との関係でどのように扱うのかという問題が生じよう。これまで述べてきたように、実行行為がなされて未遂になった以上、その段階で実行障害未遂が成立し、そうなれば、中止未遂の成立する余地はないであろう。

三　おわりに

中止未遂の法的性格については、政策説と法律説を前提にしつつ違法減少説と責任減少説の対立がある。わたくしは、違法減少説が妥当であると解している。なぜ、そのように考えるのかというと、私見では、違法性の実質を行為無価値論、すなわち、規範違反説に求めるものであり、中止未遂をも含めて、未遂一般は既遂犯と比較して規範違反性が弱いと考えるからである。規範違反性は、行為者の主観に関連するものであるが、それは「犯意」として外部に表われる。それゆえに、正当行為、正当防衛、緊急避難の場合には、この「規範違反」が欠如することによって違法性が阻却されると解するのである。例えば、正当防衛における防衛の意思、緊急避難における避難の意思があることによって、規範違反が欠如することになるので、違法性が阻却されることになる。そこで、未遂との関係で違法性を考えるならば、違法は故意既遂犯によって完全に充足される。過失犯の場合には、故意犯と違って積極的な犯意＝違法性はないが、消極的な犯意＝違法性がある。つまり、不注意による結果回避義務違反に消極的な犯意を見出すことができる。それでは、未遂と犯意の関係はどうであろうか。これまで述べてきたように、犯意は故意既遂犯においては完全に充足されるのである。したがって、未遂犯においては、犯意は完全とはいえないことになる。ただ、未遂犯の場合であっても、着手未遂と実行未遂とでは、当然に「犯意」に違いがあることは考えられる。その結果として、着手未遂と実行未遂においても規範違反という点で両者に違いを認めることは可能である。このように考えることによって、それぞれの未遂において、刑の必要的減免か任意的減免かということにも影響を及ぼすのである。すなわち、刑法四三条後段の中止未遂が成立するのは、着手中止においてだけであり、実行行為が行われた段階で中止未遂は考えられないのであり、実行行為の終了後において結果発生の防止行為を行った場合には、結果の発生が防止されたことを条件に、四三条前段の障害未遂の規定、つまり、「その刑を減軽することができる」かどうかということを検討すれば足りるのではないかということである。さもなければ、発砲したけれども弾が外れたので障害未遂となった者が、もう一度、改めて弾を当て、その後に真摯な努力をすることによって、今度は中止未遂が成立するという妙な結果が生じてしまうのである。それでは、殺人の目的で発砲したけれども、負傷させただけで犯人が逃亡してしまった場合をどのように扱うのかといえば、理論上は、減軽がなされない場合も考えられるわけである。つまり、真摯な努力をした場合よりも、情状の点で劣るということを考慮すればよい。従来から、中止未遂が着手未遂についてのみならず実行未遂についても考慮されるとするのが、学説・判例の態度である。しかし、これまで述べてきたような理由から、わたくしは、実行中止についてまで中止未遂を認めることができるかどうかについては、これを否定的に解するのである。このように、実行中止については中止未遂が認められないとすると、実行行為の終了があった時点で中止未遂の成立する可能性はなくなることになる。(27) また、私見では、違法性の実質を「規範違反」に求める「行為無価値一元論」を支持するのであるが、未遂犯の場合、実行の着手段階における中止未遂（着手中止）には、「規範違反」の点で十分に考慮する余地があるので違法性が減少し、刑の減免が必要的になされると解している。また、着手未遂の場合であっても、それが障害未遂に終った場合には、任意的減軽の対象となるにすぎない。さらに、実行行為は終了したが、目的とした結果が発生しなかった場合（例えば、殺人の目的で発砲したが、弾は当らなかった場合と当ったが死亡しなかった場合）は、障害未遂となり、弾が当った後に真摯な努力をして被害者を病院に運んだ結果、一命を取り留めたというような場合にも、これを障害未遂として扱うのである。このように解することは、障害未遂においても「その刑を減軽することができる」という規定に抵触するものではなく、むしろ規定の実質的適用に有効なのではないかと思う。

（1）　v. Liszt-Schmidt, Lehrbuch des Deutschen Strafrechts, 26. Aufl., 1932, S. 315.

（2）　平場安治・刑法総論講義（一九七〇年）一四〇～一四一頁。

（3）　西原春夫・刑法総論(上)（改訂版・一九九一年）三三二～三三三頁。

（4）団藤重光・刑法綱要総論（第三版・一九九〇年）三六二頁。

（5）前田雅英・刑法総論講義（第五版・二〇一一年）一六八頁。

（6）刑事政策説は、さらに詳しくいうと、(a)未遂の不可罰性は、行為者をして、単に、中止を強いることによって既遂にならないようにするであろうという「消極的」な立場と、(b)刑罰免除は、行為者に着手した行為を止めるための推進要素又は刺戟になるという「積極的」な立場と、(c)刑罰免除を詳細に分析しないで、単に「合理的」の見地から支持する立場がある（Klaus Ulsenheimer, Grundfragen des Rücktritts vom Versuch in Theorie und Praxis, 1976, S.36）。

（7）例えば、川端博・「中止犯の法的性格」現代刑法論争Ⅰ（一九八三年）二九五頁、香川達夫・刑法講義〔総論〕（第三版・一九九五年）三〇六頁。

（8）ヘーグラーは、「中止未遂の不可罰性は、政策的理由によるものではなく、犯罪を犯そうとする決意に対して、反対行為、反対決意の効果を対置し、全体を通して、主観的に制限された違法性、反社会性の性格を失う」としている（A. Hegler, Subjektive Rechtswidrigkeitsmomente im Rahmen des allgemeinen Verbrechensbegriffs, Frank-Festgabe, Bd. I, 1930, S. 329 Anm. 2.）

（9）平野龍一・刑法総論Ⅱ（一九七五年）三三三頁。

（10）中山研一・概説刑法Ⅰ（補正版・一九九六年）二三二頁。

（11）木村静子・「中止犯」刑法講座(4)（一九六三年）二五頁。

（12）中山・前掲注（10）二三二頁。

（13）小野清一郎・新訂刑法講義総論（一九四八年）一三四～一三五頁。

（14）団藤・前掲注（4）三六二頁、香川達夫・中止未遂の法的性格（一九六三年）一〇七頁。なお、香川博士は、責任減少の理由として、「たとえ一度は法的義務に違反して犯罪的意思決定をなしたのであっても、したがってために有責との非難がさけられえないばあいであっても、行為者の主体的な介入によって、すなわち許されないという意識のもとに、換言すればすでに破った法的義務にふたたび合致しようとする意欲——それが規範の要求に合致するという意味において規範的意識と名づけるならば、そうした規範的意識の具体化としての中止未遂は、たとえ事後的であるにせよ積極的、直接的に法的義務の要求に合致したばあいと認められるのであり、ために責任の消滅を認めてよいはずである」（九七頁）とされている。

(15) 牧野英一・刑法総論(下)（全訂版・一九五九年）六四六頁。
(16) 山中敬一・刑法総論（第二版・二〇〇八年）七五四頁。
(17) 曽根威彦・「中止犯の法的性格」現代刑法論争Ⅰ（一九八三年）三〇一頁。
(18) 前田・前掲注（5）一六九頁。
(19) この点に関して、川端教授は、中止未遂について、常に、違法減少と責任減少の併用を認め、「結果発生防止行為（ないし結果発生を防止すべき行為）の側面が違法性判断の対象となり、そのような行為の『決意』が責任判断の対象となると解する。すなわち、結果発生の防止ないしそれを目標とする行為は、主観的違法要素としての故意の実効性を失なわせるものであるから、つねに違法性を減少させる。そのような行為の『決意』は、責任非難の観点から検討されるべきである」（川端・前掲注（7）三〇〇頁）とされている。
(20) 団藤・前掲注（4）三六二頁。
(21) 香川・前掲注（7）三〇七頁。
(22) H. Welzel, Das Deutsche Strafrecht, 11. Aufl., 1969. S. 62.
(23) 内藤謙・刑法講義総論(中)（一九八六年）三二二頁。
(24) 同旨、植松正・再訂刑法概論Ⅰ総論（一九七七年）三二五頁。
(25) 大阪高判昭四四・一〇・一七（判タ二四四・二九〇頁）は、殺意を生じた被告人が、刺身包丁で被害者の左腹部を一回刺した後、被害者がその激痛に耐えかね、「病院に連れていってくれ」と哀願したので病院に連れて行き、一命を取り留めたという事案では、一回の刺突行為それ自体で、実行行為は終了したとしているとして、中止未遂を否定した。また、福岡高判平一一・九・七（判時一六九一・一五六頁）は、妻の頸部をその意識が薄らぐ程度まで力一杯絞め、妻が一旦逃げたので連れ戻し、更に頸部を絞めたため気を失った後も約三〇秒間絞め続けたが、その後、我に返り、そのまま放置したという事案につき、客観的にみて、既に妻の生命に対する現実的な危険が生じていたとして、中止犯の成立を否定した。これに対して、東京高判昭六二・七・一六（判時一二四七・一四〇頁）は、「最初の一撃で殺害の目的が達せられなかった場合には、その目的を完遂するため、更に追撃に及ぶ意図が被告人にあったことが明らかである」という点を重視し、殺人の実行行為は終了していないとして、被告人が憐憫の情を催し、中止した事案で、中止未遂を認めている。

(26) 前田・前掲注（5）一七四頁。

(27) J. Goldschmidt, Die Lehre vom unbeendigten und beendigten Versuch. 1897. S. 52. vgl., Ulsenheimer, a. a. O., S. 144f.

第六章　共犯の諸問題

一　はじめに

わが刑法は、六〇条以下に共犯に関する規定を置き、六五条では、「身分犯の共犯」、すなわち、「共犯と身分」の関係を規定している。この「共犯と身分」に関する規定上の解釈をはじめとして、共犯に関する問題については、学説の間で争いがある。例えば、六五条については、一項が構成的身分犯または真正身分犯の連帯作用を、二項が加減的身分犯または不真正身分犯の個別的作用を規定したものという形式的区別を採用している。また、共同正犯の意義と効果について論ずるとき、第一に、共犯従属性説と独立性説の問題、第二に、犯罪共同説と行為共同説の問題についての検討を避けて通ることはできないであろう。本章においては、これらの問題を検討し、併せて共犯と身分の問題について考察する。

二　共犯従属性説と共犯独立性説

共犯従属性説とは、「狭義の共犯が成立し、または可罰性を帯びるための前提として、正犯者が一定の行為を行ったことが必要である」[1]と説明されている。この説によると、犯罪に対して、行為が直接的、あるいは、重要な地位によるものか、間接的、あるいは、軽微な関係を有するにすぎないかという点を重視し、前者による場合には、それ自体、独立した犯罪となりうるが（正犯）、後者による場合には、主たる犯罪（正犯）に従属してのみ犯罪となる（従属犯、加担犯）とされるのである。[2] 共犯従属性説にあっては、狭義の共犯、すなわち、教唆犯・幇助犯（従犯）が成立するためには、共犯の従属性と可罰性が、正犯のそれに従属して成立することを意味する。このように考えることの背景には、教唆犯・幇助犯は、あくまでも犯罪そのものを直接的・主体的に実行するものではないということによる。また、教唆や幇助自体は、正犯に対して間接的あるいは補助的な関係を有するにすぎないのであって、主たる犯罪に従属してのみ犯罪に加担するというのである。これと関連して、刑法六二条一項には、「正犯を幇助した者は、従犯とする」と規定されており、六三条には、「従犯の刑は、正犯の刑を減軽する」と規定されている。これらの規定は、「共犯従属性説」を支持する学説の有力な論拠となっている。しかし、私見によれば、このことは、極めて当然のことを規定しているにすぎないのであって、「共犯独立性説」の見地からも異説が唱えられているわけではない。つまり、六二条一項は、正犯と幇助犯、すなわち、正犯と狭義の共犯の区別の規定である。それゆえに、「幇助」としての要件を備えているかどうかを検討し、幇助の要件を備えているということになれば幇助犯となり、刑法六二条一項の適用があることになる。このように、六二条一項の規定は、共犯従属性説の論拠になるものではなく、六〇条の共同正犯との違いを説明しているにすぎないのであって、「犯罪を実行した」という文言に重点を置いて正犯と共犯の違いを前提にした科刑を内容とした規定なのである（六二条二項）。同様に、六三条は、狭義の共犯（従犯）については、正犯ではないから正犯の刑を科すということはできないという、これも当然の規定にすぎないのである。なぜなら、正犯と幇助犯とでは、犯罪に対して直接的・主体的かどうかという点で、法益侵害に対する危険度が違うからである。したがって、六三条の解釈として、「正犯の刑を減軽する」というのは、単に「従属」ということからではなく、従属から導き出される「危険」の度合という観点からの「減軽」であると解するのである。

共犯従属性の理論は、教唆犯・幇助犯という狭義の共犯が、正犯に従属して存在するということが要件となるから、当然の帰結として、正犯者の犯罪と可罰性が現実に存在することが前提となる。そうすると、正犯者の犯罪が未遂に終った場合、例えば、共犯、すなわち、教唆者の教唆行為が終了し、被教唆者である正犯が犯罪実行行為をしたけれども、その犯罪が未遂に終った場合をどのように扱うのかということが問題となる。つまり、正犯が犯罪を実行しないと狭義の共犯は成立しないとすれば、共犯従属性説の立場からは、刑法総則の教唆や幇助は、それだけでは「犯罪」にならないということになる。もっとも、共犯従属性の意味については、実行従属性、罪名従属性、可罰従属性、要素従属性のいずれかの立場を採ることによって、従属性の捉え方が異なる。(3)

このように、共犯が成立するためには、（ア）共犯の行為のみ（例えば、人を教唆すること）で足りるか、それとも正犯が一定の行為に出ることが必要なのかという実行従属性の有無の問題と、（イ）正犯が一定の行為に出ることが必要であるとすれば、正犯の行為は、どの程度までの犯罪要素を備えていることが必要であるかという要素従属性の問題がある。

実行従属性というのは、共犯を処罰するためには、正犯が「実行行為」に出た場合に、共犯はそれに従属するのかということである。これは、特に、正犯の行為が未遂となった場合に、共犯の未遂の問題として重要であるが、共犯従属性説と共犯独立性説とでは、結論を異にする。共犯従属性説においては、共犯が成立するためには、正犯者が、少なくとも犯罪を実行していることを要するのであるが、従属性ということについて簡単に触れておこう。

従属性の意味についていえば、(ア) 共犯の処罰は、正犯の実行に従属するという実行従属性、(イ) 共犯の罪名は、正犯の罪名に従属するという罪名従属性、(ウ) 共犯の処罰根拠は、正犯の犯罪に従属するという可罰従属性、(エ) 共犯の処罰は、正犯の構成要件か違法かまたは責任に従属するという要素従属性に分かれている[4]。これらのうち、(ア) の実行従属性と (イ) の罪名従属性が、共犯の従属性と独立性に密接に関連する内容となる。そこで、特に重要なのは、従属性において、共犯の処罰は正犯の実行を要件としなければならないのかということの検討である。共犯の処罰は、正犯の実行に従属するということになると、当然、共犯の処罰は正犯が実行行為に出た後に、はじめて可能ということになる。(イ) の罪名従属性ということについては、共犯の罪名は正犯の罪名に従属するということである。例えば、殺人の教唆をした者の取扱いを考える場合、正犯が殺人罪で、それを教唆した者が殺人教唆罪に問われるのは問題ない。しかし、正犯が殺人未遂に終ったときの教唆者の罪名は何になるのかということが問題となろう。罪名従属性説に従えば、正犯が殺人罪の場合、共犯 (教唆犯) の罪名は殺人未遂の教唆犯になるのかどうかということである。つまり、六一条は、「人を教唆して犯罪を実行させた者」と規定しているが、この「犯罪」は既遂を意味するのか、それとも「犯罪を実行させる」こと、すなわち、「実行の着手」があればよいのかということである。このことは、「教唆や幇助が正犯の犯罪行為に『従属』するというのは、言い換えれば、刑法総則の教唆や幇助は、それだけでは『犯罪』ではない」と考えるか、それとも「教唆・幇助はそれ自体犯罪であって、ただ正犯の犯行を介して結果を引き起こすという点で、正犯と異なるにすぎない」[5]と考えるかである。罪名従属性ということを徹底させるのであれば、正犯が一四歳未満の者であるか、あるいは心神喪失者である場合には、教唆犯は不可罰ということも考えられる。[6]

教唆犯の刑については、刑法六一条一項に「正犯の刑を科する」と規定されている。「正犯の刑を科する」ということの意味を素直に解すれば、正犯の行為に適用すべき法定刑の範囲内で処罰されるということになろう。[7]つまり、正犯が既遂であれば、その既遂の教唆犯、未遂であれば、その未遂の教唆犯ということになり、その法定刑の範囲内で処罰されることになる。しかし、「正犯の刑を科する」ということの意味は、「正犯に適用すべき法定刑を適用するということ」[8]の意味であり、「教唆犯は、正犯者の処罰と独立して処罰されるのであって、刑の量定が、正犯者の宣告刑と独立になされることはもちろん、正犯者が処罰されることも、教唆犯処罰の前提ではない」[9]とされる。このように、教唆犯の処罰が正犯者の処罰に従属するという意味でもなく、正犯者が現実に処罰されることも必要ではない。[10]それゆえに、教唆者の処罰は、正犯よりも重い処罰（刑）になってもよいことになる。このように解するのが、判例・通説の立場である。

問題は、「正犯の刑を科す」という文言の意味である。私見によれば、「正犯」とは、現実の被教唆者である正犯を指すものではなく、「教唆者が正犯者であったならば適用される法定刑によって処罰される」[11]と解している。なぜなら、教唆犯とは、「人を教唆して犯罪を実行させた者」であるから、被教唆者が犯罪の実行に着手した段階で教唆犯は既遂に達していると解するのが自然である。そもそも教唆者が被教唆者に未遂で終ることを教唆したというのならともかく、そうでないかぎり、教唆は既遂になることを前提にしていると考えるのが通常であって、そのように考えるのであれば（これが、通常の教唆であろう）、「正犯」とは、教唆者が描いていた犯罪を実現する者が想定される。そうだとすれば、「正犯の刑を科する」という文言の「正犯」の意味するものは、すでに述べたように、結果を惹起させた現実の正犯を指すのではなく（多くの場合は、発生させた結果に対する教唆犯が成立することになろうが）、教唆のときに「何を教唆したか」ということが重要なのであって、それを規準にすべきである。その意味で、「教唆者が正犯であったならば適用せられる法定刑」と理解すべきである。それゆえに、殺人を教唆したところ、被教唆者である正犯の行為が殺人未遂に終った場合でも、教唆者には殺人の教唆（既遂）としての刑を科することになる。したがって、教唆者に正犯よりも重い刑を科することもありうることになる。このようなことから、「教唆犯は、正犯者の処罰と独立して処罰されるのであって、刑の量定が、正犯者の宣告刑と独立になされることはもちろん、正犯者が処罰されることも、教唆犯処罰の前提ではない」のである。

これまで述べてきたことを踏まえて、共犯独立性説と共犯従属性説を検討してみよう。共犯独立性説とは、共犯、すなわち、教唆犯・従犯（幇助犯）の犯罪性と可罰性が、正犯のそれとは独立のものであるという説をいう。つまり、教唆も幇助も独立した犯罪であって、教唆犯についていえば、正犯において、教唆された犯罪の実行の着手が認められれば、「人を教唆して犯罪を実行させた者」として、「教唆」は終了しているのではなかろうか。これに対して、幇助犯の場合は、「正犯を幇助した者」であるから、正犯の既遂が前提となる。正犯が既遂となって「幇助した」といえるからである。その意味で、論理的には、正犯が未遂に終った場合には、幇助も未遂になると考えざるを得ないであろう。それは、共犯従属性からの結論ではない。もっとも、自己を殺害するよう嘱託したけれども、嘱託による殺人が未遂に終ったため死亡するに至らなかったような場合に、嘱託殺人の教唆犯として処罰されるのかという問題については、「嘱託殺人の教唆犯とは、教唆により嘱託殺人を犯した者をいうのであり、他人を教唆して自己を殺害させようとした者はこれにあたらない。したがって、当然に、嘱託殺人の教唆犯は成立しないのである。嘱託殺人の教唆罪とは、殺人の嘱託を受けた者が第三者を教唆して嘱託者を殺害させるような場合をいうと解すべきである。また、犯人による自己蔵匿の教唆も、罰金以上の刑に当たる罪を犯した他人を教唆により第三者に蔵匿させたとはいえず、教唆による犯人蔵匿の犯罪類型を欠くといわねばならない」[13]のである。さらに、例えば、正犯が殺人を犯した場合には、それを教唆した者には殺人の教唆犯が成立するのはいうまでもない。問題は、教唆者が殺人の教唆をしたが、被教唆者が殺人の決意をしなかった場合の解釈である。教唆された正犯の実行の着手があった段階で教唆は既遂になると解する私見によれば、被教唆者が実行の着手に至らないかぎり、教唆は未遂である[14]。

木村博士は、共犯独立性の立場から、「共犯が罰せられるのは、他の者が可罰的行為をしたからではなく、共犯者自身が犯罪をなしたからである[15]」というビンディング（K. Binding）の主張を支持される。したがって、教唆そのものが未遂に終った場合でも、例えば、刑法二〇三条のように、教唆もしくは幇助の未遂を罰する規定があれば、教唆の未遂として可罰であると解する。これは、共犯独立性の理論的帰結である。そもそも六一条一項は、「人を教唆して犯罪を実行させた者には、正犯の刑を科する」と規定しているのであるから、人を教唆したけれども犯罪を実行させるまでには至らなかった場合には、教唆の未遂を認めるというのが素直な解釈ではないかと思う。たしかに、正犯は正犯として犯罪を遂げていない。しかし、正犯を教唆しているのであるから、「正犯を教唆している」という事実を独立して考えるべきであって、あえて正犯の実行行為を待って教唆の未遂・既遂を論ずる必要はないであろう（さもなければ、正犯が中止未遂の場合、教唆者にも教唆の中止未遂が成立するのであろうか）。正犯の実行行為と教唆犯・幇助犯における教唆行為・幇助行為には、質的な相違がある。そして、教唆犯に正犯よりも重い刑を量定しても差支えないのであるから、共犯は正犯に従属するということにはならないのである。

共犯独立性説は、教唆・幇助といった共犯行為を共犯者の危険のあらわれとなし、その危険性、すなわち、共犯者の主観に対して処罰の根拠を見出す理論であるといえよう。したがって、正犯の犯罪行為が未遂に終っても、それとは別個・独立に共犯（教唆・幇助）は成立すると解することができるわけであり、共犯行為が失敗に終った場合には、「共犯の未遂」が成立し、未遂犯処罰の規定にしたがって処罰されることになる。木村博士によれば、「教唆の未遂は『教唆』の未遂ではあるが、同時に、教唆の『未遂』であり、これに対して未遂犯の規定の適用を排除する理由はない。その意味において、教唆の未遂はそのすべての場合について未遂犯の規定の適用があるものと解すべきである。これは共犯独立性の見地の当然の帰結に外ならない(16)」とされる。しかし、教唆の未遂は「教唆」の未遂ではあるが、教唆の「未遂」が被教唆者の「未遂」を指すとすれば、「教唆」そのものとしては既遂であろう（被教唆者が、実行行為に着手した段階で「教唆」は既遂になっていると解する）。もっとも、「教唆の未遂の場合は教唆せられた又は教唆せんと企図せられた犯罪に対する法定刑によって処断する(17)」ということについて異論はない。

なお、「未遂の教唆」の場合には、教唆者が正犯者の未遂を予め認識していたのであるから、教唆者には「未遂」の教唆犯が成立すると解する。この場合においても、「正犯の刑を科する」という文言の意味が、「教唆者がもし教唆の内容たる行為の正犯であったならば」というのであれば、教唆者は「行為の正犯」としては「未遂」を予定しているからである。その意味で、未遂の教唆犯が成立すると解するのである。これに対して、正犯に既遂犯の教唆をしたけれども、正犯の行為が未遂に終ってしまったような場合にも、未遂の教唆の場合と同じように、教唆者を「未遂の教唆」として扱うことは適当ではない。なぜなら、教唆者には、実現すべき犯罪についての認識が必要であり、その認識は、「既遂犯」を念頭に置いていると考えるのが妥当であり、「教唆者が正犯者であったならば適用される法定刑」は、既遂犯を前提にして考えるべきである。換言するならば、通常の場合は、「未遂に終らせる故意」というものは、考えられないといってよいからである。したがって、正犯が未遂に終ったとしても、正犯に実行の着手があれば、教唆そのものは既遂になっていると考えられるので、教唆者には「教唆者が正犯であったならば適用される法定刑」、すなわち、教唆者が正犯を教唆した犯罪の既遂の法定刑が科されるということになる。それゆえに、すでに述べたように、殺人を教唆した場合、被教唆者である正犯の行為が殺人未遂に終った場合でも、教唆者には殺人の教唆犯としての刑を科することになる。このことからも分るように、教唆者に正犯よりも重い刑を量定することもありうる。こうして、殺人を教唆したところ、正犯は殺人未遂に終ったとしても、共犯（教唆犯）には殺人の教唆犯が成立する。この場合、「教唆犯は、正犯者の処罰と独立して処罰されるのであって、刑の量定が、正犯者の宣告刑と独立になされることはもちろん、正犯者が処罰されることも、教唆犯処罰の前提ではない[18]」のである。

共犯独立性の理論において重要なことは、教唆者自身の犯罪性と可罰性は、正犯者のそれとは別個・独立に成立するということである。このことは、一見、「共犯」という概念からは違和感を覚えるかもしれない。しかし、個人責任の原則を貫くならば、共犯といえども、その責任は個人の行為に対して負うべきであり、また、負えば足りるのであって、決して「借用」したり「従属する」というようなことではない。このようなことを勘案すれば、木村博士による共犯従属性に対してなされる批判の中心は、「従属性の理論が共犯の犯罪性と可罰性をもって、共犯行為に固有なものと解することなく、正犯という他人の行為の犯罪性と可罰性を借用したものと解し、共犯が罰せられるのは正犯者たる他人の行為によるもの[19]」という点にあると思われる。これについては、以下のように集約することができるであろう。すなわち、今日の刑法の基本原則になっているのは、個人責任の原理・責任主義の原理であるにもかかわらず、集団責任と帰責理論であるとする。また、共犯独立性の理論では、共犯者によって正犯者の犯罪実行の決意が形成・強化され、正犯者の決意を通して実行行為がなされ、正犯者の実行行為についての違法・有責の評価は、最後に置かれると解すべきであるとされる。この点、共犯従属性の理論は、正犯による犯罪の現実的存在を前提にして、そこから遡って、その犯罪に加功した者として共犯者を決定し、正犯者という他人の行為が構成要件に該当し、違法・有責である場合にだけ共犯が成立するとか（極端従属性）、共犯が成立するためには、正犯者の行為に有責性を必要とせずに、行為が構成要件に該当し、違法であればよい（制限従属性）という理論構成をするが、共犯と正犯の関係は自然的・存在論的にしたがって理解すべきであって、共犯の犯罪性と可罰性は、共犯行為そのものに固有なものであって、正犯の犯罪性と可罰性に対して独立なものであるとされるのである。[20]

ところで、共犯従属性の見地からは、共犯が成立するためには、正犯の行為が犯罪構成要件の如何なる部分までを満たす必要があるのかという要素従属性の問題がある。わが国の通説は、正犯の行為が構成要件に該当し、かつ違法でなければならないとする「制限従属性説」を採っている。この説によれば、刑事未成年者を利用して犯罪を行った場合には、被利用者の行為に有責性（責任）の要件が欠けても、正犯としての行為を満たすことになるので、利用者には、間接正犯のみならず教唆犯も成立し得ることになる。これに対して、極端従属性説によれば、被利用者には、犯罪成立要件のうち構成要件該当性、違法性、有責性までを必要とするから、刑事未成年者を利用するには、被利用者に有責性の要件が欠けるので、利用者に教唆犯が成立することはあり得ず、間接正犯の成立だけが問題となる。また、共犯が成立するためには、共犯の行為が、構成要件に該当すれば足りるとする最小限従属性説に対しては、「構成要件に該当する正当な行為を教唆したような場合、例えば、死刑執行人に対して、死刑執行を命じた上官が殺人の教唆として可罰的となるのは不合理である[21]」という批判がある。このように、共犯従属性説においても、それぞれの立場からの主張の違いがあるが、正犯者に責任が欠けても共犯者に責任があれば共犯は成立するという制限従属性説が有力である。

なお、最近の判例の中には、正犯が刑事未成年者であっても、弁別能力を備えていれば背後者との共同正犯が成立するとしたものがある。(22)この判例によれば、刑事未成年者を利用して犯罪を行った者について、間接正犯、教唆犯のみならず、(共謀)共同正犯も成立するということになる。しかし、刑事未成年者に対しては、刑法四一条が適用され不可罰となるから、このような考え方は、共犯独立性説から理解する方が容易なようにも思える。また、私見によれば、共犯独立性説の立場から、「死刑執行人に対して、死刑を命じた上官」については、「教唆者が正犯者であったならば適用される法定刑によって処罰される」という考えから、死刑執行を命じた上官には、教唆犯としての違法性はないということになる。このように、教唆者にあっては、正犯の行為が「正当行為」であるかどうかが予め分っている場合には、教唆犯としての違法性は阻却されることになるが、始めから「責任無能力者」を利用するとか、偶然にも「正当防衛」(偶然防衛)であったというような場合には、違法性も責任も阻却されることはないのである。すでに述べたことであるが、共犯が成立するためには、正犯が一定の行為に出ることが必要であるとされている要素従属性に関する諸説について、いずれの学説が妥当であるかは別として、これらの学説に共通することは、共犯が共犯として罰せられるためには、少なくとも正犯が実行の着手に至ることが必要となる。そして、共犯の未遂を考えるとき、共同正犯については、実行行為に出た後に結果を発生させなかったという場合に、「共同正犯」の未遂が成立するということになる。しかし、共同正犯者のどちらか一方が結果を発生させれば、共同正犯として責任を負わなければならない。これに対して、狭義の共犯の未遂については、通説によれば、正犯が未遂に終ったことによって狭義の共犯(教唆犯)も未遂になるとする。

共犯従属性説と共犯独立性説の解釈論上の著しい対立は、「共犯の未遂」の捉え方において現われる。共犯従属性説によれば、共犯が処罰されるためには、正犯が犯罪の実行に着手することを必要とするが、問題は、それ以降である。すなわち、正犯の行為が未遂に終った場合には、共犯の行為（例えば、教唆）も未遂になるとすることである。そうすると、要素従属性に関していえば、極端従属性説に行きつくのではないかと思う。なぜなら、正犯の行為が未遂に終った場合には、共犯の行為も未遂になるというのであれば、正犯の行為が責任無能力者によって行われたとすれば、共犯も、結局は責任無能力者を教唆したということになるからである。したがって、教唆犯が成立するためには、正犯の行為が構成要件に該当する行為であって、それが違法・有責になされなければならないということになる。もっとも、「違法は連帯的に、責任は個別的に」という標語からすれば、責任は個別的な非難であるから、共犯者の責任が他の共犯者の責任に従属するということはあり得ないという考えが有力である。たしかに、責任は、行為者に向けられた人的非難であるから、個別的に判断されなければならないのであって、個別的な問題までも従属するということではないというべきであろう。しかし、主観的違法要素を認める立場からは、違法性の判断にあたって「主観的な」要素も考慮されなければならないから、「違法」も個別的（個人的）な問題ということになるのではなかろうか。そうだとするならば、最小限従属性説か極端従属性説に従う方が適当であるように思う。

刑法における行為を、どのように捉えるのが妥当であるのかということを考えるとき、わたくしは、「自然的・存在論的構造にしたがって理解する」[23]ということが重要であると考えている。そこで、共犯が成立するためには、正犯が構成要件に該当する行為を行えば足りると解する。このことから、共犯（教唆犯）の既遂は、正犯が実行に着手した段階で認めることができるのであり、正犯の行為が未遂に終ったかどうかは教唆犯の成立には影響を及ぼさないと解するのである。正犯と共犯は、一つの犯罪を行うということについては、正犯は実行行為をし、共犯は教唆あるいは幇助をするという認識があればそれで十分であり、それぞれの行為についての責任を負えばよいのであって、そこには共犯独立性が前提となり、共犯が正犯に従属するというようなことは考えられないのである。

三　共同正犯

広義の共同正犯に関しては、刑法六〇条以下に規定されている。六〇条の規定は、「二人以上共同して犯罪を実行した者は、すべて共犯とする」としているが、この規定で派生的な問題が生じるのは、「正犯とは何か」ということに尽きるであろう。これまで、「犯罪を実行した者が正犯」であるという見解が通説であった。しかし、「実行した」あるいは「実行する」ということの意味は、必ずしも「正犯」の要件ではないのではないかという有力説も唱えられている。この考え方の根本にあるものは、「実行した」あるいは「実行する」ということの意味を、単に形式的のみならず実質的観点からも捉えようとする立場である。ともあれ、六〇条は、「共同正犯」についての規定をしている。ただ、「共同正犯」の意味するところは、「犯罪を共同する」（犯罪共同説）ことなのか、「行為を共同する」（行為共同説）ことなのかということで見解が分かれている。

共同正犯の要件は、「共同実行の意思」と「共同実行の事実」ということになるが、共同して犯罪を実行するということについては問題はない。重要なことは、正犯者の各自が別々の犯罪結果を生じさせたとき、各自の関係をどのように扱うのかということである。つまり、共犯は数人の者が、同一の犯罪を共同することであると考えるか、それとも各共同者が各々の犯罪を他人と共同して実行するものと考えるかということである。換言するならば、「犯罪」特に「同一の犯罪」を主眼に置くべきか、「共同して犯罪を実行する」という「行為」に主眼を置くべきかということで、「犯罪共同説」か「行為共同説」かに分かれるのである。わたくしは、二人以上の者が、共同の行為によって各自の企図する犯罪を実現すれば、共同正犯は成立するという「行為共同説」の立場を支持している。それゆえに、共同にかかる事実が数個の犯罪にまたがっていようと、単に一個の犯罪事実の一部に属していようと、また、共同者が互いに別々の犯罪事実を目指していても、行為の共同があれば、共同正犯を認めることができると考える。ただ、共同の責任は、それぞれが惹起した結果について責を負うと解すればよいことになる。従来、行為共同説にいう「行為」とは、前構成要件的な社会事実としての行為と解されていたが、そうではなく、木村博士は、「構成要件の外部的・客観的要素を実現する限度における実行行為の共同があれば共同正犯が成立することを意味するものと解すべきである[24]」とされる。すなわち、「共同の行為は構成要件該当の実行行為でなければならない。ただ、それはあくまで各共犯者の自己の犯罪という観点から見ているのであって、その見地から他人の行為との協力関係が構成要件該当であればよい[25]」のである。つまり、「行為共同説は、それぞれの関与者からみてそれぞれの犯罪を共同にすることが共犯の本質であるとみるものであるから、関与者それぞれにとっての違法な構成要件該当行為を共同することがありうると考えるものであって、何ら前構成要件的・自然的な行為を共同するものといっているわけではない[26]」のである。

したがって、Aは殺人の故意で、Bは傷害の意思でCに切りつけて傷害を負わせたという場合、A・Bに共同正犯が成立するのはいうまでもないが、Aには殺人未遂罪が成立し、Bには傷害罪が成立する。すなわち、両者の間には、行為の相互的共同があったと解するのである。行為共同説は、各行為者について、その者が実行する犯罪において共同正犯であると解するから、成立する犯罪が行為者を中心に決定されるのである。つまり、各行為者の行為について成立する犯罪が決定されるのである。共同正犯は、「二人以上共同して犯罪を実行した者」であるが、二人以上が「共同」して「犯罪」を実行するという意思があれば、その「犯罪」を特定の犯罪と限定する必要はない。それでは、共同実行の意思とは、どのようなことをいうのであろうか。犯罪共同説の立場からは、「二人以上の行為者が共同して実行行為を行おうとする意思、すなわち、ある犯罪を実現するについて、行為者同士が相互的にそれぞれの行為を利用し合い、補充し合って目的を遂げようとする意思(27)」をいう。これに対して、行為共同説によれば、「共同加功の意思の内容は、自己の行為が他者の行為と因果的に結合して犯罪を惹起するという事実の予見ないし予見可能性をいう。この共同加功の意思は、意思の相互連絡を意味するものではない。すなわち、二人以上の者に相互にともに存在する必要はない。片面的に当該の共同加功者にその意思があれば、その者は、共同正犯となりうるのである。また、犯罪実現に関する明確かつ現実的な意思、すなわち、故意を必要とするわけでもない(28)」というのである。このように、行為共同説からは、相手方の「共同実行の意思」を共犯者の一方の者が認識する必要はないというところに大きな特徴があるといってよい。二人以上が行為を共同にするという意思があれば、その段階で共同正犯の要件は備わっているのであるから、「行為」を共同にするかぎりにおいて「犯罪」を特定の犯罪と限定して解する必要はないということである。

「二人以上共同して犯罪を実行した者は、すべて正犯とする」(刑六〇条)というのが、共同正犯の規定である。共同正犯であれ、単独正犯であれ、「正犯とは何か」ということについて、再度、検討してみよう。

正犯とは、狭義の共犯である教唆犯と従犯(幇助犯)に対する概念である。その意味で、共犯は、ある犯罪についての第二次的な刑事責任を負担する犯罪であるともいえる。「正犯とは何か」ということについて、現行刑法典には明文規定がない。そこで、六〇条の「二人以上共同して犯罪を実行した者」という文言から推定してみると、正犯とは「犯罪を実行した者」という結論に至る。問題となるのは、「犯罪を実行した者」とは、どのような者をいうのかということである。「犯罪を実行した者」という文言を極めて自然的な意味で捉えるならば、「犯罪」の第一要件である「構成要件に該当する行為をした者」ということができるし、同時に、刑法六〇条の「二人以上共同して犯罪を実行した者」という規定の意味は、二人以上の者が構成要件に該当する実行行為の一部を現実に自ら行ったと解することも可能である。しかし、「正犯」をこのように一義的に捉えることは適当ではなかろう。なぜなら、厳密にいえば、直接には「構成要件に該当する行為をした者」ではないが、正犯が行った犯罪遂行に重要な役割を果たした者であるとか、他人を道具のように使って犯罪をさせた者のように、何らかの形で犯罪結果を実現させるにあたって重要な役割を果たしたり、その地位にあった者も「正犯」といってよいのではないかとの考えもあるからである。すなわち、犯罪の実行を「共同する」という文言を実質的な意味に解して、犯罪行為の実行について「共同する」というように解するならば、「正犯」とは、必ずしも実行行為の一部を現実に自らするということは要しないというべきである。つまり、犯罪実行行為は直接しなくても、自らの地位を利用して部下に犯罪をさせるということも、部下と「共同して」といえる場合があるといえるからである。このように、「共同して」という文言を「正犯」概念の中に取り込むという考えは、古くから存在していたのである。(29) 構成要件に該当する行為を直接にした者でなくても、「正犯」ということができるのではないかという根拠を二つ挙げることができる。一つは、「共謀」ということに重点を置いた「共謀共同正犯」の理論であり、他の一つは、「支配」ということに重点を置いた「行為支配」の理論である。

(一)　共謀共同正犯

共謀共同正犯とは、二人以上の者が、一定の犯罪を実行することを「共謀」し、共謀者の中のある者が共謀した犯罪を実行した場合は、共謀したが直接には実行行為に出なかった他の共謀者も、共同正犯として処罰せられるという共犯形態をいう。[30] すなわち、「共謀」を根拠にした「共同正犯」である。共謀共同正犯が問題となるのは、刑法六〇条に規定されている「二人以上共同して犯罪を実行した者」という文言の解釈があげられる。すなわち、現実の社会における共犯現象として往々にしてある、小物を背後で操る大物を正犯として処罰すべきであるという社会認識とのギャップを、どのようにして埋めるかということにあるといってよいであろう。わが国の刑法実務では、旧刑法時代から長きにわたって「共謀共同正犯」という共同正犯解釈が行われてきた。しかし、学説の間においては、共謀共同正犯を認める立場は少数であった。それにもかかわらず、昭和一一年五月二八日の連合部判決[31]により、共謀共同正犯の理論が、強盗や窃盗の罪を含むすべての犯罪にも及ぶこととなった。そして、一般には、従犯と考えられていた「見張り」についても、共謀共同正犯の中で論じられるようになったのである。これに関連するその後の判例は、次のように述べている。「原判決によれば被告人は三人で『通行人を脅迫して金品を奪い取ろうと相談して同日午後一〇時頃』『通行中の甲を呼びとめ警察の者を装って同人を附近の隧道内に連れ込んだ上被告人は見張をした』事実が認定されているのであって、本件犯罪は被告人も共謀の上行はれたことは明白である。従って、論旨にいうが如く被告人は被害者に対しては手も触れず一言も発しなかったとしても、又強取された金について一銭の分前にも与らなかったとしても、被告人はその罪責を免れることはできない[32]」とした。また、「数人が強盗又は窃盗の実行を共謀した場合において、共謀者のある者が屋外の見張りをした場合でも、共同正犯は成立するということは、大審院数次の判例の示すところであって、今これを改むべき理由は認められない[33]」としている。この判例についての評釈で、団藤博士は、「見張りがはたして『実行』を共同したものといえるかは疑問であり、上告論旨にも相当の理由があるといわなければならない。……見張りを実行為ではないとしながら、しかも共同正犯をみとめた判決は、共謀共同正犯説とおなじ根拠に立つものといわなくてはならない。そうして、共謀共同正犯説に対するとおなじ批判がこれに向けられるべきである[34]」とされ、「見張りは――賭博などの見張りはむろんのこと、殺人、強盗などの見張りもまた――共同正犯ではなく、幇助犯にすぎないものと考えたいのである[35]」とされている。ところが、団藤博士の見解は、その後、「構成要件該当事実について支配をもった者――つまり構成要件該当事実の実現についてみずから主となった者――こそが、まさしく正犯にほかならない[36]」とされているように、「実行行為」を正犯の重要なメルクマールと考えられていたころとは異なってきている。もっとも、この考えをもって、団藤博士が、共謀共同正犯を容認した立場といえるかどうかは必ずしも明確ではない。むしろ、行為支配説の立場に近いようにも思われる[37]。ともあれ、「正犯とは、犯罪を実行する者すなわち基本的構成要件該当事実を実現する者である[38]」と定義されていることを併せ考えてみると、「正犯」とは、直接的に構成要件該当事実を実現する者のみならず、結果発生を実現する者の行為を支配しうる立場にある者も「正犯」になりうるということであろう。もちろん、わが国の伝統的な考え方は、「構成要件に該当する実行行為を行った者が正犯である」としている。この考え方は、基本的には正しい。しかし、この考えに固執してしまうと、現実に生起する多様な犯罪現象に対処することができない場合も多く出てくることが予想される。共謀共同正犯が唱えられた背景にも、このような状況があった筈である。わたくしは、共謀共同正犯を支持する立場ではないが、「犯罪を実行した者」ということを考えるとき、必ずしも直接的に構成要件該当行為を行う者にかぎる必要はないのではないかと理解している。ただ、共謀共同正犯理論の裏づけとなっている、共謀によって同心一体的な共同意思主体が形成されるという「共同意思主体説」に対しては、意思の一致により「意思主体」が形成されるのであるが、個人を離れたものを犯罪の「主体」とすることは、個人責任の原則に反すると考える。それゆえに、共同正犯者各人の因果性が問題とされなければならないのであって、超個人的な共同意思主体を認めることは団体責任の原則を認めることになるとか[39]、「共同意思主体説は、行為主体と責任主体とを観念的に分離することから、個人責任主義からは容認しがたい理論的齟齬をきたしている。共同意思主体が法的な意味において犯罪実現行為の主体と観念される超個人的存在であるとするならば、このような存在はやはり認めがたい[40]」といった批判がなされている。

㈡　行為支配説

行為支配説というのは、複数の人間によって犯罪が行われたとき、その犯罪を実質的に行ったと「評価される者」、すなわち、その犯罪実現にあたって中心人物となり、犯罪実現に向けて行為を支配する者が正犯であるとする考え方である。単独犯の場合には、「基本的構成要件該当事実を実現する行為をした者が正犯である」と説明することができるが、複数犯の場合には、当然、共犯者を全体として考察しなければならないであろう。そうすると、実際に生じた結果を支配した者、すなわち、構成要件該当事実に対する実質的な支配者は誰かというとき、「行為支配」をした者が、「実質的支配」をした者――つまり、犯罪の中心人物となる者――として正犯であるとすることができるのではないかという考えである。なぜ、このように考えるのかというと、複数犯の場合、全員が対等の立場にあると考えられる場合と支配・被支配の関係にあるという場合とが考えられるからである。前者は共同正犯の関係にあり、後者は正犯・共犯の関係にあると考えられる。そこで、後者における行為支配ということを考えるとき、支配の意味について、「行為支配論においては、行為遂行ではなく、重要な事実的寄与（Tatbeitrag）による犯罪事実を実現するに際しての『支配』を根拠とする[41]」のである。この理論は、正犯にとって重要なことは、直接、実行行為を行うということではなく、実行行為に対する支配・統制をするという点に判断規準を置く理論である。例えば、共犯のように、複数の人間により犯罪を犯すような場合、それぞれの「実行行為」の概念の捉え方として、直接的な行為や結果といったものに重点を置くのではなく、どのような状況のもとで各自が行為をしたのかということを重視する。つまり、結果の発生を全体として捉えたとき、それに対して、目的的に支配・統制した外部的行為を遂行させたのは誰かということを明らかにする「事実的寄与」を判断規準とする。行為支配説は、詳しくいうと「行為支配説」と「目的的行為支配説」に分けることができる。目的的行為支配説は、目的的行為論の基底にある行為を主観＝客観の全体構造をもつものであるとする目的的行為論を出発点とし、正犯概念が主観的要素と客観的要素とから構成されるものであるということを明らかにしようとするものである(42)。

それでは、目的的行為支配説と行為支配説の違いは、どの点にあるのであろうか。橋本教授によれば、ヴェルツェルの所説は、目的的行為論の見地からみた正犯概念の主張として、もっとも徹底した議論であろうとされる。しかし、ヴェルツェル自身も、目的的行為支配という概念を一刀両断に判断できるようなものではなく、目的的行為支配を有するか否かを判断する際に、どのような実体的メルクマールを設定すべきかということに帰着するであろうとしている。ヴェルツェルのいう目的的行為支配説は、従来の主観的・客観的各正犯理論の統合という、均衡のとれた妥当な方向を志向するものであるが、「行為支配論が一方で正犯性を説く正犯理論であり、他方でそれを要件論として具体化する側面があることを、明確に意識すべきである(43)」としている。その意味では、ヴェルツェルの行為支配論は、正犯メルクマールの設定において、若干の主観的偏重を否定できないとする。

一方、行為支配説の目指すものは、これまでに主張されていた正犯概念を統合して、正犯性の統一的な理論を確立することである。わたくしは、正犯とは、これまで述べてきたように、構成要件的結果を実現させるについて、事実上の支配者であると考えている。共同正犯の場合は、支配的といえる対等な立場にある者が、複数存在するということである。また、「支配」とは、どのようなことをいうのかを考えるとき、主観＝客観の両面から、その判断をしなければならない。「行為支配説」「目的的行為支配説」の両者にとって重要なことは、「正犯とは何か」ということを考えるとき、それは、単に実行行為を行うということだけではなく、それ以外に共犯者をいかに支配・統制したかという点に重きを置くということである。因に、目的的行為支配説においても行為支配説においても、共犯（教唆犯・幇助犯）は、結果発生に対する実行行為そのものを行う者ではなく、それ以外の行態によって実行行為に加功する者であるが、正犯は犯罪そのものを行う者である。犯罪そのものを行うといえるためには、直接、行為を行うということだけでなく、複数犯の場合には、対等な立場であったとか、支配・被支配の関係といった要素が考慮されなければならない。つまり、六〇条にいう「犯罪を実行した者」とは、実質的な実行行為者は誰かということを検討して考えなければならないということである。したがって、「支配される対象は『行為』にはとどまらず、むしろ、『なされたものごと』、実現された事実全体を指示することばとして〈Tat〉が働いているのである。……行為支配論は、構成要件該当事実に対する『支配』の観念をもってその実質的な実現者を確定し、これを評価する」[44]ことである。

もっとも、団藤博士は、単に、行為支配（事実支配）の観念をもって正犯を説明するだけでは不十分であって、正犯というのは、構成要件該当事実について支配をもった者であるとされている。そして、正犯と共犯の区別の標準は、行為支配そのものではなく、行為支配の対象が構成要件該当事実であるかどうかに求められなければならない。つまり、正犯としての行為支配のみならず、共犯に対しても教唆者・幇助者が、それについての行為支配をもたなければならないとされている[45]。これに対して、大塚博士は、「社会観念上、実行担当者に対して圧倒的な優越的な地位に立ち、実行担当者に強い心理的拘束を与えて実行にいたらせている場合には、規範的観点から共同実行があるといいうるのであり、共同正犯を認めることができるとおもう[46]」とされている。わたくしは、この場合、「共同実行」があるという点を重視するので「共同正犯」を認めることができると解する。というのは、「実行担当者」と「首謀者」の共同正犯の成立を認めるからである。しかし、「実行担当者に対して圧倒的な優越的地位」に立つ者は、実行担当者の行う行為に対して支配しうるのであるから、「正犯」が成立する。ただ、実行担当者は、形式的には「犯罪を実行した者」といえるとしても、実質的には優越的地位に立つ「正犯」の行為を手助けしているという意味で、幇助犯、あるいは、間接正犯を前提とした正犯の検討がなされなければならないと考えるのである。

共謀共同正犯において、正犯性が認められるのは、「共謀」があったということだけではなく、「共謀」によって各自が犯罪内容等を知ることによって「対等」になるからではないかと思う。したがって、共謀に参加しても「対等」になっていないかぎり、正犯にはなり得ないと解すべきである。その意味で、共謀共同正犯においては、共謀に参加した者すべてが共同正犯としての「地位」を取得するのではなく、「対等」であったか否かによって正犯と共犯、場合によっては、犯罪と無関係といった区別をするべきである。換言するならば、共謀共同正犯において正犯性が否定されるためには、究極的には、共謀が成立していない場合というべきである。もっとも、共謀が対等の立場でなされたといえる要件をどのように判断するかは、困難を伴うであろう[47]。共謀共同正犯において重要なことは、共同謀議に参加することによって、「対等」になっているかどうかを吟味する必要があるのではないかということである。

行為支配説は、この点を明確にしているということができる。橋本教授は、「寄与の実質のみを評価し、正犯行為を実行行為から解放して、実質的分担の程度を評価するだけでは、やはり共同正犯という犯罪遂行共同体に具体的・現実的実行を委ねるという形になるので、最終的な事実に対する寄与としての性格が曖昧になるのは避けられない。支配という観念によれば、実現された事実を実質的な意味で掌握していたことが正しく評価されるであろう[48]」とされているが、適切な指摘である。

これまで、共謀共同正犯と（目的的）行為支配説について論じてきたが、目的的行為支配説とはいっても、「支配」の対象となるのは、行為に限られるわけではなく、構成要件該当事実としての「事実」である。そうすると、共謀共同正犯の場合には、行為支配説とは異なり、共同正犯における条件についての理論であり、共謀があればそのうちの一人が犯罪を犯したとしても、謀議に参加した者には、共同正犯が成立するというのである。「対等」ということからすれば、共謀共同正犯を認めることについて異論はない。これに対して、行為支配説からは、正犯の要件を若干狭め「行為支配」を要件とするのである。したがって、共謀共同正犯の理論は、正犯としての「横の関係」をどこまで認めるのかということであり、行為支配の理論は「正犯とは何か」を問うとき、支配・被支配の関係を重視する「縦の関係」を認めることを前提にする理論ではないかと解するのである。共謀共同正犯の理論においては、謀議参加によって「対等」の立場を認めて共同正犯が成り立つのであり、行為支配の理論においては、「支配」「被支配」の関係を認めることによって、「正犯」と「共犯」の関係を明らかにすることができるのである。その意味で、共謀共同正犯の理論においても、共謀に加わった者の全員が共同正犯になると決めつけるのではなく、その中で「支配」「被支配」の関係があった場合には、「正犯」と「共犯」の存在を区別すべきではないかと思う。このことからすれば、行為支配説は、「支配」に重点を置くことによって、正犯と共犯を区別する規準として、妥当な理論であるといいえよう。

四　犯罪共同説と行為共同説

刑法六〇条には、共同正犯について「二人以上共同して犯罪を実行した者」と規定されている。この規定の解釈をめぐって「犯罪共同説」と「行為共同説」の争いがある。この両説の検討をする。

(一)　犯罪共同説の検討

犯罪共同説とは、刑法六〇条の「二人以上共同して犯罪を実行した者」という規定の解釈として、二人以上の者が共同して犯罪を実行するにあたって、「犯罪」とは、「一個の犯罪事実」、あるいは、「特定の犯罪事実」を指すということである。このように、犯罪共同説が主張する共同正犯は、一個、あるいは、特定の「犯罪」を共同して「実行」するものであるとする。実行とは、基本的構成要件に該当する事実を実現する行為を意味するものであるとされ、さらに、殺人罪と傷害罪のように、構成要件的に重なり合う場合（共通する）場合には、その重なり合う限度で共同正犯を認めようとするものである。[49] すなわち、犯罪共同説によれば、共同正犯は、一定の犯罪を共同して実行するものであり、そのために「基本的構成要件該当の事実を実現する行為」が実行に必要であるから、それがないかぎり、たとえ同一の日時・場所でA・Bが意思の連絡のもとに実行行為をしたとしても、共同正犯にはならないとする。例えば、同一の日時・場所でA・Bが意思の連絡のもとに、それぞれが殺人と放火を行ったというような場合には、AがBの放火の教唆犯や幇助犯になることはあるにしても、両者の間で共同正犯（殺人と放火の共同正犯）が認められることはない。ただし、右のような状況で、A・B各人が行った犯罪が、殺人と傷害というように構成要件的に重なり合う場合には、重なり合う範囲（錯誤論での法定的符合説にいう符合）で実行行為を共同にできるので、共同正犯を認めることができるとするのである。

(二)　行為共同説の検討

行為共同説とは、二人以上の者が行為を共同にする意思があれば、共同正犯は成立するという理論である。行為共同説によれば、刑法六〇条にいう「二人以上共同して犯罪を実行した者」という規定の解釈として、二人以上の者が共同の実行行為によって各自の企図する犯罪を遂行することであるとする。この理論によれば、「二人以上共同して犯罪を実行した」とは、共同にかかる事実ということを予定し、これに基づいて犯罪の成立を論じることになるから、共同という事実は、犯罪事実の法律上の構成を離れて考えるべきであるとする。ところが、この点について、犯罪共同説の立場からは、「行為共同説によれば、前構成要件的――あるいは前法律的・自然的――な行為を共同に行えば、共同正犯になる[50]」との批判がなされている。この批判の根拠になっているのは、おそらく、牧野博士の「共犯は数人が共同の行為によってその犯罪を遂行するものと解することが論理的なことである。この考え方に従うときは、まず、共同にかかる事実ということを予定し、これに基づいて犯罪の成立を論ずべきことになるのである。共同という事実は犯罪事実の法律上の構成を離れて考えるべき[51]」という文言に対してのものであろう。この文言が、「行為共同説があたかも犯罪と無関係な行為を共同にするだけでよいとする理論であるかの印象を与えてきた[52]」のであるが、しかし、このことの真意は、「共犯としての可罰性の発生が前構成要件的・自然的な行為で十分であるとする趣旨ではなく、たんに狭義の共犯が従属する正犯行為が必ずしも構成要件該当行為である必要はなく、違法な行為であればよいとする趣旨である[53]」から、「当初から行為共同説はまぎれもなく今日の理解のように主張されていた」[54]のである。そもそも行為共同説というのは、「それぞれの『実行行為』の共同を要件と考えるものであり、実行行為と無関係な行為の共同で十分だとする理論ではない……実行行為の一部を共同にするものでないかぎり、共同正犯は認められないとするのが通常である。したがって、罪名の異なる二つの犯罪の共同正犯が成立するには、少なくとも実行行為の一部を共同していなければならないのである」[55]。このようなことからいえることは、行為共同説にとって重要な要素は、「実行行為の一部の共同」ということの解釈である。行為共同説といえども、例えば、「殺人罪と文書偽造罪、名誉毀損罪と逮捕監禁罪」の共同正犯ということは考えられないのである。なぜなら、殺人罪と文書偽造罪には、実行行為を部分的（＝一部）に共同するということはあり得ないからであり、したがって、両者の間には事実上の「実行行為の一部の共同」というところを見出し得ないからである。しかし、例えば、「AとBとが共に放火をしようと共謀し、その際、Aのみがその家屋の中で病臥している家人の在室を知りつつ殺人の故意で放火したような事例では、Aの放火行為は殺人の実行行為でもあるというように、放火の実行行為と殺人の実行行為とは重なり合い、死の結果に対してともに因果力をもちうるから実行行為の共同・因果関係の共同はありうるが、殺人罪と文書偽造罪、名誉毀損罪と逮捕監禁罪の共同正犯などは、通常、考えられない」[56]との解釈に、わたくしは左袒する。このような考えからは、過失犯の共同正犯や故意犯と過失犯の共同正犯も肯定することができることになる。共同正犯に関する理解としては、行為共同説が妥当である。

五　共犯と身分

わが刑法六五条一項と二項をめぐって、通説は、一項が真正身分犯と共犯の関係、二項が不真正身分犯と共犯の関係についての規定であると解している。これに対して、一項は真正身分犯・不真正身分犯を通じての共犯成立の問題を規定したものであり、二項は不真正身分犯について、科刑の問題を規定したものであるとする有力説や判例もある[57]。また、共犯独立性説の立場から、六五条一項は、真正身分犯に対する非身分者の加功に関する科刑を規定したものであり、二項は、正犯・共犯関係にある者の間において、身分により刑の軽重・減軽の相違がある場合に関する科刑を規定したものであるから、両者は別個・独立の規定であると解されている[58]。そのほか、一項は身分の連帯的作用を、二項は身分の個別的作用を認めるがゆえに、一項は共犯従属性の理論、二項は共犯独立性の理論とそれぞれ共通する原理に基づくとの考えもある[59]。それでは、六五条一項と二項の関係はどのように解すべきであろうか。この問題を共犯従属性説と共犯独立性説の立場から捉えると、六五条一項は「人の身分によって構成すべき犯罪行為に加功したときは、身分のない者であっても、共犯とする」と規定していることから、身分の連帯的作用を定めたものであって、共犯従属性説の立場に立っていると解されている。また、二項は「身分によって特に刑の軽重があるときは、身分のない者には通常の刑を科する」と規定していることから、身分の個別的作用を定めたものであって、共犯独立性説の立場に立っていると解されている。これは、六五条一項と二項が相対する概念で交錯していることになるが、共犯従属性説の立場からは、一項が原則規定で二項が例外規定であると解されている。これに対して、共犯独立性説の立場からは、二項が原則規定で一項が例外規定であるとする[60]。それでは、この両者の関係をどのように解するのが妥当であろうか。犯罪共同説によれば、身分のない者は身分のある者に対して共犯関係に立つことはできない。特に、共同正犯の場合、身分のない者の行為は構成要件に該当しないことになる。また、身分のない者が身分のある者を教唆したり、幇助したりして身分のある正犯に犯罪の決意をさせたり手助けをしたとしても罰せられないことになる。

このように、実際には、正犯の犯罪に加功していても身分がないということで加功者に何の犯罪も成立しないというのは、一般国民感情からしても許されることではない。そこで、身分によって構成すべき犯罪に身分のない者が加功した場合、正犯になることはなくても、教唆犯あるいは幇助犯という狭義の共犯は成立するという身分犯に対する共犯成立の規定であるとする。[61] このように解するのは、共犯従属性説の見解であるが、身分のない者が身分のある者に加功しても「共犯とする」というのは、共犯独立性説の見地からであると解することもできる。ともあれ、六五条一項の「犯罪行為」とは、身分のある者にしか犯すことのできない「犯罪行為」であるから、「犯人の身分」というのは、真正身分犯であるということが理解できる。そうすると、六五条一項の「犯罪行為」というのは、身分をもった者しか「犯罪行為」を行うことができないということを意味するのであるから、身分のない者は正犯となりえないことになる。そうすると、「共犯とする」というのは、狭義の「共犯」と解するのが妥当であるということになる。本来、身分犯にいう「身分」とは、行為の主体がもつ一定の地位ないし資格である。そうすると、行為の主体だけがもっている地位ないし資格を他人が利用したり、共同したりして身分者と一緒に犯罪を行うことができるのであろうか。六五条一項の規定は、共犯者間で連帯的・従属的に作用することの規定であり、六五条二項は、その規定の意味から、身分は個別的に作用すると解されているので、矛盾したような内容になっている。

右に述べてきた点について、共犯従属性説の立場から、一項は真正身分犯、不真正身分犯を通じて共犯の成立問題の規定であり、二項は、とくに、不真正不作為犯だけについて科刑の問題を規定したものであるとの見解がある。つまり、「構成要件上、行為の主体が、一定の身分を有することが必要とされているばあい、その身分のない者は、単独では、その行為主体となることはできないが、身分を有する者の犯罪行為に加功したときは、共犯となる[62]」というのが六五条一項の趣旨であるというのである。さらに、六五条一項は、「真正身分犯、不真正身分犯を通じて、共犯の成立の問題を規定したもの、すなわち、真正身分犯についても、不真正身分犯についても、非身分者の加功による身分犯の共犯が可能である旨を規定したものと解すべき」であり、六五条二項は、「不真正身分犯に関して、科刑の問題を規定したもの[63]」とされている。したがって、非身分者が身分ある者の犯罪を教唆・幇助したときは、非身分者に対しては、身分犯の犯罪に対する共犯（教唆・幇助）が成立するということになる。そして、二項では、不真正身分犯について、刑の調整をする規定ということになる。

しかし、このような見解に対しては、「不真正身分犯につき、重い身分犯の犯罪が『成立』するとしながら、なぜ刑については軽い通常の犯罪の法定刑が適用されるのかを理論的に説明できない[64]」という批判がなされている。つまり、非身分者である他人が、保護責任者遺棄を教唆した場合、保護責任者遺棄罪の教唆犯が成立するのに、刑は単純遺棄罪の教唆犯の刑によるという「犯罪の成立と科刑とが分離」されてしまうということの合理的な説明がなされていないということである。通説・判例によれば、六五条一項にいう「身分」とは、「真正身分犯」にいう「身分」にほかならず、二項にいう「身分」とは、不真正身分犯に関する規定であるということになる[65]。この見解に対しては、「非身分者にも身分犯の共犯が成立しうる理由、さらには構成的身分と加減的身分とでその作用を異にする理由を示すことができない[66]」とか、「同じ種類の身分（たとえば、「公務員」）が、ある犯罪については一項の身分（真正身分犯）であり、別の犯罪では二項の身分（不真正身分犯）とされることがあるが、どうしてそのような異なった取扱いがなされてよいのかが明らかでないのである。同一の身分が、ある犯罪では構成的に働き、別の犯罪では加減的に働くとき、それぞれ一項と二項の適用により別個の扱いを認めるというのであれば、そのような区別の実質的理由を示す必要があろう[67]」といった批判がなされている。たしかに、例えば、保護責任者遺棄罪（二一八条）

は、単純遺棄罪（二一七条）の場合でも処罰される「遺棄」行為との関係では、不真正身分犯である。同様に、嘱託殺人罪（二〇二条）も普通殺人罪（一九九条）との関係でいえば、嘱託を受けているという身分によって、「殺人」行為が普通殺人罪より軽く罰せられるから加減的身分となるが、「嘱託を受け若しくはその承諾を得て」というのは、「犯人の身分によって構成すべき犯罪行為」ではないのに、六五条一項の適用があることになる。そうすると、すでに述べたように、同じ身分犯であるにもかかわらず、ある犯罪では構成的に働き、別の犯罪では加減的に働くというとき、その実質的根拠が明らかにされるべきであるとの指摘は正鵠を射ている(68)。そもそも六五条一項と二項には「身分」という文言が使われているが、この「身分」の意味は、一項、二項に共通する意味を有しているのであろうか。思うに、六五条一項は、「身分のない者であっても、共犯とする」という規定であるから、関与者間の「連体性」を表わしていると解することができよう。これに対して、二項は、「身分のない者には通常の刑を科す」と規定しているから、身分が「個別」に作用することになる。通説によれば、六五条一項は、真正身分犯についての規定であり、二項は、不真正身分犯についての規定であると解されている。

ところで、刑法六〇条は、「二人以上共同して犯罪を実行した者は、すべて正犯とする」と規定している。この場合の「犯罪」は、身分等に関係なく成立する犯罪である。そこで、いくつかの問題となる場合について検討してみよう。つまり、（ア）身分のない者が身分のある者に加功した場合、（イ）身分のある者が身分のない者に加功した場合、（ウ）不真正身分犯のように、身分があることによって、加重減軽される場合の身分のない者との共同関係といったことである。例えば、保護責任者Aと非保護責任者Bが、共同してAの子供を遺棄したという場合、Aに保護責任者遺棄罪（二一八条）が成立し、Bには単純遺棄罪（二一七条）が成立し、両者は共同正犯として、六五条二項により、それぞれの罪責を負うということについて問題はないであろう。これに対して、非公務員が公務員とともに賄賂を受け取ったという場合、非公務員に「賄賂」を贈るということはありえないから、非公務員と贈賄者との間に「賄賂罪」との関係で正犯ということは成り立たない。そうすると、非公務員が、公務員と共に賄賂を受け取ったとしても、それはせいぜい公務員に対する収賄教唆か収賄幇助が成立するにすぎない。つまり、六五条一項に関しては、身分のない者は正犯とはなり得ないから、一項にいう「共犯」に正犯は含まれない[69]。これとは逆に、身分者が非身分者に加功した場合は、どのように考えることができるであろうか。例えば、賭博常習者が、非常習者の賭博行為を幇助したような場合である。判例は、かつてこのような場合、常習者に単純賭博罪の幇助を認めたが、その後の判例においては、常習賭博罪の幇助犯の成立を認めている[70]。不真正身分犯にあっては、身分のある者と身分のない者との犯罪がそれぞれ規定されている。例えば、同意殺人罪（二〇二条）と普通殺人罪（一九九条）を比較すると、同意殺人罪は、普通殺人罪を軽減した犯罪類型である。したがって、同意殺人罪は、不真正身分犯であり、被害者から同意を得ている者と同意を得ていない者が共同して殺した場合には、同意殺人罪と普通殺人罪の共同正犯が成立する。つまり、「同意を得ている」者の「行為」と「同意を得ていない」者の「行為」は、共同することはできても、「同意を得ている」「同意を得ていない」という「質的」相違がある。しかし、「殺す」という結果については、それぞれに処罰規定があるから、両者に「共通要素」を見出すことができる。これに対して、真正身分犯の場合には、「身分のあること」が、犯罪成立にとって必須要件であるから、「身分のない者」には、行為だけを共同にするということはできない。つまり、真正身分犯の場合には、身分と行為は不可分なのである。したがって、行為共同説からは、不真正身分犯については、行為（殺人）の共同をすることができるので、普通殺人罪と同意殺人罪に「共同正犯」を認めることができる。これに対して、真正身分犯の場合、「身分」と「犯罪行為」は不可分のものであるから（例えば、犯罪に関する非身分者の行為が該当する規定がない）、身分のない者は、「共同する」

ことができず、せいぜい「加功する」ことしかできないのである。このように、六五条一項と二項は、その適用範囲を異にする。(71)

六　おわりに

共犯と身分に関しては、刑法六五条に規定がある。しかし、一項と二項をめぐって、その解釈は錯綜している。私見によれば、六五条一項についての「身分」とは、「真正身分犯」にいう身分であると解する。なぜなら、六五条一項は、正犯の要件として「犯人の身分によって構成すべき犯罪」と限定しており、それに「加功したとき」というのは、正犯の犯罪行為に加功したときである。一方、六〇条に規定されている「共同正犯」の要件は、「二人以上共同して犯罪を実行した者」である。このことからも分るように、六五条一項は、「犯罪行為に加功したとき」であり、この文言内容から「共同して犯罪行為を実行した者」と同様の意味内容に解することは困難といわざるを得ないからである。したがって、六五条一項にいう「共犯」については、教唆・幇助という狭義の共犯に限定すべきである。つまり、一項における「犯人」というのは、単独犯であろうと共同正犯であろうと構成的（真正）身分犯を指すと解する。なぜなら、「犯人の身分によって構成すべき犯罪行為」というのは、一定の身分をもった者によってだけ成立する犯罪という意味であり、この身分犯は、身分を持たなければ犯すことのできない真正身分犯だからである。それでは、真正身分犯の正犯から除外される者は、共犯からも除外されるのであろうか。確かに、真正身分犯は、身分を備えた者でなければ、犯罪の主体になり得ない。そうすると、六五条一項に規定されている「犯人の身分によって構成すべき犯罪」（身分犯）に対して、身分をもっていない者は、「共犯」、すなわち、教唆犯・幇助犯の成立まで限度ということになる。わたくしは、六五条一項の「身分」と「加功」をこのように解するのである。もっとも、六五条一項の「加功」の意味をどのように解するのかということは、重要な意味をもっているが、六〇条の共同正犯については、「二人以上共同して犯罪を実行した者」と規定されている。しかし、六五条一項が「加功した」と規定していることからすれば、この意味は、狭義の共犯である教唆犯・幇助犯に限定して解すべきではないかと思う。

これに対して、六五条二項は、「身分によって特に刑の軽重があるときは、身分のない者には通常の刑を科する」と規定している。この規定の文言から、「身分のない者」も正犯となり得ると解することができるであろう。したがって、六五条二項は、身分のある者と身分のない者の共同正犯に対しても適用されることになる。この規定は、共犯独立性説の見地に立つものと解されている[72]。そうすると、六五条二項にいう「身分によって特に刑の軽重があるとき」ということの意味は、同じ客体を害した場合でも、行為者の身分によって刑の軽重が考えられる場合である。そして、この場合の身分については、「刑の加重・減軽事由たる犯人の一身的特性または関係を意味し、その特性・関係は一身的という性質を有することを本質とするかぎり、永続的なものたる必要はなく、一時的なものであってもよいと解すべきである[73]」との指摘は、適切である。それでは、六五条二項の対象となる犯罪にはどのようなものがあるのかというと、「身分のない者」が犯しても「身分のある者」が犯しても、いずれも正犯となることができるものである。このように、身分があることによって、刑が重くなったり軽くなったりする犯罪に対する共同正犯の規定が、六五条二項の対象となるのである。例えば、嘱託殺人において、Cから嘱託を受けたAが、嘱託も承諾も得なかったBと共同してCを殺害した場合、Aには嘱託殺人が成立するから、普通殺人に該当するBよりも軽く処罰されることになる。つまり、Aに対しては、「身分によって特に刑の軽い場合」に該当するということができる。これに対して、Bは、何の身分も持っていないので、通常の殺人の刑罰（一九九条）が科せられるのである。また、常習賭博者Aと常習性のない賭博者Bが賭博をした場合、Aには「常習者」としての身分があるので、常習賭博罪（一八六条一項）が成立し、Bは「常習者」ではないので単純賭博罪（一八五条）が成立する。この二つの例からも分るように、六五条二項の場合には、身分のある者の行為も身分のない者の行為も共に犯罪を形成するということである。そして、その犯罪が身分のある者によって行われる場合と身分のない者によって行われる場合の規定が六五条二項ということになる。そのほかに、特別公務員が職権を濫用して人を逮捕した場合と、一般人が不法に人を逮捕した場合（一九四条、二二〇条）においても、「身分によって特に刑の軽重があるとき」に該当するから、六五条二項の適用がある。

これまで述べてきたように、六五条一項の「犯人の身分によって構成すべき犯罪行為」というのは、その身分がなければ如何なる犯罪も正犯として構成することはないという「真正身分犯」の「身分」を意味する。つまり、身分を持たない者に対しては、身分を持たないがゆえに「正犯」としての要件を欠くのである。したがって、六五条一項は、「真正身分犯」の規定であると解するから、「共犯」というのは、「狭義の共犯」を意味すると解するのが妥当である。また、二項は、身分のある者と身分のない者が、同一客体に対して犯罪を行う場合であるから、行為共同説が、その根底にあると考えられる。このように、六五条一項と二項の関係は、別個・独立の規定であるとも解されているが、身分を持った者にしか犯すことができない犯罪を、身分を持たない者に犯すことができないのは当然であり、身分を持たない者が犯すことのできる限界は、教唆・幇助までに留まるという規定である。したがって、六五条一項と共犯従属性説の関係は、直接的なものではない。わたくしは、六五条一項の規定は、極めて当然の規定であると解している。また、二項については、一項とは、「身分の概念」が異なるのであって、これは、「不真正身分犯」にいう「身分」を指すのであって、通常の刑と身分による刑の軽重を規定したものと解するのであり、正犯と共犯の両者に関して適用される規定である。このように、六五条一項と二項は、共犯と身分について明確に規定されているが、罪刑法定主義ということから当然の規定でもあるといえるのである。

（1）大塚仁・刑法概説総論（第四版・二〇〇八年）二八三〜二八四頁。
（2）大塚・前掲注（1）二八四頁。
（3）平野博士は、実行従属性、要素従属性、罪名従属性に分けられる（平野龍一・刑法総論Ⅱ［一九七五年］三四五〜三四六頁）。これに対して、可罰的従属性、犯罪従属性、実行従属性に分けられる説もある（植田重正・刑法要説総論［全訂版・一九六四年］一五八頁）。
（4）山中敬一・刑法総論（第二版・二〇〇八年）七九七頁。
（5）松宮孝明・刑法総論（第四版・二〇〇九年）二八一頁。
（6）いうまでもなく、共犯の従属性をめぐって、正犯に対するどの程度の従属性が必要かということについては、最小限従属性説、制限従属性説、極端従属性説、誇張従属性説といった学説がある。極端従属性説によれば、共犯が成立し、可罰性を帯びるためには、正犯が構成要件該当性、違法性および責任を具備することを必要とする。そうすると、刑事未成年である一三歳の子供の犯罪行為を利用した場合には、共犯が成立しないことになる。
（7）最判昭二五・一二・一九刑集四・一二・二五八六頁。
（8）福田平・全訂刑法総論（第五版・二〇一一年）二八七頁。
（9）福田・前掲注（8）二八八頁。
（10）大判明四四・一二・一八刑録一七・二二一一頁。
（11）安廣文夫・「教唆犯」大コンメンタール刑法第三巻（一九九〇年）六三四頁。
（12）福田・前掲注（8）二八八頁（一）。
（13）鈴木茂嗣・刑法総論　犯罪論（二〇〇一年）一九四頁。

(14) 刑法六一条一項は、「人を教唆して犯罪を実行させた者」と規定されているが、「犯罪を実行させた」というのは、既遂を意味するわけではないから、被教唆者が教唆された犯罪の実行に着手すれば、教唆そのものは終了（完了）したことになるであろう。したがって、正犯が犯罪の実行に着手すれば、結果如何に関わりなく、教唆犯そのものは成立すると解すべきである。
(15) 木村亀二（阿部純二増補）・刑法総論（一九七八年）三九四頁。
(16) 木村・前掲注（15）四一八頁。
(17) 木村・前掲注（15）四一八頁。
(18) 福田・前掲注（8）二八八頁。
(19) 木村亀二・犯罪論の新構造(下)（一九六八年）一四八頁。
(20) 木村・前掲注（19）一四八～一四九頁。
(21) 山中・前掲注（4）八〇一頁。
(22) 最決平一三・一〇・二五刑集五五・六・五一九頁。
(23) このように解しても、物理的強制下、反射運動、睡眠中の行為は、刑法でいう「行為」でないことはいうまでもない。
(24) 木村・前掲注（19）二四九頁。
(25) 金澤文雄・「犯罪共同説か行為共同説か」中義勝編・論争刑法（一九七六年）一七二頁。
(26) 山中・前掲注（4）七九五頁。
(27) 大塚・前掲注（1）二九一頁、大谷實・刑法講義総論（新版第四版・二〇一二年）四一〇頁。
(28) 山中・前掲注（4）八三五～八三六頁。
(29) 齊藤金作（訳）・ビルクマイヤー共犯論（一九三四年）四頁以下。
(30) 齊藤金作・共犯理論の研究（一九五四年）
(31) 大連判昭一一・五・二八刑集一五・七一五頁。
(32) 最判昭二三・三・一一刑集二・三・一八五頁。
(33) 最判昭二三・三・一六刑集二・三・二二〇頁。
(34) 団藤重光・「見張の性質―強盗罪の故意」刑事判例評釈集第八巻（一九五〇年）一三三頁。

(35) 団藤・前掲注（34）一三四頁。
(36) 団藤重光・刑法綱要総論（第三版・一九九〇年）三七三頁。
(37) 団藤・前掲注（36）三九七頁。
(38) 団藤・前掲注（36）三七三頁。
(39) 浅田和茂・「共謀共同正犯」レヴィジオン刑法1（一九九七年）七六頁、前田雅英・刑法総論講義（第五版・二〇一一年）四八八頁。
(40) 橋本正博・「正犯理論の実質的基礎――共謀共同正犯論を中心に」現代刑事法二一・二二頁。
(41) 橋本・前掲注（40）二五頁。
(42) 福田・前掲注（8）二五一～二五二頁。
(43) 橋本正博・「行為支配論」と正犯理論（二〇〇〇年）一五頁。
(44) 橋本・前掲注（40）二四頁。
(45) 団藤・前掲注（36）三七三頁。
(46) 大塚・前掲注（1）三〇七頁。因に大塚博士は、このような場合を「優越支配共同正犯」と呼ばれている。優越的支配共同正犯説については、山中・前掲注（4）八七四頁に詳しい。
(47) 橋本・前掲注（40）二五頁参照。
(48) 橋本・前掲注（40）二六頁。なお、行為支配説に対する批判としては、山中・前掲注（4）七九二～七九三頁参照。
(49) 団藤・前掲注（36）三八九～三九〇頁。
(50) 団藤・前掲注（36）三九〇頁、佐久間修・刑法総論（二〇〇九年）三四八頁。
(51) 牧野英一・刑法総論(下)（全訂版・一九五九年）六七八頁。
(52) 山中敬一・「共同正犯論の現在」現代刑事法二八・五一頁。
(53) 山中・前掲注（4）七九五頁。
(54) 山中・前掲注（52）五一頁。
(55) 山中・前掲注（52）四九～五〇頁。

(56) 山中・前掲注 (52) 五〇頁。
(57) 団藤・前掲注 (36) 四一八頁、福田・前掲注 (8) 二九三頁。最判昭二五・九・一九刑集四・九・一六六四頁、最判昭三一・五・二四刑集一〇・五・七三四頁。
(58) 木村・前掲注 (19) 三七六頁、同・注 (15) 四二五頁。
(59) 大野平吉・「共犯と身分」刑法講座第四巻 (一九六三年) 一六〇頁。なお、六五条の解釈については、西田典之・新版共犯と身分 (二〇〇三年) 一六七頁以下参照。
(60) 木村・前掲注 (19) 三七九頁。
(61) 団藤・前掲注 (36) 四二〇頁、福田・前掲注 (8) 二九四頁、大塚・前掲注 (1) 三三二頁。私見もこの見解を支持する。
(62) 福田・前掲注 (8) 二九三頁。
(63) 福田・前掲注 (8) 二九三頁。
(64) 井田良・講義刑法学・総論 (二〇〇八年) 五〇九～五一〇頁。
(65) 内田文昭・刑法概要(中) (一九九九年) 五四三頁。
(66) 山口厚・刑法総論 (第二版・二〇〇七年) 三二六頁。
(67) 井田・前掲注 (64) 五一〇頁。
(68) 井田・前掲注 (64) 五一〇頁。
(69) 前掲注 (61)。もっとも、井田教授は、「一項の身分は、法益侵害に関係した、連帯的に作用する身分であることから、その身分がない者も、身分者を介してともに保護法益を侵害しまたは危険にすることができるのであり、非身分者がそのことを認識している限りは、共同の正犯性を肯定することは不可能ではない」(前掲注 (64) 五一五頁) とされる。
(70) 大連判大三・五・一八刑録二〇・九三二頁。私見では、単純賭博の幇助犯が成立するにすぎない。同旨、井田・前掲注 (64) 五一七頁。
(71) 木村・前掲注 (19) 三七八頁。
(72) 木村・前掲注 (19) 三七八頁。
(73) 木村・前掲注 (19) 三八一頁。

第七章　結果的加重犯の構造的解釈

一　はじめに

結果的加重犯とは、基本たる行為をしたところ、行為者が予見しなかった重い結果が発生した場合、重い結果に対する責任を負うという犯罪をいう。例えば、傷害致死罪（二〇五条）、遺棄致死傷罪（二一九条）などがそれにあたる。基本たる犯罪に比べて刑が加重されている。いうまでもなく、傷害致死罪の基本犯は傷害罪（二〇四条）であり、遺棄致死傷罪の基本犯は遺棄罪（二一七条）、あるいは、保護責任者遺棄罪（二一八条）である。結果的加重犯は、結果責任の残滓であり、近代刑法の例外をなすものといってよいであろう。結果的加重犯において、問題となるのは、基本たる犯罪と、それによって発生した重い結果との間に、如何なる関係が必要かということである。過失犯を基本犯とする結果的加重犯ということも考えられないわけではないが、わが刑法では、基本たる行為が過失でなされた場合の結果的加重犯を認めていないので、基本となる行為には故意のあることが必要である(1)。例えば、傷害致死罪（二〇五条）は、「身体を傷害し、よって人を死亡させた者は、三年以上の有期懲役に処する」と規定されている。それでは、発生した結果に対して故意がある場合には、結果的加重犯は成立しないのであろうか。本章では、論点をここに絞って、刑法二四三条の「未遂罪」について考察してゆくことにする。

二　結果的加重犯によって発生した結果については過失に限定されるか

傷害致死罪や（保護者責任）遺棄致死罪においても、「よって」という結果的加重犯の慣用的表現が使われている。[2]わたくしが注目するのは、この「よって」という文言に含まれている意味の解釈についてである。通説的見解によれば、結果的加重犯とは、「基本となる犯罪から生じた結果を重視して、基本となる犯罪に対する刑よりも重い法定刑を規定した犯罪をいう[3]」と定義されている。このことから、結果的加重犯は、故意犯を基本として過失犯との複合犯として理解されている。ところが、重い結果について故意がある場合にも、結果的加重犯になりうるという有力な学説もあることに留意すべきである。[4]もっとも、故意ある結果的加重犯については、「二つの故意犯の結合犯（たとえば、強盗殺人は強盗と殺人の結合犯）か単なる故意犯（たとえば、傷害）にほかならないから、こうした結果的加重犯を認める見解は、妥当ではなかろう[5]」との批判もある。

強盗殺人（致死）罪（二四〇条）には、その未遂規定（二四三条）があるので、仮に、強盗殺人（致死）を結果的加重犯とした場合、故意のある結果的加重犯ということが考えられないとすると、致死（過失）の未遂をどのように解するのかという問題が出てくる。先に挙げた傷害致死罪や遺棄致死罪にしても、未遂罪の規定がないから、このような問題は起こらない。それでは、強盗致死傷罪は、どのように解するのが適当であろうか。強盗致死傷罪（二四〇条）は、「強盗が、人を負傷させたときは無期又は六年以上の懲役に処し、死亡させたときは死刑又は無期懲役に処する」と規定されている。ここで注意すべきは、「負傷させた」「死亡させた」という文言は使用されているけれども、「よって」という慣用的表現は使われていないことである。しかし、条文の意味としては、本罪は結果的加重犯であると解すべきであろう。そうすると、「負傷させた」「死亡させた」という文言の意味するものは何かということである。わたくしは、この点に注目をして、本条の意味及び結果的加重犯と故意犯との関係を論じてみようと思う。

三　故意ある結果的加重犯の検討

結果的加重犯の典型ともいえる「傷害致死罪」の場合、発生した「死」について、当初からそのことを認識・認容していたとすれば、死の結果は「殺人」となるし、「死」についての認識・認容がなく結果として「死」を惹起させれば、「傷害致死罪」が成立すると解することに問題はない。すでに述べたように、結果的加重犯は、多くの場合、「よって」という慣用的表現が使われている。もっとも、「よって」という文言は使われていなくても、結果的加重犯と解することができる犯罪も存在する（刑法二四〇条後段の強盗致死罪）。これらのことを考慮しつつ「強盗致死傷罪」を検討する。

強盗犯人が、故意に被害者を殺害した場合の適用条文・罪名については、相当以前から議論されてきた。しかし、大正一一年に大審院連合部が、「本罪ハ強盗罪ト殺人罪トノ結合罪又ハ強盗罪ト傷害致死罪トノ結合罪ニ外ナラヌト解スヘク凡ソ結合罪ハ之ヲ組成スル各罪種ヲ包括シテ重キ一罪ヲ構成スルモノニシテ此ノ結合罪ト各罪種トカ独立シテ数個ノ罪名ニ触ルルモノト為スヘキモノニ非サルハ法律カ特別ノ結合罪ヲ認メタル精神ニ照シテ明白ナルカ故ニ特別結合罪タル強盗殺人罪ニ付テハ止タ刑法二四〇条後段ノミヲ適用スヘキモノニシテ更ニ重複シテ第一九九条ヲ適用スヘキモノニアラス」[6]と判示してからは、二四〇条後段一罪説が判例の態度となっている。これによれば、刑法二四〇条は、強盗致死・強盗致傷罪と強盗殺人・強盗傷害罪という犯罪を並列的に規定したものであり、故意の有無によって、それぞれが区別されて成立することになる。このように解することによって、二四三条の未遂規定の説明も可能となるであろう。学説は、二四〇条後段を故意による殺人の場合を含むとして、上記判例を支持する立場と、[7]致死傷の結果に故意があれば、二四〇条前段・後段と傷害罪あるいは殺人罪との観念的競合を認める立場、[8]あるいは、強盗罪と殺人罪の観念的競合を認める立場に分かれている。[9]

仮に、「死亡させた」という文言に「殺した」という故意ある場合と「死亡させた」という過失の両者の意味まで含ませるとすれば、強盗が「殺した」場合、二四〇条後段と一九九条の観念的競合が考えられる。一方、二四〇条の「死亡させた」という文言に故意（殺人）は含まれないとすれば、結果的加重犯としての側面のみを有することになるから、「死亡させた」という文言の解釈としては、「死」に対する故意の部分は除外されることになる。そうすると、刑法二四〇条は、発生した「死」という結果に対して、「死刑又は無期懲役」という極めて重い刑罰を科することが可能となる。ところが、逆に、故意のある場合を含まないとすれば、故意により「死亡させた」という強盗殺人の場合を強盗罪と殺人罪の併合罪、あるいは、強盗罪と殺人罪の観念的競合または牽連犯として理解しなければならないであろう。しかし、そのように解すると、故意のない強盗致死罪の方が、故意のある強盗殺人罪よりも刑が重くなってしまうという問題が出てくる。[10]この指摘は正鵠を射ている。確かに、「殺す」ことと「死亡させる」ことは、異なった意味に解すべきではないかと考えるのであるが、その場合、わたくしが重視するのは、二四〇条に規定されている「死亡させた」という文言の持つ意味の解釈である。これを広く解すると、「殺す」ことも「死亡させる」という概念の中に含まれることになる。そこで、わたくしは、このことの意味は、二四三条の未遂との関連で考えなければならない問題ではないかと思うのである。

これまで述べてきたように、強盗犯人が、故意に人を殺害した場合の解釈について、二四〇条は、(ア)殺意のある場合を含むとする説、(イ)殺意のある場合を含まないとする説に分けることができよう。問題は、「死亡させた」という文言に含まれている意味を、どのように解するかということである。わたくしは、「死亡させた」という文言の意味には、故意により「人を殺した」場合のみならず、故意によらないで「死亡させた」という場合の両者を含んでいると解している。(11) そこで、この問題に関連して、以下においては、刑法二四三条の「未遂」(結果的加重犯の未遂)について検討する。

四　結果的加重犯の未遂

強盗致死罪が、結果的加重犯であると解することについては異論はない。ただ、二四三条には、結果的加重犯である二四〇条の未遂犯の規定がある。問題は、この未遂をどのように解するかということである。刑法においては、「過失未遂」ということを考えることはできない(規定がない)。結果的加重犯が、通説のように、故意犯と過失犯の複合形態であるとすれば、過失といわれている犯罪の部分(過失による死)をどのように解するのかということである。つまり、二四〇条後段の「死亡させた」という文言の解釈として、それを「過失」としてのみ捉えるとすれば、その未遂とは、如何なる場合に考えられるのであろうかということである。(12)

刑法においては、過失未遂ということは、現実に考えることはできない。そうだとすれば、「死亡させたとき」という文言の意味については、どのように解することができるであろうか。考えられ得ることは、(ア)最初から故意のある場合、(イ)途中から殺意を抱いた場合、(ウ)死亡させたことに過失があった場合が考えられるであろう。再三述べてきたように、過失未遂ということを考えるのは現実的でないとすれば、(ア)と(イ)の場合で検討するほかはないであろう。(ア)の最初から殺意があって殺した場合には、強盗致死(殺人)として二四〇条の後段で処罰することができる。したがって、その場合の未遂は、強盗と殺人が同時(並行)行為であるから、強盗犯人が最初から被害者を殺すつもりでいたが、殺すことができなかった場合を想定することができる。それゆえに、この場合の未遂を考えるのは容易である。そうすると、問題は、二四〇条の「死亡させた」ときに考えられる情況をさらに検討する必要があるのではないかということである。前述したように、「死亡させた」ときの情況には三つの場合を想定することができるけれども、二四三条の未遂との関係からすれば、(ア)と(イ)の場合が、未遂の考えられる対象となる。多くの場合、結果的加重犯は、慣用的表現である「よって」という文言で特徴づけられている。刑法二四〇条には、その文言は使用されていないが、文意からすれば、結果的加重犯といえる。それでは、なぜ、二四〇条には「よって」という文言が使用されていないのであろうか。思うに、「死亡させた」という文言の意味は、「よって死亡させた」という文言の意味よりも、その原因となる情況を抽象的(広範)に捉えているのではないかと思う。つまり、故意があるとはいっても、前述の(ア)と(イ)では、「殺す」という故意(殺意)を抱く段階において、時間的な「ずれ」があるということが考えられるのである。

強盗致死罪を結果的加重犯として考えるとすれば、(イ)の場合、強盗に最初の故意行為を認め、その後、例えば、被害者と格闘になったときに殺意を生じたような場合を想定する。つまり、二四〇条に規定されている「死亡させた」という文言の意味は、犯人が、当初は意図していなかった情況が発生したために、それに対して改めて故意を生じたけれども、結果は発生しなかったような場合を想定するのである。例えば、強盗の段階では殺意は抱いていなかったが、強盗の現場において被害者と格闘になり、強盗犯人が劣勢となったので、その段階において殺意を抱いたけれども、殺すまでには至らなかったという場合を考えるのである。強盗が、初めから殺意を抱いて被害者を殺した場合には、その刑罰の重さから考えて「死亡」の中に「殺人」も含めて考えるべきである。ここで注意しなければならないのは、強盗致死（殺人）罪というのは、初めから殺意を抱いて殺す場合のみならず、当初は「強盗」だけを意図していただけで殺意はなかったが、強盗行為によって被害者を死亡させるとか、途中から殺意を抱く場合も考えられる。いずれの場合でも、被害者を「死亡させたとき」は、強盗殺人になる。この情況をさらに詳しく考察してみよう。すでに述べたことではあるが、強盗と被害者が強盗の現場で格闘になったような場合において、被害者の方が体力的に勝っていて、犯人が劣勢になったので、そのときから殺意を抱き凶器を構えたような場合を考えるのである。このような情況下で、強盗が被害者を殺害しようとしたが未遂に終わったような場合が、二四〇条の「死亡」に対する二四三条の「未遂」をいうのではないかと思う。つまり、強盗は、自分が劣勢になるまでは強盗目的だけであったが、その後の情況の変化で殺意が生じたのである。したがって、強盗着手時の段階では、全く相手の死は想定していなかったのであるから、「死亡」はあくまでも強盗の付随的な結果として考え、しかも「死亡」すれば「強盗致死罪」となるけれども、付随的結果を生じさせるための故意はあったが、結果は発生しなかったのであるから、「未遂」が成立することになる。わたくしは、これまで故意のある結果的加重犯ということを認める立場を支持してきた。基本的には、その立場に変わりはない。しかし、それをさらに詳しく論じてみると、故意ある結果的加重犯とは、強盗致死罪のように、基本犯に対して故意はあるけれども、その段階では最終的に発生した結果に対して故意を抱いているような場合をいうのではなく、最初の目的である強盗という故意行為（基本犯）の段階で発生した情況を原因として（この段階で故意はない）、さらに重い結果を発生させることについて故意を抱いたような場合に、初めて故意ある結果的加重犯という問題を考える余地が出てくるのではないかと思う。したがって、例えば、二四〇条に規定されている「負傷させた」とき「死亡させた」ときということの意味は、結果を発生させたこと自体が重要なのであって、それが故意行為によってなされたか過失行為によってなされたかは重要ではないのである。問題は、二四三条に規定されている未遂が考えられるのは、どのような場合を想定することができるかということである。

強盗が、はじめから殺意を抱いて被害者に切りつけたけれど、殺害するには至らなかった場合が、強盗殺人未遂になることについて問題はない。しかし、そのような場合だけを想定したのであれば、二四〇条は「人を傷害したとき」「人を殺したとき」と規定するのが適当であるし、二四三条の未遂規定も無理なく理解することができる。それにもかかわらず、「人を負傷させたとき」「人を死亡させたとき」と規定されている。そうすると、「死亡させたとき」の文言を素直に解釈するならば、「死」に対する故意を見出すことは困難である。それでは、如何にして「死亡させたとき」という文言から未遂を前提とした故意を導き出すことができるであろうか。思うに、「死亡させた」という行為は、強盗犯人が被害者に対して、そのような行為を行うことであるが、「死亡させた」という文言からすれば、過失行為が考えられる。しかし、過失未遂というのは、現実に適用することができないことは、これまでに述べたとおりであるから、未遂は、故意行為に対してのみ検討されなければならない。強盗が最初から殺意を抱いていた場合には、その行為は未遂の成立する可能性をもった行為ということができるので、殺人という結果が発生しなければ、強盗殺人未遂罪が成立することになる。そうすると、「死亡させた」という文言が適当であるかどうかという問題が生ずる。ここで注意しなければならないのは、二四三条の未遂罪は、強盗致死傷罪の未遂を含んでいるということである。つまり、基本犯は強盗罪である。しかも、強盗の段階では殺意は抱いていないのである。「死亡させた」ということの意味は、強盗という基本犯を行おうとした段階では、殺意はなかったということを前提にしなければならないということである。このことから、強盗致死傷罪の未遂が考えられるのは、強盗という基本犯の段階では殺傷するという故意を抱いていなかった者が、強盗行為に伴う情況の中で殺傷するという故意を抱いたが、殺傷するに至らなかった、というような場合である。すなわち、基本犯に内在する重い結果発生についての類型的な危険こそが重要なのであって、ここに結果的加重犯の本質的部分があるといえるのである。丸山教授は、この点に関して、「故意的実現の場合は事実上それほど多くはないと言えるかもしれないが、行為者がそのような危険性の存在を認識したうえでその実現（重い結果の発生）をも認容ないしは意図して基本犯を実行し、しかもそれが行為者の意図通りに重い結果として実現するという事態は充分に考えられることなのである。このように、基本犯と重い結果の関係を単なる複合形態（単純な積み重ね）としてとらえるのでなく、その内的連関を重視する立場においては、重い結果の過失的実現と故意的実現はともに結果的加重犯というひとつの概念を構成するものとして把握されることになり、故意ある結果的加重犯というものの存在を認めることも何ら結果的加重犯概念に矛盾するものではない(13)」とされるが、わたくしも、この見解に左袒する。このように解することによって、二四三条の未遂規定の説明も可能となるのである。

結果的加重犯は、基本犯への着手の段階では、発生した結果については故意のないことが要件となる。したがって、故意ある結果的加重犯の未遂を認めるとすれば、基本犯に対して抱いている故意と、その後に生じた行為に対する故意とを区別して考えるということが重要なのであって、後の行為に対する行為の未遂が二四三条にいう未遂ということになる。つまり、結果的加重犯は、基本犯とそれに付随する結果についての複合形態犯であるから、基本犯と付随する結果の関係を如何に解するかということが重要である。その場合、わたくしは、基本犯以外の行為について考えられる故意ということに着目するのである。ここに、結果的加重犯に対する未遂の要件があると思うからであり、これによって、二四三条にいう二四〇条の未遂ということが理解できるのである。

いうまでもなく、結果的加重犯は、基本犯とそれによって惹起された結果との関係で加重される犯罪である。したがって、基本犯よりも重く処罰される。結果的加重犯には、通常、「よって」という慣用的表現が使用されている。しかし、例えば、「建造物等以外放火罪」（一一〇条一項）のように、「よって」という慣用的表現が使用されていても、結果的加重犯とはいえない犯罪もあるから、必ずしもすべてがそうであるというわけではない。一方で、本章で問題としている「強盗致死傷罪」は、「よって」という文言は使用されていないけれども、結果的加重犯と解することができる条文もある。ただ、二四〇条に対する二四三条の未遂は、故意に傷害あるいは殺人を意図した場合と、暴行、あるいは、傷害を基本犯とした致傷、致死の両者を含むと解する見解が有力である。このように、発生した結果に対して故意犯をも含むと解することによって、二四三条の未遂を説明することができるのであるから、この見解は適切である。しかし、問題は残る。それは、未遂犯処罰規定があることによって、過失を必要とする結果的加重犯と通常の故意ある場合を同じ条文で論ずることができるかということである。結果的加重犯は、あくまでも過失の要素が必要なのであって、過失が必要とされる以上、未遂を考えることはできないであろう。それでは、二四三条に規定されている二四〇条の「未遂」をどのように捉えるのが適当であろうか。

たしかに、過失の要素が入ることによって、未遂の入る余地はなくなるのであるが、二四三条に二四〇条の未遂犯が規定されていることからすれば、二四〇条に未遂の考えられる故意行為というものがなければならない。そうすると、二四〇条の「負傷させたとき」「死亡させたとき」という文言中に、故意行為も含まれると解するのは当然ということになる。そこで考えるに、これまで述べてきたように、「負傷させたとき」「死亡させたとき」という結果の発生は、あくまでも結果的加重犯によるものであるとして捉えるべきであろう。その理由は、強盗致傷罪にしても強盗強姦罪及び同致死罪（二四一条）においても、基本犯は強盗であるという点を重視するからである。

結果的加重犯において重要なことは、故意による基本犯への行為という前提を見失ってはならないということである。しかも、基本犯を通して、重い結果を惹起させる場合であるから、重い結果を発生させた行為に対して別罪が規定されていない以上、基本犯から惹起された結果は、結果的加重犯として処罰されなければならないのである。もっとも、その際、結果的加重犯は過失でなされた場合だけが規定されているとすれば、強盗致死罪のように、未遂犯が規定されている犯罪の場合には、それは結果的加重犯ではないか、あるいは、故意ある結果的加重犯を認めざるを得ないということになる。後者であるとすれば、どのような行為に対して「未遂」ということを考えることができるかということである。これに関して、傷害致死罪、強盗致死傷罪を例に挙げて検討してみよう。

傷害致死罪の構成要件は、「身体を傷害し、よって人を死亡させる」ことである。いうまでもなく、この犯罪の未遂はない。基本犯は傷害罪である。傷害罪については、故意のあることが前提となる。傷害についての故意がなければ、過失致死罪（二一〇条）が成立するに過ぎない。死が過失で惹起されれば過失致死罪が成立するし、殺意はあったけれども死までに至らなかった場合には、殺人未遂となる。傷害の故意はあるが、殺意がなく死を惹起するに至らなければ、傷害致死未遂となる。しかし、この規定は存在しないので、傷害致死未遂は傷害罪で処罰されることになる。

これまでに述べたことから、致死は過失によってのみ惹起されるということが理解できるのである。致死については、故意・過失の両面から検討されるべきであるが、故意があれば殺人罪に該当する。そこで、問題となるのは、「致死」の中に「殺人」が含まれるかということである。傷害致死罪には、未遂犯の規定がないので、死に対する故意がないことを前提としている。しかし、傷害についての故意はある。その未遂は「暴行罪」（二〇八条）となる。そうすると、傷害致死罪における「致死」には、故意は含まれず過失による死の結果惹起の場合だけに限るということが理解できる。

次に、強盗致死傷罪（二四〇条）について検討してみよう。強盗致死傷罪の基本犯は、強盗である。強盗が、最初から殺意のある場合や傷害の故意がある場合も本罪に含まれる。しかし、この場合だけでなく、強盗が死傷の結果を最初から意図していなかったけれど、成り行き上、死傷の結果を惹起した場合も本罪に含まれる。ともに、強盗を基本犯として惹起されうるからである。そうすると、二四三条の未遂犯の問題が生じ、それをどのように理解するのが適当であるかという根本的な問題が生じてくるのである。強盗致死傷罪の構成要件は、「強盗が、人を負傷させたとき……死亡させたとき」である。「傷害したとき……殺したとき」とは規定されていないから、致傷、致死には積極的に「傷害する」「殺す」といった意味は含まれていない。畢意するに、これまで述べてきたように、二四三条の未遂は、どのような場合に考えられるのかという問題に帰着する。

五　おわりに

強盗致死傷罪の基本犯は、「強盗」である。結果的加重犯の場合、基本犯は何かということを重視することが意味を持つ。わたくしは、基本犯を犯す時点で「死」や「傷害」が意図されていない場合には、その基本犯を遂行させる行為から付随して発生する結果については、あくまでも基本犯に重点を置くべきであるから、基本犯を遂行するために惹起された「傷害」や「死」という結果については、「傷害したとき」「殺したとき」というよりは、「負傷させたとき」「死亡させたとき」という文言を使用するのが適当ではないかと考えている。強盗致死傷罪では、基本犯である強盗行為に付随したものが、強盗致死傷罪である。この場合、強盗罪という基本犯に付随して発生した結果としての死傷であるということが、重要なのである。このように、結果的加重犯は、「基本犯に付随して発生した結果」であるということを注視すべきである。その際、基本犯に付随して発生した結果が、別個・独立に犯罪として規定されているのであれば、それに従えばよいのであるが、規定されていない場合には、付随して発生した結果が故意でなされても、過失でなされても、それは結果的加重犯として処罰されるのである。その意味で、結果的加重犯というのは、基本犯に付随して発生した結果に対する犯罪であるということが重要なのであって、付随する結果である以上、それが故意になされたものであろうが過失で惹起されたものであろうが、そのこと自体は重要ではないのである。ただ、故意でなされた場合には、結果的加重犯であったとしても、未遂が考えられるのである。以上のことを踏まえたうえで、強盗致死傷罪の未遂（二四三条）について考察してみよう。

既述のように、強盗致死傷罪は、強盗罪を基本犯とした結果的加重犯である。結果的加重犯は、故意犯（基本犯）に過失犯（結果）が加わった犯罪であるとすれば、致死傷は過失によって惹起されたものであると解さなければならない。そうすると、刑法二四三条の未遂について、どのように解すべきかが検討されなければならない。わたくしは、故意ある結果的加重犯を認める立場にあるが、これは、強盗致死傷罪において、はじめから故意をもっていた者が、殺そうとしたり傷害しようとしたけれども未遂に終ったことを指しているのではない。基本犯である強盗の時点で、殺意を持って臨んだけれども殺すことができなかった（未遂）とすれば、強盗殺人未遂罪が成立することはいうまでもない。

しかし、そうであるならば、二四三条の「死亡させたとき」という文言は適当でないと思う。もちろん、強盗が、最初から殺意を抱いていたが、殺人は未遂に終った場合を強盗殺人未遂が成立するとすることに異論はないけれども、二四〇条は「死亡させたとき」すなわち「致死」であるから、二四三条は「致死未遂」ということになる。そうすると、故意がある場合には未遂を認めることができるが、それならば、二四〇条は「死亡させた」というよりも「殺した」と規定するほうが適当ではなかったかと思う。「死亡させた」という文言の中に「殺した」（故意）と「死亡させた」（過失）という両者を含むとするならば、「死亡させた」（過失）という結果発生に至るまでの未遂を説明するのに窮してしまうのであろう。そこで、わたくしは、以下のように解するのである。

強盗致死傷罪は、強盗罪を基本犯とするものであるということが重要である。強盗罪が基本犯であるから、この基本犯に故意があるということと、「致死傷」という結果に対する故意・過失は別々に論ずるべきではないかと思うのである。すなわち、基本犯である強盗は、故意に行われている。問題は、強盗を行った者が、その後にした行為に注目すべきである。つまり、強盗後（強盗未遂でもよい）に強盗犯人が、例えば、被害者である家人と格闘になったとき、突然、殺意を抱いたような場合、この段階での「殺意」は、強盗を行った最初の時点ではなかったものであるから、この「殺意」は、強盗を基本犯として惹起されたものである。このことが重要なのではなかろうか。

結果的加重犯は、基本犯に付随する結果に対して刑罰が科せられる犯罪である。したがって、発生した結果は、基本犯との関係で論じられなければならない。二四〇条には、「強盗が、……死亡させたとき」と規定されている。つまり、主体は「強盗犯人」なのである。これは、二三六条の「強盗」の規定とは異なっていることに注意しなければならない。すなわち、二三六条の強盗は、未だ強盗でない者が、「暴行又は脅迫を用いて他人の財物を強取」したときに強盗となるのであるから、予備罪は別として、行為の前に「強盗」になっているのではない。これに対して、二四〇条は、「強盗が」と規定しているので、すでに「強盗としての身分を有している者が」と解することができる。そうすると、「暴行・脅迫を加えた者（強盗）が」という強盗の身分を備えた者がということを前提に考えなければならない。この強盗という身分を備えた者による、その後の行為によって生じた故意・過失行為で「負傷させたとき」「死亡させたとき」という文言になるのである。このことから、二四三条の未遂というのは、すでに被害者に暴行・脅迫を加えた基本犯である「強盗」が、その後にした行為に対する評価であるから、たとえ故意になされた行為であったとしても、「負傷させたとき」「死亡させたとき」という文言にならざるを得ず、それが故意になされたときには、二四三条の「未遂」に該当することになると解するのである。(14)

強盗致死傷罪は、結果的加重犯である。しかし、二四〇条には、結果的加重犯における慣用的表現である「よって」の文言はない。もっとも、「よって」の文言があっても結果的加重犯でないものもあることからすれば、「よって」という表現の存否は、結果的加重犯であるかどうかの決定的な表現になるわけではない。二四三条の未遂との関係から、二四〇条にいう「死亡させた」場合を強盗致死罪の場合のみならず、強盗犯人が殺意をもって被害者を殺害した強盗殺人の場合もこれに含まれるとする判例もある。(15) この判例の態度が誤りというのではない。ただ、わたくしは、この場合の殺意については、もう少し詳しい考察が必要ではないかと考えるのである。

すなわち、この場合、強盗が最初から殺意を抱いていた場合と、すでに述べたように、途中から殺意を抱いた場合とを区別して論ずるべきではないかと思うのである。本章で問題にしてきたのは、途中で殺意を抱いた強盗に対する取り扱いである。最初から殺意を抱いていた強盗に対して、二四三条の未遂の適用が可能であるのは当然である。この最初から殺意を抱いていた強盗に対する未遂と、強盗が途中から被害者に対して殺意を抱いた場合の未遂を全く区別することなく、一律に「未遂」として扱ってよいかどうかは一考を要する問題である。なぜ、このように考えるのかといえば、二四〇条の「死亡させた」という文言の意味を考えるからである。これまで述べてきたように、強盗殺人罪は、強盗が最初から殺意を抱いている場合であり、強盗致死罪は、強盗が途中から殺意を抱いたような場合と考えるべきではないかということである。とはいえ、途中から殺意を抱いた場合、それが未遂に終れば二四三条の未遂に該当するという考えも成り立つであろう。しかし、わたくしが注目するのは、二四〇条の「死亡させた」という文言の意味についてである。「死亡させた」というのは、その文言の内容からすると結果的加重犯を前提とするものである。そうだとすれば、二四三条の未遂は、最初から被害者を殺す意思をもった強盗殺人のみならず、強盗が途中から殺意を抱いた場合の未遂も考えられるのではないかということである。

もっとも、途中から殺意を抱いた場合でも未遂は考えられるから、このように殺意を抱いた場合において、「死亡させた」という文言の意味するものが「過失」であるとすれば、その未遂についての説明にならないとの批判も可能である。そこで、わたくしが重視するのは、結果的加重犯は、基本犯が故意によってなされているということである。基本犯が故意によってなされるということが、結果的加重犯にとって重要なことであるから、結果的加重犯については、発生した結果が故意になされようが過失でなされようが、強盗という基本犯からの付随的結果であるという点を重視するので、「死亡させた」という表現になるのではないかと思う。つまり、この場合には、故意のある場合となない場合（過失）の両者を含むと考えるのである。そして、故意のある場合に未遂ということが考えられるのである。わたくしが、故意ある結果的加重犯を認めるという論拠はここにある。したがって、「死亡させた」ということの意味は、基本犯の強盗から惹起せられる結果に関するものであるから、「死亡させた」という文言の中には、故意による場合も含まれるから、その未遂も当然に考えられるということなのである。

（1）　人の健康に係る公害犯罪の処罰に関する法律（公害罪法）三条二項は、過失有害物排出罪の結果的加重犯を定めている。

(2) もっとも、大谷博士は、「結果的加重犯か否かは「よって」という文言からだけではなく、解釈によって確定すべきである」とされる(大谷實・刑法講義総論[新版第四版・二〇一二年]二〇〇頁)。
(3) 大谷・前掲注(2)一九八頁。
(4) 木村亀二・犯罪論の新構造(下)(一九六八年)六一頁、大谷・前掲書注(2)一九九頁。
(5) 福田平・全訂刑法総論(第五版・二〇一一年)八一頁。
(6) 大(連)判大一一・一二・二二刑集一・八一五頁。同旨、大判昭八・一一・三〇刑集一二・二一七七頁。
(7) 団藤重光・刑法綱要各論(第三版・一九九〇年)五九五頁、大塚仁・刑法概説各論(第三版増補・二〇〇五年)二二九頁。
(8) 香川達夫・刑法講義各論(第三版・一九九六年)五三四頁。大判明四三・五・三一刑録一六・一二〇一頁。
(9) 瀧川春雄＝武内正・刑法各論講義(一九六五年)一八三〜一八四頁。
(10) この点について、「これは殺人罪が各種の動機による場合を含む類型であることからくる立法技術的制約であって、本質的なものではない。裁判官は法定刑の範囲内において情状により刑の軽重を決しうるのであり、しかも、殺人罪も死刑・無期懲役を含むものであるから、実際の適用において不合理は起こらないと思う」(瀧川＝竹内・前掲注(9)一八四頁)との反論がなされている。
(11) この点に関して内田博士は、「結果的加重犯は、基本犯のもつ危険性と加重部分との密接なつながりから、特に加重部分に重点がおかれ、かつ、特に重い刑罰が規定された犯罪としてとらえられるべきであって、加重部分に関しては『すくなくとも過失』がなければならないというだけのことではなかろうか。つまり、『故意のある結果的加重犯』を認めることは、結果的加重犯の本質に矛盾するものではないと考えるべきではなかろうか」と指摘されている(内田文昭・刑法各論[第二版・一九八四年]二九一頁)。
(12) このことを検討することの重要性について、丸山雅夫・結果的加重犯論(一九九〇年)二五六頁参照。
(13) 丸山・前掲注(12)二八三〜二八四頁。
(14) つまり、二四三条の未遂は、二つの面から検討されなければならないのである。この点について、丸山教授は、「結果的加重犯という犯罪類型が、基本犯としての故意犯と重い結果に関わる過失犯とが密接に結合したものとして規定されているところからすれば、その未遂も、それぞれの結果との関係でふたつの場合に考えることができる。ひとつが、基本犯の結果との関係で想定される未遂であり（第一類型）、もうひとつが、重い結果との関係で想定される未遂である（第二類型）」（丸山・前掲注（12）二九一頁）とされる。二四三条の未遂については、第二類型に属するものであるといえる。

（15）　最判昭二三・一一・四刑集二・一二・一四五二頁。なお、最判昭三二・八・一刑集一一・八・二〇六五頁、最判昭三三・六・二四刑集一二・一〇・二三〇一頁参照。

収録論文初出一覧

第一章　「刑法における行為論の解釈」〔改題〕佐藤司先生古稀祝賀論文集上巻『目的的行為論』（二〇〇二年　信山社）三七九頁以下

第二章　「故意と犯意」中央学院大学法学論叢第一四巻一・二号『法学部創立十五周年記念号』（二〇〇一年）四五頁以下

第三章　「違法性の実質について」中央学院大学創立三〇周年記念論集（一九九六年）二〇七頁以下

第四章　「原因において自由な行為」西原春夫先生古稀祝賀論文集第二巻（一九九八年　成文堂）一九三頁以下

第五章　「中止未遂の問題点」中央学院大学総合科学研究所『紀要』第一三巻一号（一九九七年）一頁以下

第六章　「共犯の諸問題」菊田幸一教授古稀記念論文集法律論叢第七七巻四・五合併号（二〇〇五年）一一九頁以下

第七章　「結果的加重犯の構造的解釈」大東ロージャーナル第八号（二〇一二年）三九頁以下

著者紹介
齊藤信宰（さいとう　のぶただ）
現　在　大東文化大学法科大学院教授
　　　　法学博士

主要著書
刑法総論（1982年　八千代出版）
法学（共著）（1985年　成文堂）
リーガル・セミナー刑法１総論（共著）（1985年　有斐閣）
リーガル・セミナー刑法２各論（共著）（1986年　有斐閣）
刑法学概要（共著）（1986年　成文堂）
刑法における錯誤論の研究（1989年　成文堂）
刑法講義〔各論〕(1990年,第２版1997年,第３版2000年　成文堂)
刑法講義〔総論〕(1991年,第２版1996年,第３版2001年　成文堂)
演習経済刑法（共著）（1994年　成文堂）
刑法における違法性の研究（2003年　成文堂）
現代社会における法学入門（編著）（2006年,第２版2010年,
第３版2013年　成文堂）
新版刑法講義〔総論〕（2007年　成文堂）
新版刑法講義〔各論〕（2007年　成文堂）

刑法諸問題の解釈

2015年２月20日　　初版第１刷発行

著　者　齊　藤　信　宰
発行者　阿　部　耕　一

162-0041　東京都新宿区早稲田鶴巻町514番地
発行所　株式会社　成　文　堂
電話 03(3203)9201(代)　FAX 03(3203)9206
http://www.seibundoh.co.jp

製版・印刷　藤原印刷　　製本　弘伸製本
©2015 N. Saito　Printed in Japan
☆乱丁・落丁本はおとりかえいたします☆　検印省略
ISBN 978-4-7923-5141-0 C3032
定価(本体5800円＋税)